Kräuterbibel

Kräuterbibel

KRÄUTERPORTRÄTS, KOCHREZEPTE, PFLANZTIPPS UND HEILKUNDE

Jennie Harding

Parragon

Bath • New York • Cologne • Melbourne • Delhi
Hong Kong • Shenzhen • Singapore • Amsterdam

Entwurf und Realisation:
The Bridgewater Book Company Ltd

Parragon Books Ltd
Chartist House
15-17 Trim Street
Bath BA1 1HA, UK
www.parragon.com

Übersetzung aus dem Englischen:
Wiebke Krabbe und Inga-Brita Thiele
Redaktion und Satz: Lesezeichen Verlagsdienste, Köln
Koordination: trans texas publishing services GmbH, Köln

ISBN 978-1-4748-3698-2

Printed in China

Hinweis für Leser
Kräuter enthalten medizinisch wirksame Stoffe, die prinzipiell mit Vorsicht anzuwenden sind. Dieses Buch liefert grundlegende Informationen, versteht sich aber nicht als medizinisches Handbuch. Wer sich in ärztlicher Behandlung befindet, sollte niemals Kräuterheilmittel ohne vorherige Rücksprache mit dem Arzt einnehmen. Auch bei Langzeitanwendung von Kräuterheilmitteln wird eine Beratung durch einen Arzt oder Heilpraktiker dringend empfohlen. Bitte beachten Sie auch die Warnhinweise in diesem Buch. Grundsätzlich trägt allein der Leser die Verantwortung für die Anwendung von Kräuterheilmitteln. Der Verlag übernimmt keinerlei Haftung für eventuelle Beschwerden, die durch Verwendung von Kräutern oder daraus hergestellten Produkten verursacht werden.

Hinweise zu den Rezepten:
• Löffelmaße bezeichnen immer gestrichene Löffel. Ein Teelöffel entspricht 5 ml, ein Esslöffel entspricht 15 ml.
• Soweit nicht anders angegeben, wird Vollmilch (3,5% Fett) verwendet. Eier und einzelne Gemüsesorten wie Karotten haben mittlere Größe, mit Pfeffer ist frisch gemahlener schwarzer Pfeffer gemeint.
• Kleinkinder, ältere Menschen, Schwangere, Rekonvaleszente und Personen mit chronischen Erkrankungen sollten Gerichte mit rohen Eiern meiden.
• Die in den Rezepten genannten Kräutermengen sollten nicht erhöht werden.

Inhalt

Die Welt der Kräuter

Einleitung

Mit diesem Buch halten Sie eine echte Kräuterbibel in Händen – ein umfassendes Nachschlagewerk, das darüber informiert, wie man Kräuter anbauen und im Alltag einsetzen kann. Immer mehr Menschen suchen heute eine engere Beziehung zur Natur als Gegenpol zu Hektik und Stress im Alltag. Viele von uns würden gern ein einfacheres, gesünderes Leben führen. Wir interessieren uns wieder für das Wissen um die Natur, das für unsere Vorfahren selbstverständlich war – also auch für den Anbau von Kräutern und ihre Verwendung in der Küche und der Heilkunde. Der Anbau von Kräutern ist, ebenso wie ihre Verwendung in der Küche und der Heilkunde, eine wahre Bereicherung für das Leben. Dieses Buch möchte Ihnen zeigen, dass Kräuter für die Ernährung, das Wohlbefinden und die Lebensqualität eine wichtige Rolle spielen – aber auch für die Umwelt. Schon in den frühesten Kulturen haben die Menschen Pflanzen wegen ihrer wohltuenden Wirkung angebaut. Überall in der Welt haben sich rund um die lang bewährten, einheimischen Kräuter spezielle Traditionen entwickelt. Heute liefert uns die Wissenschaft differenzierte Erklärungen für die Wirkungsweisen der Kräuter und leistet so auf ihre Weise einen modernen Beitrag zur Renaissance der Kräuterheilkunde.

Dieses Buch gliedert sich in vier Hauptkapitel. Im ersten finden Sie ausführliche Informationen zum Anbau von Kräutern, daran schließt sich eine Auswahl einfacher, aber köstlicher Rezepte aus der Kräuterküche an. Im dritten Teil geht es um die Wirkung von Kräutern, um das allgemeine Wohlbefinden und die Behandlung von Beschwerden. Im letzten Kapitel schließlich finden Sie ein ausführliches Lexikon mit Porträts von mehr als 70 bekannten Kräutern, das umfassend über botanische Einzelheiten und Heilwirkung der Arten informiert.

Wir möchten darauf hinweisen, dass das traditionelle Kräuterwissen, das auch die Kräuterheilkunde umfasst, keine Spielerei ist. Kräuter können bei richtiger Anwendung sehr hilfreich sein, dennoch muss man sich bewusst machen, dass sie Träger hochwirksamer Substanzen sind, die durchaus ernst genommen werden müssen. Wenn Sie an einer ernsthaften Krankheit leiden oder hinsichtlich der Verwendung von Kräutern bei bestimmten Beschwerden unsicher sind, wenden Sie sich unbedingt an Ihren Arzt oder Heilpraktiker.

Rechts Würzkräuter, die Speisen zugesetzt werden sollen, zerkleinert man am besten im Mörser, damit sie ihr herbes Aroma freisetzen.

Unten links Blau blühender Borretsch und Minze in frischem Grün sehen im Garten dekorativ aus.

Unten Basilikum ist ein aromatisches Kraut, das in voller Sonne am besten gedeiht. Man kann es auch auf der Fensterbank ziehen.

Unten rechts Mutterkraut (links) und Lavendel (rechts) werden mit Erfolg bei Kopfschmerzen und Migräne eingesetzt.

Kräutertraditionen – einige Beispiele

In der westeuropäischen Kräuterheilkunde wird die **Rosskastanie** *(Aesculus hippocastanum)* traditionell in Salben zur Linderung von Krampfadern und Hämorrhoiden verwendet. Wissenschaftliche Untersuchungen haben ergeben, dass der Rosskastanienwirkstoff Aescin die Venenwandungen stärkt, Blutungen stillt, Juckreiz sowie Schwellungen und Schweregefühl der Beine lindert. Rosskastanienextrakt ist als natürliches Nahrungsergänzungsmittel erhältlich.

Dass **Knoblauch** *(Allium sativum)* das Immunsystem anregt, Keime abtötet und zur Senkung des Cholesterinspiegels beiträgt, ist wissenschaftlich erwiesen. Im 17. Jahrhundert schrieb der bekannte Kräuterheilkundler Nicholas Culpeper, „... [Knoblauch] behebt geistige Trägheit, klärt den Kopf, ... ist ein gutes vorbeugendes und heilendes Mittel bei allen Seuchen, Schmerzen und eitrigen Geschwüren."

Die Welt der **Kräuter**

Die Welt der Kräuter zu betreten – das ist, als käme man in einen Garten, in dem es viel zu entdecken gibt. Ehe wir diesen Spaziergang unternehmen, wollen wir aber einige Fragen beantworten, die das Verständnis der Kräuterkunde erleichtern. Möglicherweise wird dadurch Ihr Appetit angeregt – übrigens eine ganz typische Wirkung von Kräutern – und Sie möchten mehr wissen.

Rechts Gelb blühender Löwenzahn besitzt reinigende und harntreibende Wirkung. Er ist viel mehr als nur ein Unkraut.

Was ist ein Kraut?

Alle Kräuter sind Pflanzen, aber nicht alle Pflanzen sind Kräuter. Üblicherweise bezeichnet man als Kraut eine Pflanze mit besonderem *Nutzen*, etwa als Nahrungsmittel, als Geschmacksstoff oder als Heilkraut mit therapeutischer Wirkung. Ein Kraut ist eine spezielle Art von Pflanze, die das Potenzial besitzt, Veränderungen im menschlichen Körper auszulösen. Viele Kräuter dienen als Geschmackszusatz und Heilmittel gleichermaßen. Kräuter sind obendrein aromatisch, manche haben einen Duft, der den Geist anregt oder auf den Körper wirkt. Rosmarin *(Rosmarinus officinalis)* beispielsweise ist ein wunderbares Gewürz zu Lamm, als Heilkraut regt es die Durchblutung an, und sein kräftiger, frischer Duft fördert die Konzentration.

Unten Ingwer verleiht Speisen eine würzige Schärfe und regt die Durchblutung an.

Und die Gewürze?

Gewürze wie Ingwer *(Zingiber officinale)* oder Schwarzer Pfeffer *(Piper nigrum)* sind die Samen, Früchte oder Wurzeln bestimmter Pflanzen. Sie werden vor allem in der fernöstlichen Küche gern eingesetzt, um den Gerichten Schärfe zu verleihen. Außerdem spielen sie eine wichtige Rolle in traditionellen heilkundlichen Ansätzen, etwa der aus Indien stammenden Naturheilkunde Ayurveda. Viele werden zur Linderung von Verdauungsbeschwerden und zur Stärkung des Immunsystems angewandt. Aber schon in der Römischen Antike gelangten Gewürze und Heilkräuter über die alten Handelsstraßen auch nach Europa.

Links Als Kräuter bezeichnen wir nützliche Pflanzen, die seit Jahrhunderten wegen ihrer Wirkung geschätzt, kultiviert und geerntet werden.

Mitte Schwarze Pfefferkörner stärken das Immunsystem und sind sehr hilfreich bei hartnäckigem Husten.

Unten Exotische Gerichte mit scharfen Gewürzen regen den Stoffwechsel an, sodass die Zutaten leichter verdaut und ihre Nährstoffe besser aufgenommen werden.

Den Schwarzen Pfeffer beschreibt Culpeper in seinem „Herbal" aus dem 17. Jahrhundert als Gewürz, das „Luft im Darm vertreibt, ... Husten und andere Brustbeschwerden löst und den Appetit anregt." In der ayurvedischen Heilkunde aus Indien gilt feurig-scharfer Schwarzer Pfeffer als eines der besten Mittel gegen Erkältung, Husten und andere „feuchtkalte" Beschwerden. Die moderne Kräuterheilkunde setzt Schwarzen Pfeffer zur Anregung der Verdauung ein und attestiert ihm antibakterielle Wirkung.

Kraut oder Unkraut?

Viele nützliche Pflanzen, die wir als Unkräuter betrachten, besitzen Heilwirkung. Ein bekanntes Beispiel ist die Brennnessel *(Urtica dioica)*. Löwenzahn *(Taraxacum officinale)* liefert vitaminreiche Blätter mit herbem Geschmack und eine Wurzel, die – geröstet und gemahlen – wie Kaffee schmeckt. Die Blätter des schlichten Gänseblümchens *(Bellis perennis)* wirken lindernd bei Schnittwunden und Verbrennungen, die Blüten beruhigen Verdauungsbeschwerden. All diese einheimischen Pflanzen werden schon in uralten Kräuterbüchern genannt. Dies waren die einfachen Zutaten, die die Menschen an Feldrändern und Hecken sammelten, um sie als Heilmittel zu verwenden.

Geschichte der Kräuter

Koriander

Man vermutet, dass die Menschen schon vor etwa 60000 Jahren Heilkräuter verwendeten. Darauf deuten auch Kräuterfunde in einer archäologischen Grabungsstätte im Irak hin. Man fand dort in Höhlen die Überreste eines Neandertalers und bei ihm einen Kranz aus verschiedenen Kräutern, die in der Gegend noch heute wachsen und als Heilkräuter eingesetzt werden. Seit jeher werden Kräuter in den verschiedensten Kulturen der Welt für Rituale, Medizin, Wundbehandlung und Kosmetik benutzt, und viele dieser traditionellen Anwendungen sind bis heute überliefert.

China

Das berühmte „Buch des gelben Kaisers über die innere Medizin", das über 4000 Jahre alt ist, legt Zeugnis vom Gebrauch der Kräuter in China ab. Dort werden verschiedene Heilmittel erwähnt – etwa Ingwer zur Verdauungsförderung und Opium (Schlafmohn) zur Schmerzlinderung. In der traditionellen chinesischen Medizin werden tausende von pflanzlichen Zutaten verwendet, oft auch gemischt, zu Pulver zerrieben und mit Wasser verrührt eingenommen. Kliniken, die mithilfe traditioneller chinesischer Heilweisen hartnäckige Beschwerden wie Ekzeme erfolgreich bekämpfen, gibt es heute in aller Welt – auch in Deutschland.

Indien

Die indische Tradition der Verwendung von Kräutern und Gewürzen geht auf die etwa 4000 Jahre alten vedischen Schriften zurück, auf denen auch die ayurvedische Heilkunst basiert. Aromatische Zutaten wie Zimt, Ingwer, Koriander und Sandelholz werden als duftende Heilmittel eingesetzt, um den Körper zu harmonisieren. Noch heute werden in der ayurvedischen Heilkunde diese und viele andere Kräuter als Heil- und Würzmittel verwendet, um die Vitalität wiederherzustellen.

Die arabische Welt

Schon im frühen Mittelalter war die Heilkunst der arabischen Kultur berühmt. Der arabische Arzt Abu Ibn Sina (980–1037), genannt Avicenna, verfasste den „Kanon der Medizin", in dem viele damals übliche Heilmittel beschrieben werden. Er war mit Zutaten wie Kampfer, Kamille und Lavendel vertraut, und viele seiner Heilpflanzen stammten aus so entlegenen Ländern wie Tibet und China.

Links Kamille wird in der westlichen Kräuterheilkunde zum Senken von Fieber und zur Linderung von Hautreizungen empfohlen.

Unten links Lavendelfelder – ein Meer in Lila. Zur Gewinnung der ätherischen Öle für die Parfümherstellung und die Aromatherapie werden große Mengen an Blüten benötigt.

Westeuropa

Die europäische Kräuterheilkunde geht auf die alten Griechen zurück, die wiederum viel von den alten Ägyptern gelernt haben. Hippokrates, der um 460 v.Chr. in Griechenland geboren wurde, verwendete Opium (Schlafmohn) als Betäubungsmittel, Lungenkraut bei Lungeninfektionen und Granatapfel zum Stillen von Blutungen. Discorides, ebenfalls ein griechischer Arzt, veröffentlichte im Jahre 78 „De Materia Medica", ein Verzeichnis aller damals verfügbaren Pflanzen und Gewürze.

Im 16. und 17. Jahrhundert lebten in England einige der berühmtesten europäischen Kräuterkundigen: John Gerard (1545–1611), der in seinem Garten in Holborn bei London eine riesige Kräutersammlung anlegte; Nicholas Culpeper (1616–1654), dessen berühmtes „Herbal" von 1649 das Wissen um Kräuter und Heilkunst vielen Menschen zugänglich machte; John Evelyn (1620–1706), der mit seinem Werk „Discourse of Sallets" die Menschen ermutigte, um der Gesundheit willen ihre Nahrung mit Kräutern zu würzen. Wenngleich im 18./19. Jahrhundert chemische Medikamente aufkamen und sich im 20. Jahrhundert endgültig durchsetzten, hat die Kräuterheilkunde überlebt und erfreut sich heute wieder wachsender Beliebtheit.

Kräuter im Garten

Warum Kräuter selbst anbauen?

Heutzutage kann man in jedem Supermarkt frische und getrocknete Kräuter kaufen – die meisten Menschen kennen sie auch nur in dieser Form. Dabei ist es eine einzigartige Erfahrung, mehr über diese Pflanzen zu lernen, indem man sie selbst zieht. Unwillkürlich verändert sich dadurch die Beziehung, die man zu ihnen hat. Man lernt die Kräuter eher zu schätzen, weil man den ganzen Lebenszyklus der Pflanze kennen lernt. Auch die Beziehung zur Umwelt im Allgemeinen wird intensiver. Aber es gibt noch mehr gute Gründe, es einmal zu probieren.

Anregender Kräutertee

Pflücken Sie zwei oder drei frische Salbeiblätter und einen 5 cm langen Zweig Myrte. Gründlich waschen, in eine Tasse geben und mit 150 ml kochendem Wasser übergießen. Mit einer Untertasse abdecken und 15 Minuten ziehen lassen, dann die Blätter herausnehmen, mit einem Teelöffel Honig süßen und langsam in kleinen Schlucken trinken.

Unten Selbst auf der Fensterbank gedeihen Kräuter gut und sind als frische Würze für die Küche schnell zur Hand.

Es ist einfach

Kräuter zu ziehen, kann einfach nur bedeuten, einige Samen in einen Topf mit guter Blumenerde zu legen und auf die Fensterbank zu stellen. Viele Kräuter lieben Sonnenlicht – je wärmer es ist, desto besser gedeihen sie und desto intensiver duften sie. Ein Töpfchen Basilikum gibt ein herrlich frisches, etwas herbes Aroma an die Luft ab, und seine Blätter verleihen Salaten und Tomatengerichten eine mediterrane Note. Die meisten Kräuter sind obendrein pflegeleicht.

Es macht Freude

Wer ein Kräuterbeet bepflanzt, kann mit Farben, Formen und Düften experimentieren – da kommen Augen, Nase und Geschmackssinn auf ihre Kosten. Es ist ein schönes Gefühl, an einem warmen Sommerabend durch den Garten zu gehen, hier und da ein Blatt zu pflücken und das Ergebnis des Einsatzes zu riechen und zu schmecken. Es macht auch ein bisschen stolz, die selbst gezogenen Kräuter für den Tee oder die Küche zu ernten. Jeden Tag, selbst im Winter, kann man Blüten oder Blätter pflücken. Und der Duft von Gerichten, die mit selbst gezogenen Kräutern zubereitet sind, regt ganz sicher den Appetit an.

Es ist gesund

Wer selbst Kräuter zieht, weiß genau, wie die Pflanzen gewässert wurden, wie sie (falls nötig) gedüngt und wann sie geerntet wurden. Solche Kräuter aus organischem Anbau sind unbelastet, voll von Geschmack und Vitalität und somit ein ungemein hilfreiches Mittel zur Gesundheitsvorsorge. Bei Pflanzen, die ohne alle unnötigen Pestizide oder chemischen Düngemittel gezogen wurden, können Sie sich der heilenden Wirkung gewiss sein. Noch vor wenigen Generationen bildeten diese Pflanzen die Grundlage der Medizin, die Menschen sammelten sie regelmäßig, um ihre Gesundheit zu erhalten. Und das kann man auch heute noch tun.

Mit dem Boden fängt alles an

Ehe Sie über die Bepflanzung oder Aufteilung Ihres Kräutergartens nachdenken, müssen Sie Ihren Boden kennen, denn in ihm sollen die Pflanzen gedeihen. Es gibt verschiedene Bodentypen, deren Beschaffenheit von der geografischen Lage des Gartens, aber auch von Umweltfaktoren wie Feuchtigkeit abhängt. Jedes Kraut hat besondere Bodenvorlieben, darum hat es keinen Sinn, Pflanzen zu wählen, die sich im Boden Ihres Gartens nicht wohl fühlen.

Was ist eigentlich Boden?

Heben Sie eine Hand voll Erde auf und sehen Sie sie genau an: Es ist eine Mischung verschiedener Teilchen, großer und kleiner. Tatsächlich ist der Boden viel komplexer aufgebaut. Er besteht aus Steinchen, Mineralien, Mikroben, verrotteten Pflanzenteilen und winzigen Insekten. Betrachten Sie Gartenboden einmal unter einem Mikroskop – Sie werden einen Minizoo sehen! Boden ist eine lebende Substanz. Damit Pflanzen in ihm gedeihen können, muss zwischen seinen Bestandteilen ein Gleichgewicht bestehen und erhalten werden. Für den Gärtner bedeutet das, dem Boden regelmäßig frische Nährstoffe durch organische Substanz, also Kompost, zuzuführen.

Bodentypen

Wenn Sie mit einem Spaten ein 30 cm tiefes Loch graben, können Sie einige Bodenmerkmale sehen. Ist er dunkel und krümelig (Humus) oder leicht und sandig? Ist er schwer und klebrig (Lehm) oder sehr nass (sumpfig)? Bleiben die Wurzeln von Pflanzen nahe an der Oberfläche oder gehen sie in die Tiefe? Dunkle Böden, in denen die Pflanzen tief wurzeln können, eignen sich für die meisten Kräuter. Auf helleren, feuchten oder schweren Böden fühlen sich nur bestimmte Kräuterarten wohl.

Bodenproben

Im Gartencenter kann man Test-Sets kaufen, um festzustellen, ob der Boden sauer oder basisch ist. Nehmen Sie Bodenproben von verschiedenen Stellen – selbst in einem kleinen Garten kann der Boden Unterschiede im Säuregehalt aufweisen.

Bodentypen

Kalkhaltig In Gegenden mit kalkhaltigem Grund ist der Boden meist leicht und gut. Hier wachsen Ysop, Wacholder, Rosmarin, Sommerbohnenkraut und Majoran gut.

Leicht, sandig Sandiger Boden ist sehr trocken, weil Wasser schnell versickert. Mittelmeerkräuter wie Lavendel und Estragon fühlen sich unter solchen Bedingungen wohl.

Humus Dieser dunkle Boden steckt voller Nährstoffe, er ist locker und krümelig. Dadurch gelangt viel Luft an die Wurzeln, und die Pflanzen wachsen kräftig und gesund. Bestens geeignet für Basilikum, Kerbel, Koriander, Dill, Liebstöckel oder Salbei.

Lehm Lehmige Böden sind meist schwer und klumpig. Hier gedeihen nur Kräuter mit kräftigen, langen Wurzeln, etwa Beinwell, Sauerampfer, Zitronenmelisse und Minze.

Sumpfig In Böden mit schlechter Drainage muss man Pflanzen aussuchen, deren Wurzeln Dauerfeuchtigkeit vertragen, beispielsweise Engelwurz oder Baldrian.

Den Bodentyp erkennen

Ein leeres Schraubglas halb mit Gartenerde füllen, mit Wasser aufschütten, zuschrauben und schütteln. Hat sich die Erde wieder gesetzt, kann man Schichten aus leichtem Sand, schwereren Steinchen und Lehmpartikeln erkennen, deren Dicke Auskunft über den Bodentyp gibt.

Sand- und Lehmböden sind eher sauer und daher gut geeignet für Pflanzen wie Sauerampfer, Wacholder, Löwenzahn und Heidekraut. Neutrale oder nahrhafte Humusböden sind eher alkalisch und empfehlen sich für Pflanzen wie Holunder, Rose, Schafgarbe oder Thymian-Arten. Auf saurem Boden gedeihen wenige Arten. Der Boden kann mit Kalk und mit gut verrottetem Kompost alkalischer werden.

Das Mikroklima im Garten

Wer einen Kräutergarten plant, sollte sich zuerst mit dem Mikroklima im eigenen Garten vertraut machen. Damit sind Teilbereiche mit jeweils unterschiedlichen Standortbedingungen gemeint: sonnig oder schattig, warm oder kühl, trocken oder feucht. Die Berücksichtigung dieser Bedingungen sorgt dafür, dass die Pflanzen später optimal gedeihen. Zeichnen Sie in eine einfache Skizze des Grundstücks die Himmelsrichtungen ein. So wird der Lauf der Sonne über dem Grundstück deutlich, also der Winkel zwischen Osten und Westen. Nach Süden gerichtete Bereiche sind am wärmsten.

Unten Das Entwerfen eines Kräutergartens macht viel Freude. Solch ein Garten duftet herrlich, sieht attraktiv aus und ist obendrein nützlich.

Gartengrundriss

Zeichnen Sie eine einfache Skizze Ihres Gartens, in dem freie Beetflächen, Rasen, Wege, Bäume und große Sträucher markiert werden. Ermitteln Sie mit einem Kompass, wo Norden liegt, und zeichnen Sie die Richtung ein. Fügen Sie dann Markierungen für Osten, Süden und Westen hinzu, um den Lauf der Sonne nachvollziehen zu können. Nach Süden liegende Bereiche sind am wärmsten. Es ist hilfreich, die Zonen einzuzeichnen, in denen es im Sommer am wärmsten wird. Um diese Zeit wachsen die meisten Kräuter stark, und vor allem aromatische Kräuter wie Lavendel oder Rosmarin entfalten an einem Sonnenplatz einen intensiven Duft, weil in ihren Blättern in praller Sonne mehr ätherische Öle gebildet werden. Die dunkleren, feuchteren Standorte sind günstig für Pflanzen, die kühlen Schatten schätzen, etwa Beinwell. Das Einzeichnen solcher Standortbedingungen ist eine wichtige Hilfe bei der Entscheidung, wo Beete angelegt werden und welche Kräuter dort gepflanzt werden sollen. Wer einen Sitzplatz einrichten möchte, sollte dafür den sonnigsten Bereich wählen und duftende Kräuter in die Nähe pflanzen.

Typische Mikroklimata

Südmauern

Weil sie Wärme speichern und reflektieren, schützen sie kälteempfindliche Pflanzen vor Frost. In kühlen Gegenden ist an ihrem Fuß der beste Platz für Mittelmeerkräuter wie Thymian oder Salbei.

Teiche und Wasserbecken

An Teichrändern ist der Boden oft recht feucht. Hier gedeihen Pflanzen, die viel Feuchtigkeit vertragen, beispielsweise Engelwurz.

Gepflasterte Flächen

Liegen sie in voller Sonne, speichern die Pflastersteine die Wärme – ein idealer Platz für Kübel mit duftenden Kräutern.

Zäune

Sie bieten Windschutz und werfen zu bestimmten Tageszeiten Schatten. Hier fühlen sich Zitronenmelisse und andere Pflanzen wohl, die keine pralle Sonne mögen.

Überlegen Sie auch, welche Gartenbereiche Sie besonders gern mögen, wohin Sie sich vorzugsweise setzen und auf welchem Weg Sie durch den Garten gehen. Sie sollten die nützlichen Kräuter an Plätze pflanzen, die Sie oft besuchen – damit Sie sie auch wirklich pflücken und verwenden.

Links Pflanzen Sie Kräuter in Kübel oder erlauben Sie Ihnen, sich in Pflasterfugen auszubreiten. Es gibt viele attraktive Kombinationen, die einen Versuch lohnen.

Estragon

Auf kleinem Raum

Sie brauchen keinen idyllischen Bauerngarten, um erfolgreich Kräuter zu ziehen. Viele Kräuter wachsen recht kompakt und bieten sich darum auch für kleine Gärten als attraktiver und duftender Schmuck an. Selbst in der Stadt findet man meist ein Plätzchen am Haus oder vor einer Mauer, das mit ein paar Kräutern gleich viel schöner aussieht. Sie sollten den Platz aber so wählen, dass die Kräuter leicht zu pflegen und zu pflücken sind.

Balkon

Auf einem Balkon gedeihen Kräuter gut, vor allem, wenn er einige Stunden am Tag Sonne bekommt. Allerdings muss man die Kräuter häufiger gießen als Pflanzen, die in einem Beet stehen. Kleine Töpfe mit Kräutern stellt man am besten auf Untersetzer und gießt sie von unten. Das Substrat in größeren Kübeln muss immer feucht – aber keinesfalls nass – gehalten werden. Sie könnten an einer Seite des Balkons ein Spalier befestigen und daran kletternde Pflanzen ziehen. Auch ein simples Regal bietet sich für den Kräutergarten auf dem Balkon an. Wie wäre es mit einem Kübel mit Kirschtomaten und dazu ein Topf Basilikum?

Blumenkästen

In Südeuropa sieht man vor den Fenstern oft Blumenkästen voll Petersilie, Thymian oder Majoran, die jederzeit frisch für die Küche geschnitten werden können. In warmen Gebieten fühlen sie sich vor dem Fenster wohl, in kühlen Regionen stellt man sie besser innen auf die Fensterbank, wo sie vor kaltem Wind geschützt sind. Gießen Sie sparsam, das Substrat soll nur leicht feucht sein. Schnittlauch gedeiht gut im Blumentopf, ebenso Estragon oder Sommerbohnenkraut. Frisch gepflückt bereichern sie alle die Küche.

Veranda und Windfang

Diese Bereiche werden oft übersehen, dabei geben sie gerade empfindlichen Pflanzen guten Schutz – fast wie ein kleiner Wintergarten. Aromatische Kräuter wie Lavendel, Duftblattpelargonien oder Lorbeerbäumchen sind ein schöner Schmuck für den Hauseingang und gedeihen gut in Kübeln. Ein heller Windfang bietet sich auch als Winterquartier für frostempfindliche Kräuter an.

Hof

In Südeuropa sieht man in den von Mauern umgebenen Höfen oft ein ganzes Sortiment von Kübeln mit Kräutern und Kletterpflanzen. Die Mauern sorgen für Windschutz und speichern die Sonnenwärme. Aromatische Kräuter gedeihen dort prächtig, aber solche Höfe laden auch zum Entspannen ein. Selbst in Hinterhöfen von Stadthäusern kann man einen Garten schaffen, wenn man eine schöne, abwechslungsreiche Auswahl verschiedener aromatischer Sträucher wie Myrte oder Lorbeer in große Kübel setzt. Große Töpfe mit Rosmarin, Ysop und Fenchel steuern neben ihrem Duft auch noch attraktive Farben bei.

Gegenüber Kübel und Töpfe mit duftenden Kräutern sind auf sonnigen Balkonen und Treppen gut untergebracht.

Kräuter für Sonne und Schatten

Nachdem Sie die verschiedenen Sonnen- und Schattenzonen Ihres Gartens oder Hofes ermittelt haben, sollten Sie sich informieren, welche Pflanzen sich für diese Bereiche gut eignen. So stellen Sie sicher, dass die gewählten Pflanzen unter den jeweiligen Bedingungen gedeihen. Kräuter sind ursprünglich Wildpflanzen, die in der Natur an bestimmten Plätzen wachsen, etwa im Wald, am Wiesenrand, an Berghängen oder in der Nähe von Gewässern. Am wohlsten fühlt sich eine Pflanze, wenn sie im Garten einen Standort erhält, der ihrem natürlichen Lebensraum ähnelt. Die drei hier vorgestellten Pflanzengruppen haben ganz verschiedene Ansprüche in Bezug auf Sonne oder Schatten.

Rosmarin

Gegenüber Ein Gehölzgarten ist ein Paradies für Kräuter, die im Halbschatten oder Schatten unter den schützenden Kronen von Bäumen stehen.

Kräuter für volle Sonne

In diese Gruppe fallen viele aromatische Kräuter (mit * gekennzeichnet). In ihren Blättern befinden sich spezielle Zellen, die hoch konzentrierte Duftstoffe, die ätherischen Öle, enthalten. Je mehr Sonne diese Pflanzen bekommen, desto stärker ist ihr Duft. Im Mittelmeerraum, wo sie beheimatet sind, ist die Luft im Sommer oft von ihrem Aroma erfüllt. Aus einigen dieser Pflanzen werden die ätherischen Öle gewonnen und in der Aromatherapie verwendet (s. Seite 138–141). Dort werden die natürlichen Düfte für Gesundheit und Wohlbefinden einsetzt.

Schafgarbe, Dill*, Estragon*, Borretsch, Ringelblume, Fenchel*, Ysop*, Lorbeer, Lavendel*, Liebstöckel*, Andorn, Knoblauch*, Oregano*, Koriander*, Basilikum*, Majoran*, Rosmarin*, Salbei*, Muskatellersalbei*, Bockshornklee, Sonnenblume, Myrte*, Brunnenkresse, Rotklee, Bohnenkraut, Schachtelhalm.

Fenchel

Kräuter für den Halbschatten

Diese Kräuter gedeihen am besten an einem Platz im lichten Schatten, volle Sonne vertragen sie nicht. In der Natur findet man sie oft an Waldrändern, wo das Blätterdach der Bäume weniger dicht ist, aber noch einigen Schutz bietet. Im Garten finden sie ähnliche Bedingungen im diffusen Schatten von einzelnen Laubbäumen und Sträuchern.

Engelwurz, Kerbel, Kamille, Zitronenmelisse, Pfefferminze, Petersilie, Sauerampfer, Beinwell, Frauenmantel, Himbeere, Walderdbeere, Wacholder, Sonnenhut, Augentrost, Brennnessel.

Engelwurz

Aromatischer Dampf

Um das intensive Aroma von Lavendelblüten zu erleben, geben Sie 30 g (3 Esslöffel) frische oder getrocknete Blüten in eine hitzebeständige Glasschüssel und übergießen sie mit 200 ml kochendem Wasser. Atmen Sie sofort den duftenden Dampf ein, in dem winzige Moleküle des ätherischen Öls schweben. Eine zehnminütige Inhalation mit diesem Dampf lindert hartnäckigen Husten, weil die ätherischen Öle des Lavendel die Atemwege beruhigen und den Schleim lösen. Der würzig-blumige Duft wirkt außerdem sehr beruhigend.

Lavendel

Kräuter für den Schatten

Tief im Wald, wo nur wenig Licht auf den Boden fällt, wachsen einige der wirksamsten Kräuter. Zu diesen gehören auch die Tollkirsche und die Alraunenwurzel, deren Früchte und Wurzeln hochgiftige Stoffe – so genannte Alkaloide – enthalten. Zum Glück fühlen sich im Schatten aber auch harmlosere, wohltuende Pflanzen wohl, die leicht zu kultivieren sind. Die meisten haben eher dunkelgrüne Blätter und fühlen sich in schattigen Gartenecken wohl.

Johanniskraut, Nachtkerze, Lungenkraut, Baldrian, Duftveilchen.

Johanniskraut

Kräuter für schwieriges Klima

In den meisten Böden gedeihen Kräuter gut, allerdings gibt es einige Regionen, in denen die klimatischen Bedingungen die Gartenplanung erschweren. Dort spielt nicht nur die Bodenqualität eine Rolle, man muss zudem Lösungen finden, um die Pflanzen vor dem rauen Klima zu schützen. Trotzdem ist die Auswahl der geeigneten Arten überraschend groß. Um herauszufinden, welche Kräuter sich für Ihren Garten eignen könnten, sollten Sie einmal genauer hinsehen, was in der näheren Umgebung wild wachst.

Küstenklima

Wenn Sie an der Küste oder in der Nähe einer Flussmündung wohnen, beeinflusst das Meer die Bedingungen im Garten. Viele Pflanzen reagieren empfindlich auf salzhaltige Luft und scharfen Wind. Der Boden kann mager oder steinig sein, eventuell hat Ihr Grundstück auch ein starkes Gefälle. Sie können das Mikroklima aber beeinflussen, indem Sie eine Hecke als Windschutz pflanzen. Günstig sind robuste Heckenpflanzen wie Liguster. Vor der Hecke gedeihen nützliche Sträucher wie Holunder *(Sambucus nigra),* Wacholder *(Juniperus communis)* oder Rosmarin *(Rosmarinus officinalis),* vor allem die Sorte 'Miss Jessup's Upright', die bis zu 2 m hoch werden kann. Im Schutz dieser Pflanzen gedeihen dann auch Mittelmeerkräuter wie Fenchel *(Foeniculum vulgare)* oder Lavendel *(Lavandula* species), die trockenen, mageren Boden schätzen. Ist das Grundstück sehr abschüssig, bieten sich kriechende Formen des Majoran *(Origanum majorana)* oder Thymian *(Thymus* species) an, die auch in Steingärten sehr dekorative Matten bilden.

Heißes, trockenes Klima

Für Gegenden mit heißem, trockenem Klima eignen sich vor allem aromatische Sträucher, Bäume und andere Pflanzen mit langen Wurzeln, die tief in der Erde Wasser finden. Ein solcher Baum ist der Eukalyptus *(Eucalyptus globulus* und andere Arten), der in seiner Heimat Australien bis zu 60 m hoch werden kann. Aus den duftenden, hellgrünen Blättern wird ein ätherisches Öl gewonnen. Im Mittelmeerraum liefern Sträucher wie Myrte *(Myrtus communis)* oder Lorbeer *(Laurus nobilis)* ganzjährig duftende, grüne Blätter, die ebenfalls reich an ätherischen Ölen sind. Auch die übrigen typischen Mittelmeerkräuter gedeihen in diesem Klima gut. Im Schatten von Mauern fühlen sich Schnittlauch *(Allium schoenoprasum)* oder Zitronenmelisse *(Melissa officinalis)* wohl, die keine pralle Sonne vertragen.

Oben Auch in einem Küstengarten können Kräuter gedeihen, wenn man ihnen durch Zäune oder Hecken etwas Windschutz bietet.

Kühl-feuchtes Klima

Hier bieten sich vor allem die Kräuter und Heilpflanzen an, die gut im oder am Wasser gedeihen. In natürlichen Feuchtgebieten findet man oft eine große Vielfalt üppiger Pflanzen. Alle Minzearten *(Mentha* species), Acker-Schachtelhalm *(Equisetum arvense)*, Engelwurz *(Angelica archangelica)*, Baldrian *(Valeriana officinalis)* oder Beinwell *(Symphytum officinale)* gedeihen bei einem reichlichen Wasserangebot, ebenso würzige Salatkräuter wie Brunnenkresse *(Nasturtium officinale)*.

Pfefferminze

Kräuter in schönen **Farben**

Ein Kräutergarten mit Blüten in allen Formen und Farben kann ein herrlicher Anblick sein, doch auch die Blätter sind sehr abwechslungsreich. Während man in einem Ziergarten meist intensiv leuchtende Blütenfarben findet, zeigt sich ein Kräutergarten eher sanft und gedämpft, jedoch nicht minder lebendig. Auf dieser Seite sind die Kräuter und Blüten nach Farben gruppiert. So könnten Sie effektvolle Pflanzungen in nur einer Farbe oder vielleicht in kontrastierenden Tönen gestalten.

Kräuter nach Farben gruppiert

Rosarote Blüten Rosen *(Rosa gallica, damascena* oder *centifolia).*

Blaue Blüten Borretsch *(Borago officinalis),* Rosmarin *(Rosmarinus officinalis).*

Blauviolette Blüten Ysop *(Ysopus officinalis),* Lavendel *(Lavandula),* Beinwell *(Symphytum officinale),* Thymian *(Thymus vulgaris),* Duftveilchen *(Viola odorata).*

Rotviolett Sonnenhut (Blüten) *(Echinacea purpurea),* Schwarze Pfefferminze (Blätter) *(Mentha × piperita),* violettes, krauses Basilikum (Blätter) *(Ocimum basilicum),* violetter Salbei (Blätter) *(Salvia officinalis).*

Pinkfarbene Blüten Schnittlauch *(Allium schoenoprasum),* Majoran *(Origanum majorana),* Oregano *(Origanum vulgare),* Muskatellersalbei *(Salvia sclarea).*

Gelbgrüne Blätter Frauenmantel *(Alchemilla xanthochlora),* Dill *(Anethum graveolens),* Fenchel *(Foeniculum vulgare),* Liebstöckel *(Levisticum officinale).*

Gelbe Blüten Zaubernuss *(Hamamelis virginiana),* Sonnenblume *(Helianthus annuus),* Johanniskraut *(Hypericum perforatum),* Nachtkerze *(Oenothera biennis),* Graue Heiligenblume *(Santolina chamaecyparissus),* Löwenzahn *(Taraxacum officinale),* Immortelle *(Helichrysum angustifolium).*

Weiße und cremefarbene Blüten Myrte *(Myrtus communis),* Holunder *(Sambucus nigra),* weißer Beinwell *(Symphytum officinale),* Römische Kamille *(Chamaemelum nobile),* Süßdolde *(Myrrhis odorata),* Mutterkraut *(Tanacetum parthenium),* Baldrian *(Valeriana officinalis).*

Orangefarbene Blüten Ringelblume *(Calendula officinalis),* Kapuzinerkresse *(Tropaeolum majus).*

Panaschiertes Laub (grün und creme) Zitronenmelisse *(Melissa officinalis),* Rundblättrige Minze *(Mentha suaveolens),* Edelminze *(Mentha × gracilis),* Zitronenthymian *(Thymus × citriodorus).*

Silbergraues Laub Immortelle *(Helichrysum angustifolium),* Lavendel *(Lavandula),* Gewöhnlicher Andorn *(Marrubium vulgare),* Salbei *(Salvia officinalis),* Eukalyptus *(Eucalyptus globulus* und andere Arten).

Der Farbkreis

Dieser Kreis zeigt Blüten in allen Farben des Regenbogens. Farben, die auf dem Kreis nebeneinander liegen, harmonieren gut miteinander. Liegen sie einander gegenüber, bilden sie kräftige Kontraste.

Grün hat generell harmonisierende Wirkung – wie grünes Laub beweist. Grün wirkt beruhigend auf die Augen und fördert die Entspannung. Rot, Orange und Gelb dagegen haben eine warme Ausstrahlung und wirken belebend. Blau und Violett wirken wiederum beruhigend – das weiß jeder, der einmal ein Lavendelfeld gesehen hat, das wie ein stilles Meer violetter Blüten aussieht. Cremeweiße Blüten gibt es in verschiedenen Tönen, die zwischen zartem Gelb und Weiß liegen, und auch sie wirken freundlich und beruhigend. Dreht man das Farbrad schnell genug, verschmelzen alle Farben zu Weiß, der Synthese aus allen Farben.

Dieser kleine Ausflug in die Farblehre kann recht hilfreich bei der Gestaltung eines Gartens sein – ob man ihn nun von Grund auf neu bepflanzt oder neue Arten in eine vorhandene Anlage einfügen möchte.

Kräuter und nützliche Insekten

Wer Kräuter pflanzt, lädt dadurch verschiedene nützliche Insekten in den Garten ein. Die natürlichen Lebensräume dieser Insekten werden zunehmend zerstört, denn die intensive Landwirtschaft hat keinen Platz für die Wildwiesen und Hecken, in denen sie normalerweise leben. Viele dieser Insekten sehen interessant aus, zudem sind sie wichtige Bestäuber, was vor allem Besitzer von Obstgärten schätzen. Außerdem halten sie den Garten frei von Schädlingen wie Blattläusen. Wer also Nutzinsekten in den Garten lockt, betreibt letztlich Schädlingsbekämpfung ohne Chemie. Die Insekten werden vom Duft der Pflanzen angelockt, vor allem während der Blütezeit. Sie fliegen besonders die helleren Blüten an, weil sie diese gut sehen können. Nützliche Insekten besuchen Gärten in großer Zahl, wenn die Kräuter in voller Blüte stehen – also meist von Juni bis August.

Obstbäume

Schwebfliegen

Die gelb-schwarz gestreiften Insekten gehören zu den besten Freunden der Biogärtner. Sie fliegen auf verschiedene Kräuter, darunter Schafgarbe, Dill, Kamille, Koriander, Fenchel, Lavendel, Mutterkraut oder Thymian. Außerdem fressen sie Larven und erwachsene Exemplare von Blattläusen und weißen Fliegen. Pflanzt man die oben genannten Kräuter beispielsweise rund um das Gemüsebeet, lockt man zahlreiche Schwebfliegen an und reduziert so den Schädlingsbefall im Gemüsegarten erheblich.

Schmetterlinge

Auch wer Pflanzen für Schmetterlinge in seinen Garten setzt, tut etwas für den Naturschutz, denn vor allem in den Städten werden viele Schmetterlingsarten immer seltener. Sie reagieren sehr sensibel auf Düfte. Admiral, Kleiner Fuchs, Distelfalter und Bläuling sind hübsch anzusehen und kommen gern in Gärten mit duftenden Kräutern wie Lavendel oder Blüten von Rosen und Myrte. Wer Kohl gepflanzt hat und den Kohlweißling fernhalten will, dessen Larven die jungen Blätter abfressen, sollte auf einen alten Gärtnertrick zurückgreifen. Pflanzt man Ysop in die Nähe des Kohls, verwirrt der Duft die Schmetterlinge und lockt sie vom Gemüse weg.

Bienenstöcke

Rosen

Bienen und Hummeln

Sie spielen zwar keine Rolle für die Schädlingsbekämpfung, sind aber wichtig für die Bestäubung. Außerdem klingt das Summen der Bienen im Kräuterbeet einfach nach Sommer. Wer Platz für einen Bienenkorb hat, kann wunderbaren Honig gewinnen, den die fleißigen Insekten auf duftenden Kräutern wie Lavendel oder Rosmarin sammeln. Die Zahl der Hummeln sinkt durch den Einsatz von chemischen Pestiziden in der Landwirtschaft und durch die Zerstörung natürlicher Lebensräume erschreckend. Wer Kräuter pflanzt, bietet ihnen Nahrung.

Marienkäfer

Die beliebten Käfer mit den schwarz-roten Flügeln sind ausgezeichnete Blattlausbekämpfer. Sie fliegen besonders auf Fenchel, Koriander und Dill, die alle zur botanischen Familie der Schirmblütler gehören. Wer solche Kräuter in seinen Garten pflanzt, kann sich über reichlich Besuch von Marienkäfern freuen – und diese wiederum freuen sich über die Blattläuse, die sich so gern auf Rosen ausbreiten.

Der heilende Garten – ein Ort der Ruhe

Wer einen Kräutergarten anlegen will, sollte sich einmal in alten Anlagen, etwa in Klöstern, umsehen, um sich inspirieren zu lassen. In Gärten von Schlössern und Herrenhäusern, aber auch in botanischen Gärten kann man oft umfangreiche Kräutersammlungen besichtigen und verschiedene Gestaltungsstile vergleichen. Achten Sie auch einmal darauf, wie Sie sich in solchen Anlagen fühlen. Sehr häufig werden Sie ein Gefühl von Ruhe, Frieden, Gelassenheit und Wärme wahrnehmen. Wenn es Ihnen so geht, halten Sie inne und betrachten Sie Ihre Umgebung genau, um herauszufinden, wodurch diese Empfindungen ausgelöst werden. Kräutergärten können aus verschiedenen Gründen wohltuende Wirkung haben.

Aufteilung

Achten Sie darauf, wie der Kräutergarten aufgeteilt ist. Regelmäßige, geometrische Anlagen sind typisch für die Klostergärten des Mittelalters. Alle Beete sind von Wegen umgeben, sodass man sich zwischen ihnen bequem bewegen kann und leichten Zugang zu den Pflanzen hat. Besonders hübsch sind Kräutergärten, deren Beete von niedrigen Hecken aus duftendem Buchsbaum eingefasst sind. Diese Hecken haben aber keinen eigentlichen Nutzwert, sondern dienen hauptsächlich der Optik.

Mauern

Traditionelle, mittelalterliche Kräutergärten waren von Mauern umgeben. Ursprünglich lagen diese Gärten innerhalb der Burgmauern, doch auch als die Zeit der Burgen vorüber war, umgab man Gärten weiterhin mit Mauern. Man hatte nämlich entdeckt, dass diese einige Vorteile boten. Sie schützten die Pflanzen vor Wind und rauem Wetter, reflektierten die Sonnenwärme und erhöhten so die Temperatur im Garten. Dem Menschen vermitteln ummauerte Gärten ein Gefühl der Sicherheit, außerdem sind sie besonders ruhig, weil die Steine auch für Schallschutz sorgen. Solche Gärten sind wunderbare Orte zum Entspannen und Abschalten.

Landschaftsgestaltung

Manche Kräutergärten haben einen Bereich, der tiefer als der umgebende Garten liegt. Das ist vor allem in Küstenregionen eine gute Lösung, um den Wind abzuhalten und die Temperatur zu erhöhen. Empfindliche Kräuter sollte man an die tiefste Stelle setzen, die einen gewissen Frostschutz bietet. Der Queen's Garden hinter dem Kew Palace in den Kew Gardens in London ist nach diesem Prinzip angelegt. An warmen Sommertagen ist der Duft im tief liegenden Bereich sehr intensiv, weil sich hier die Kraft der Sonne konzentriert.

Dekorationen

Manchmal ist ein friedlicher Kräutergarten rings um einen besonderen Blickfang herum angelegt. Das könnte eine dekorative Bank sein, ein Rankbogen oder eine Pergola in voller Sonne, die duftenden Kletterrosen oder Geißblatt Halt gibt. Denkbar wäre auch ein Kamillerasen, der beim Betreten seinen frischen Duft freisetzt, oder eine Sonnenuhr, die in einer runden Gartenanlage so stimmig wirkt wie die Nabe in einem Rad. Solche Dekorationen lassen sich gut in den Garten integrieren. Sie laden Bewohner und Besucher ein, näher zu treten und dabei auch die Pflanzen intensiver wahrzunehmen.

Rechte Seite:
Oben links Auf Kieswegen zwischen den Beeten kann man die Pflanzen leicht erreichen, um sie zu berühren und an ihnen zu riechen.

Oben rechts Eine Dekoration in der Mitte des Kräutergartens wirkt als Blickfang und vermittelt einen Eindruck von Harmonie und Ausgewogenheit.

Unten Eine Bank inmitten duftender Kräuter ist ein wunderbar ruhiger Platz zum Nachdenken, während die Düfte der Kräuter und Blüten die Sinne verwöhnen.

Gartengestaltung leicht gemacht

Um Ihnen die Gestaltung Ihres Kräutergartens zu erleichtern, haben wir hier einige Leitfragen zusammengestellt. Skizzieren Sie zuerst die verfügbare Fläche (s. Seite 20), zeichnen Sie Himmelsrichtungen, Sonnen- und Schattenbereiche ein. Dann machen Sie sich anhand der folgenden Fragen einige Notizen.

Warum wollen Sie einen Kräutergarten anlegen?

Für die Küche

Wollen Sie viele frische Kräuter verarbeiten und genügend ernten, um auch einen Vorrat für den Winter zu trocknen oder anderweitig zu konservieren?
Empfehlenswert sind Basilikum, Thymian, Fenchel, Majoran, Salbei, Knoblauch, Rosmarin und Estragon. Alle diese Arten sehen hübsch aus und eignen sich sehr gut zum Würzen.

Für die Gesundheit

Möchten Sie Heilkräuter ziehen und daraus Tees und andere Kräuterheilmittel herstellen?
Empfehlenswert sind Mutterkraut, Augentrost, Frauenmantel, Sonnenhut und Johanniskraut. Sie alle sind wirksam bei Alltagsbeschwerden und verbessern das allgemeine Wohlbefinden.

Für die Schönheit

Möchten Sie Kräuter für die Haut- und Körperpflege pflanzen?
Empfehlenswert sind Lavendel, Schachtelhalm, Rotklee und Beinwell. Alle besitzen beruhigende und reizlindernde Wirkung, die der Haut wohl tut.

Für die Nase

Hätten Sie gern einen duftenden Garten?
Empfehlenswert sind Pfefferminze, Rose, Römische Kamille, Salbei, Thymian, Basilikum und Oregano. All diese Pflanzen haben wegen ihres hohen Gehalts an ätherischen Ölen besonders intensiv duftende Blätter und Blüten.

Für die Optik

Haben Sie einen bestimmten Kräutergartentyp im Sinn? Welche Kräuter eignen sich für einen traditionellen, formalen Kräutergarten?
Empfehlenswert sind Lorbeer, Myrte, Rosmarin und Lavendel. Diese Pflanzen lassen sich in geometrische oder figürliche Formen schneiden, die sehr gut in einen formalen Garten passen.

Oben Aus selbst gezogenen Kräutern kann man natürliche Hautpflegeprodukte herstellen.

Links Kräutertees schmecken viel besser, wenn sie aus frischen, biologisch angebauten Kräutern aufgebrüht werden.

Oben Frische Kräuter sind eine herrlich würzige Garnierung für Suppen und viele andere Gerichte.

Unten Zeichnen Sie in der Skizze Ihres Gartens alle festen Elemente sowie die sonnigen und schattigen Bereiche ein.

Die Antworten auf diese Fragen werden Ihnen bei der Entscheidung über die Gestaltung Ihres Kräutergartens helfen. Wenn Sie mehrere Fragen mit Ja beantwortet haben, überlegen Sie, welcher Aspekt Ihnen am wichtigsten ist. Auch die folgenden Überlegungen können sinnvoll sein.

Ist der Garten bereits angelegt, müssen die Kräuter also in die Gestaltung eingefügt werden?
Wenn ja, sollten Sie genau darauf achten, wie viel Sonne oder Schatten die verfügbaren Bereiche erhalten.

Wollen Sie den ganzen Garten oder einen Teil völlig neu anlegen?
Wenn ja, prüfen Sie die Bodenqualität und graben Sie eventuell Kompost unter, um den Boden mit Nährstoffen anzureichern.

Steht nur sehr wenig Platz zur Verfügung?
Wenn ja, handelt es sich um einen Hof, einen Balkon oder einen besonders kleinen Garten. Eventuell müssen Sie dann die Kräuter in Kübel pflanzen (s. Seite 42–43).

Haben Sie Ihre Antworten auf diese Fragen notiert, können Sie sich mit den verschiedenen Gestaltungsmöglichkeiten konkreter beschäftigen. Auf den Seiten 36–47 finden Sie eine Vielzahl von Vorschlägen – von kleinen Anlagen bis zu aufwändigeren Lösungen wie einem Kräuterrad, von eher dekorativen Ideen bis zu praktischen Küchen- und Heilkräutergärten.

Zeichnen Sie dann eine maßstabsgetreue Skizze des geplanten Gartens und der Kräuterbeete. Die Zeichnung unten zeigt, worauf es dabei ankommt. Ein Kräutergärten wird seit jeher als Synthese des Schönen und Nützlichen verstanden. Nutzen Sie die Möglichkeit, einen Ort der Ruhe und Erholung zu entwerfen, mit Pflanzen, die Gesundheit und Wohlbefinden fördern.

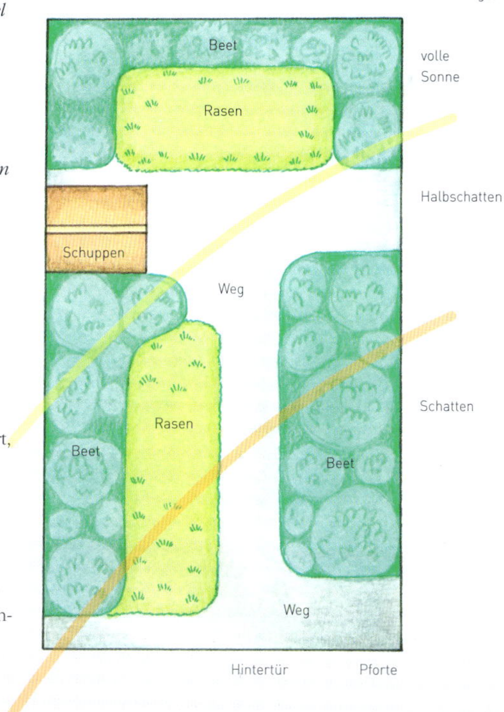

Dill

Das Kräuterrad – ganz einfach

Dieses Kräuterbeet ist ganz einfach anzulegen und empfiehlt sich, wenn Sie alle Kräuter in einem Gartenbereich versammeln möchten. Die Idee, ein großes Wagenrad auf den Boden zu legen und Kräuter zwischen die Speichen zu pflanzen, stammt aus dem 19. Jahrhundert. Solche Räder sind heute nur schwer zu finden, doch kann man die Konturen ebenso aus Steinen oder Ziegeln legen. Der Vorteil der Segmente besteht darin, dass das Beet immer ordentlich aussieht. Verwendet man Ziegel oder flache Steine, können die Speichen auch als schmale Wege benutzt werden. Dadurch sind alle Kräuter leicht zugänglich, und das Pflegen, Ernten und Jäten geht ganz bequem von der Hand.

Rechts Ein Kräuterrad braucht wenig Platz, ist schnell und einfach angelegt und macht die Pflege und Ernte der Kräuter leicht.

Majoran

Bei der Platzierung des Kräuterrades sollten Sie darauf achten, dass der Bereich eben ist, geschützt liegt und möglichst viel Sonne erhält. Wenn Sie die Kräuter in der Küche verwenden wollen, sollte er außerdem leicht und bequem erreichbar sein. Liegt er ganz am Ende des Gartens, werden Sie bei Kälte oder Regen gewiss keine Kräuter ernten gehen. Denken Sie auch daran, einen Weg zum Kräutergarten anzulegen, sofern keiner vorhanden ist. Die Größe des Kräuterrades bleibt Ihnen überlassen. Um einen sauberen Kreis anzuzeichnen, stechen Sie einfach einen kräftigen Pflock in die Erde, binden ein Stück Schnur daran und knoten ans Ende einen angespitzten Stock, den Sie wie einen Zirkel benutzen. Auf die so angezeichnete Kontur legen Sie dann die Begrenzungssteine. Ein Kreis von etwa 2 m Durchmesser lässt sich ganz nach Wunsch in vier, sechs oder acht Segmente unterteilen. Als „Speichen" legen Sie flache Steine auf den Boden oder senken Sie Ziegelsteine zur Hälfte in den Boden ein. Die Fugen zwischen den Ziegeln werden mit grobem Sand oder – wenn Sie es gern solider haben – mit Mörtel ausgefüllt.

Der Pflanzboden in den Segmenten sollte zu je einem Drittel aus Gartensand, Kompost und Mutterboden bestehen. Diese Mischung ist durchlässig, leicht, locker und reich an Nährstoffen. Sie eignet sich gut für Küchenkräuter, beispielsweise:

Dill	*Anethum graveolens*
Majoran	*Origanum majorana*
Thymian	*Thymus vulgaris*
Salbei	*Salvia officinalis*
Rosmarin	*Rosmarinus officinalis*
Bohnenkraut	*Satureja hortensis*
Pfefferminze	*Mentha × piperita*
Petersilie	*Petroselinum sativum*

Hat Ihr Kräuterrad acht Speichen, könnten Sie in jedes Segment eine Kräutersorte pflanzen. Bei vier Speichen kann man in jedem Segment zwei Arten kombinieren. Denken Sie daran, die Flächen nicht zu eng zu bepflanzen, damit die Kräuter sich ausbreiten können.

Minze

1
12
11

Empfehlenswerte Heilkräuter

Schafgarbe	*Achillea millefolium*
Römische Kamille	*Chamaemelum nobile*
Johanniskraut	*Hypericum perforatum*
Borretsch	*Borago officinalis*
Muskatellersalbei	*Salvia sclarea*
Mutterkraut	*Tanacetum parthenium*

Empfehlenswerte Küchenkräuter

Knoblauch	*Allium sativum*
Schnittlauch	*Allium schoenoprasum*
Liebstöckel	*Levisticum officinale*
Petersilie	*Petroselinum crispum*
Basilikum	*Ocimum basilicum*
Oregano	*Origanum vulgare*

Kräuterbeete – der Klostergarten

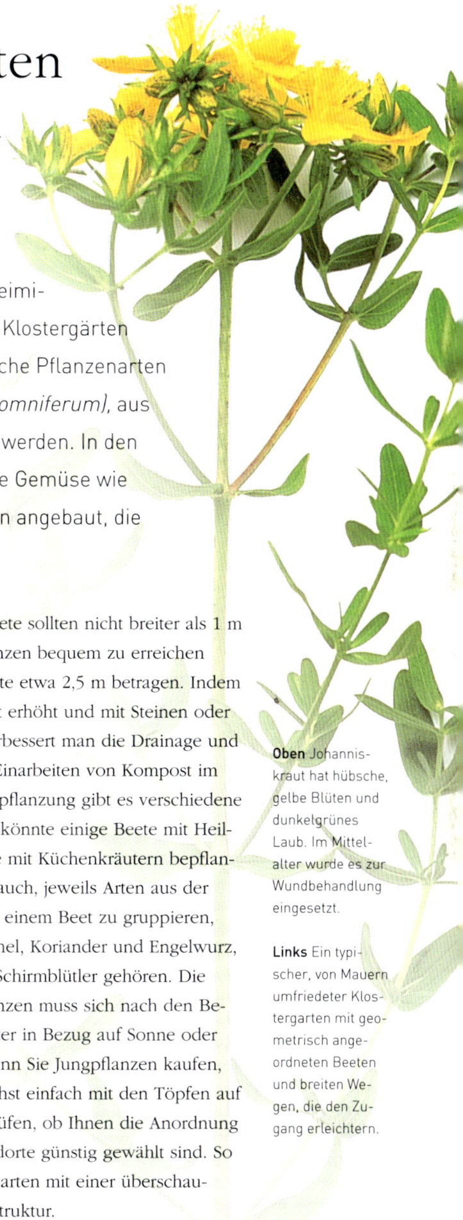

Dieser Kräutergartentyp ist größer und komplexer aufgebaut, er eignet sich daher besser für einen Garten oder Gartenbereich, der ganz neu angelegt wird. Sein Aufbau lehnt sich an die traditionellen Klostergärten an. Schon im 10. und 11. Jahrhundert hatten Klöster die Funktion von Krankenhäusern, in denen Einheimische und Reisende mit Zubereitungen aus Kräutern der großen Klostergärten behandelt wurden. In der Zeit der Kreuzzüge fanden viele exotische Pflanzenarten ihren Weg in diese Gärten, darunter der Schlafmohn *(Papaver somniferum)*, aus dessen Saft noch heute Medikamente und Narkotika gewonnen werden. In den großen Klostergärten wurden außer Kräutern auch verschiedene Gemüse wie Zwiebeln, Porree, Rote Bete, Bohnen, Knoblauch und Pastinaken angebaut, die einen Teil der Grundnahrung der Klosterbewohner darstellten.

Für einen Kräutergarten im Klosterstil empfiehlt sich ein Gartenbereich mit etwas Schatten. Alternativ könnte man einige größere Sträucher wie Holunder *(Sambucus nigra)* oder vielleicht Apfelbäume *(Malus domestica)* pflanzen, um verschiedene Mikroklimata zu schaffen. In den schattigeren Zonen fühlen sich Kräuter wie Beinwell *(Symphytum officinale)* oder Baldrian *(Valeriana officinalis)* wohl. Das hier vorgestellte Beispiel besteht aus länglichen Hochbeeten, die mit Ziegelsteinen oder dicken Holzplanken eingefasst sind. Dazwischen verlaufen Wege, die auch für eine Schubkarre breit genug sind, sodass man leicht Kompost zu den Beeten befördern kann. Im Idealfall ist der gesamte Garten von Mauern eingefriedet, um Schutz für empfindlichere Kräuter zu schaffen. Duftende Kletterrosen, die ebenfalls Sonne und Wärme schätzen, könnten solche Mauern zieren. Abgerundet wird die Anlage durch einen zentralen Blickfang wie eine Sonnenuhr oder vielleicht einen akkurat in Form geschnittenen Lorbeerbaum.

Die einzelnen Beete sollten nicht breiter als 1 m sein, damit alle Pflanzen bequem zu erreichen sind. Ihre Länge sollte etwa 2,5 m betragen. Indem man die Beete leicht erhöht und mit Steinen oder Planken einfasst, verbessert man die Drainage und erleichtert sich das Einarbeiten von Kompost im Frühling. Für die Bepflanzung gibt es verschiedene Möglichkeiten. Man könnte einige Beete mit Heilkräutern und andere mit Küchenkräutern bepflanzen. Denkbar wäre auch, jeweils Arten aus der gleichen Familie auf einem Beet zu gruppieren, beispielsweise Fenchel, Koriander und Engelwurz, die zur Familie der Schirmblütler gehören. Die Anordnung der Pflanzen muss sich nach den Bedürfnissen der Kräuter in Bezug auf Sonne oder Schatten richten. Wenn Sie Jungpflanzen kaufen, stellen Sie sie zunächst einfach mit den Töpfen auf die Beete, um zu prüfen, ob Ihnen die Anordnung zusagt und die Standorte günstig gewählt sind. So erhalten Sie einen Garten mit einer überschaubaren, geordneten Struktur.

Oben Johanniskraut hat hübsche, gelbe Blüten und dunkelgrünes Laub. Im Mittelalter wurde es zur Wundbehandlung eingesetzt.

Links Ein typischer, von Mauern umfriedeter Klostergarten mit geometrisch angeordneten Beeten und breiten Wegen, die den Zugang erleichtern.

Der Küchenkräutergarten

Dies ist ein Garten für Menschen, die gerne gut kochen. Im 18. Jahrhundert hatten die Häuser auf dem Land normalerweise sehr große Nutzgärten, in denen Obst und Gemüse für jeden Tag angebaut wurde. Ein Teil des Küchengartens war für Kräuter reserviert, die man zum Würzen verwendete. Man gab die Kräuter aber nicht nur an frisch zubereitete Speisen, sondern auch an die eingekochten, eingelegten und gepökelten Vorräte, von denen sich Familie und Gesinde im Winter ernährten. Sogar Süßigkeiten stellte man selbst her, etwa aus jungen Stielen der Engelwurz *(Angelica archangelica)*, die in Zuckerlösung gekocht wurden.

Unten In Zuckerlösung kandierte Engelwurzstiele haben einen süßen, leicht scharfen Geschmack.

Weil manche Kräuter etwas unordentlich wachsen und andere zum Wuchern neigen, macht es Sinn, durch Hecken oder andere Unterteilungen Ordnung in den Küchengarten zu bringen. Eine traditionelle Lösung sind rautenförmige Beete, die mit niedrigen Hecken aus Buchsbaum *(Buxus sempervirens)* eingefasst sind. Praktisch ist auch eine Gliederung der Beete mit Wegen aus Ziegelsteinen, die den Zugang zu den Pflanzen erleichtern, zum Ernten, Beschneiden und Sammeln von Samen.

Salbei, Rosmarin und andere Kräuter sind mehrjährig; sie treiben in jedem Frühling neu aus. Andere, darunter Ringelblume und Basilikum, sind einjährig – man muss sie jedes Jahr neu säen oder pflanzen. Bei der Planung des Küchengartens sollte man daran denken, mehrjährige Pflanzen an Plätze zu setzen, an denen sie bleiben können. Die Lücken werden dann alljährlich mit Einjährigen ausgefüllt. Myrte, Lorbeer, Rosmarin, Thymian und andere mehrjährige Kräuter sind immergrün, sie beleben also auch im Winter den Garten mit ihrem Laub – und die Küche mit ihrer Würze.

Im Idealfall legt man den Küchengarten vor einer nach Süden ausgerichteten Mauer an, zugleich sollte er aber auch nahe der Hintertür oder in bequemer Nähe zur Küche liegen. Bei der Planung der Bepflanzung sollte man Höhe und Ausbreitung der einzelnen Arten berücksichtigen. (Näheres dazu: s. Seite 178–251 oder auf den Etiketten von gekauften Jungpflanzen.) Höhere Arten wie Fenchel setzt man in den hinteren Beetbereich, während niedrige oder kriechende wie Thymian besser im Beetvordergrund am Wegrand untergebracht sind.

Kräuter für den Küchengarten

Mehrjährige

Estragon	*Artemisia dranunculus*
Pfefferminze	*Mentha × piperita*
Thymian	*Thymus vulgaris*
Fenchel	*Foeniculum vulgare*
Schnittlauch	*Allium schoenoprasum*
Liebstöckel	*Levisticum officinale*
Rosmarin	*Rosmarinus officinalis*
Salbei	*Salvia officinalis*
Myrte	*Myrtus communis*
Wacholder	*Juniperus communis*

Einjährige

Basilikum	*Ocimum basilicum*
Kerbel	*Anthriscus cerefolium*
Koriander	*Coriandrum sativum*
Knoblauch	*Allium sativum*
Bohnenkraut	*Satureja hortensis*
Majoran	*Origanum majorana*
Dill	*Anethum graveolens*

Majoran und einige andere Kräuter gibt es auch mit marmorierten oder goldgelben Blättern, die besonders dekorativ aussehen.

Links Im Küchengarten kann man rund ums Jahr frische, gesunde Kräuter ernten.

Kräuter in Kübeln

Bei Platzmangel kann auch ein Sortiment von Kräutern in Kübeln verschiedener Größe sehr hübsch aussehen. Ein einzelner Kübel mit einer duftenden, blühenden Art wie Lavendel ist obendrein ein Blickfang, der auch die Nase erfreut. Auch im Garten kann man Kübel verwenden. Vor allem wuchernde Kräuter, die sich ansonsten über Wurzelausläufer aggressiv ausbreiten, lassen sich in Töpfen oder Kübeln gut im Zaum halten, wenn man den Topfboden entfernt und den Topf etwas in die Erde einsenkt, sodass überschüssiges Wasser leicht abfließen kann. Wenn sie nicht zu schwer sind, kann man Kübel leicht von einem Gartenbereich in den anderen räumen, damit sie zu jeder Jahreszeit optimale Wärme- und Lichtverhältnisse haben. Gerade in Klimazonen, in denen Kräuter eher schlecht gedeihen, kann ein Kübelgarten die ideale Lösung sein.

Rechts In Erdbeertöpfen gedeihen gleich mehrere Kräuterarten auf kleinem Raum.

Die richtigen Gefäße

Viele Kräuter haben einen kompakten Wuchs und gedeihen darum gut in Töpfen und Kübeln. Zum Bepflanzen eignen sich Terrakottatöpfe aller Größen, aber auch halbierte Holzfässer und sogar alte Handsteine oder Viehtröge. Kunststofftöpfe sind ebenfalls geeignet, jedoch oft nicht so dekorativ. Wählen Sie Pflanzgefäße immer so groß, dass die Wurzeln ausreichend Platz haben, um sich auszubreiten.

Unten Arrangements aus Töpfen und Kübeln verschiedener Form und Größe können sehr attraktiv aussehen.

Die richtigen Kräuter

Wuchernde Kräuter wie Minze *(Mentha)* oder Beinwell *(Symphytum officinale)* setzt man am besten in einzelne Töpfe, um sie zu bändigen. Auch Kräuter mit hübschem Laub, etwa panaschierte Zitronenmelisse *(Melissa officinalis)*, oder besonders auffälligen Blüten wie Schopflavendel *(Lavandula stoechas)* kommen als Solisten im Kübel am besten zur Geltung. Hohe Kräuter wie Engelwurz *(Angelica archangelica)* brauchen sehr große Kübel, können dann aber in einem eher formalen Garten wie eine grüne Skulptur wirken. Gemischte Einjährige wie Ringelblume *(Calendula officinalis)* und Kapuzinerkresse *(Tropaeolum majus)* setzen lebhafte Farbakzente, und für einen wunderbar duftenden Kübel empfiehlt sich eine Kombination aus verschiedenen Basilikumsorten *(Ocimum basilicum)*, etwa 'Purple Ruffles' mit pfeffrigem Aroma, 'Genovese' mit intensivem Duft, die griechische Zwergsorte 'Minimum' sowie das zitronenfrisch duftende 'Citriodora'.

Richtig pflanzen und pflegen

Ist ein Kübel ausgewählt, geben Sie auf den Boden eine Schicht Kiesel oder Tonscherben, damit überschüssiges Gießwasser gut abfließen kann und die Wurzeln ausreichend Luft bekommen. Dann füllen Sie ein humusreiches Pflanzsubstrat aus dem Gartencenter ein, oder mischen Sie je ein Drittel Mutterboden, Kompost und groben Sand. Das Substrat muss nahrhafter als normaler Gartenboden sein, weil die Kräuter die begrenzte Menge Nährstoffe schnell verbrauchen. Während der Wachstumssaison sollten die Pflanzen in Intervallen von sechs Wochen mit Flüssigdünger versorgt werden (Tipps zur Herstellung von Dünger s. Seite 52–53). Natürlich müssen Sie auch gießen – aber nicht zu reichlich. Kleine Töpfe stellt man am besten auf Untersetzer und gießt von unten, bei größeren fühlt man mit dem Finger, wie feucht das Substrat ist, und gießt erst, wenn es oben trocken ist.

Kräuter im **Wintergarten**

Viele Häuser haben heutzutage einen Wintergarten. Das ist ein idealer Platz, um auch ungewöhnlichere Kräuter zu ziehen, die in kühlem Klima normalerweise nicht gedeihen würden. Schon im 17. Jahrhundert bauten einfallsreiche Pflanzenliebhaber beheizbare Glashäuser, um darin exotische Früchte wie Melonen zu kultivieren. Später nannte man sie „Orangerien", weil man dort Zitrusfrüchte zog. Diese oft mit einer Fußbodenheizung ausgestatteten Bauten waren im Grunde die ersten Großgewächshäuser, und manche sind bis heute auf dem Gelände großer Landgüter erhalten geblieben. In Trier gibt es eine Orangerie aus dem Jahr 1743. Der umliegende Schlossgarten wurde im 19. Jahrhundert in einen Landschaftsgarten umgestaltet. Zu dieser Zeit war es in Mode, exotische Pflanzen zu sammeln.

Chili

Ein ans Haus angebauter Wintergarten lässt überdurchschnittlich viel Sonnenlicht ein und ist recht gleichmäßig temperiert – vor allem, wenn er im Winter beheizt wird. Bei ausreichender Feuchtigkeit könnte man dort einige sehr interessante Duftpflanzen halten.

Pflanzen für den Wintergarten

Ingwer *(Zingiber officinale)* hat üppig grünes Laub und eine sehr aromatische Wurzel.

Kurkuma *(Curcuma longa)* gehört zur gleichen botanischen Familie wie der Ingwer. Sie hat ähnlich geformte Blätter und eine leuchtend gelbe Wurzel.

Zitronengras *(Cymbopogon citratus)* Ein dekoratives, hohes Gras mit Zitronenduft, das in der Küche Thailands und Indiens häufig verwendet wird.

Zitrusfrüchte Orange *(Citrus sinensis)*, Pomeranze *(Citrus aurantium)*, Mandarine *(Citrus reticulata)*, Zitrone *(Citrus limon)*. Alle Zitrusarten haben attraktives, dunkelgrünes, glänzendes Laub und schmackhafte Früchte in leuchtenden Farben. Sie vertragen keinen Frost und gedeihen daher in den meisten mitteleuropäischen Ländern nicht im Freiland – im Wintergarten dagegen sehr gut. Viele Gartencenter bieten Zuchtformen mit kompaktem Wuchs an, die sich sehr gut für den Kübel eignen. Die cremeweißen Blüten, vor allem die der Pomeranze, haben einen intensiven, süßlichen Duft. Aus ihnen wird ein ätherisches Öl gewonnen, das in der Aromatherapie zur Bekämpfung von Stress und Spannungszuständen angewandt wird.

Duftblattpelargonien Diese tropischen Pelargonienarten haben sehr hübsche, intensiv duftende Blätter. *Pelargonium* × *graveolens*, dessen Duft an Rosen erinnert, wird ebenfalls in der Aromatherapie eingesetzt. Die Blätter von *Pelargonium odoratissimum* duften kräftig nach Apfel. In kühlen Regionen muss man sie im Haus kultivieren, kann die Töpfe aber im Sommer an einen Sonnenplatz im Garten stellen.

Paprika und Chili *(Capsicum)* gibt es in verschiedenen Arten und Sorten, alle gedeihen gut im Wintergarten.

Alle exotischen Pflanzenarten müssen regelmäßig gegossen und gedüngt werden. Damit die Blätter nicht austrocknen, werden sie häufig mit Wasser besprüht.

Rechte Seite:
Oben Wenn man ungewöhnliche Pflanzenarten wählt, kann im Wintergarten echte Tropenatmosphäre entstehen.

Unten links Es gibt Hunderte von Pelargonienarten, doch die Formen mit duftenden Blättern sind besonders kälteempfindlich.

Unten rechts Ein Orangenbäumchen ist ein Gewinn für jeden Wintergarten. Die duftenden Blüten erscheinen, während die Pflanze Früchte trägt.

Der Waldgarten – die naturnahe Lösung

Kapuzinerkresse

Die bisher vorgestellten Kräutergarten-Entwürfe waren recht geordnet, teilweise sogar streng formal. Es geht aber auch ganz anders. Weil viele Kräuter in der Natur im dichten Wald oder am Waldrand heimisch sind, macht es durchaus Sinn, im Garten eine Umgebung zu schaffen, die ihrem natürlichen Lebensraum ähnelt. Die Idee des Waldgartens wurde in Großbritannien von Richard Hard entwickelt, der über Jahre hinweg einen äußerst naturnahen Nutzgarten kultivierte. Er hatte ihn nach dem Vorbild der für Großbritannien typischen Waldstruktur angelegt. Heute findet man in aller Welt Waldgärten, die sich an der einheimischen Vegetation orientieren – selbst in Afrika, Indien und Australien. Der besondere Vorteil solcher Gärten ist, dass sie sich für jede Region, Grundstücksgröße und Pflanzenkombination eignen. Sie sehen nicht aus wie geordnete oder formale Gärten, wirken manchmal sogar etwas unordentlich, doch ihr Erfolgsgeheimnis besteht darin, dass alle Pflanzen sich gegenseitig fördern.

Rechts Tee aus Holunderblüten stärkt das Immunsystem.

Unten Ein Waldgarten besteht aus drei Ebenen: Bäume, Sträucher und niedriger Bodenbewuchs.

Ein Waldgarten besteht normalerweise aus drei Ebenen – entweder aus Bäumen, Sträuchern und Bodenbewuchs oder nur aus Sträuchern und niedrigen Pflanzen. Wer Wert auf hohe Erträge legt, könnte Obst- und Nussbäume als höchste Ebene pflanzen, Beerensträucher als mittlere Ebene sowie mehrjährige Gemüsepflanzen und Kräuter als unterste. Das Besondere an dieser Gartenform ist, dass alle Pflanzen gemeinsam wachsen und nicht auf separaten Beeten angeordnet sind. Im zeitigen Frühjahr erscheinen zuerst die Blätter der untersten Pflanzenebene, dann die der mittleren und schließlich die der Bäume – genau wie in einem Wald. Dadurch erhalten alle Arten optimale Wachstumsbedingungen.

Das Prinzip des Waldgartens lässt sich leicht umsetzen, auch ohne den ganzen Garten umzugestalten. Wer bereits einen angelegten Garten besitzt und nur einige Kräuter und interessante Salatpflanzen kultivieren möchte, sollte die Gartenanlage genau prüfen und die Kräuter und Sträucher dorthin pflanzen, wo sie das richtige Maß an Licht und Wärme erhalten.

Stauden wie Minze *(Mentha)*, Süßdolde *(Myrrhis odorata)*, aber auch die so genannten Unkräuter wie Löwenzahn *(Taraxacum officinale)* und Brennnessel *(Urtica dioica)* haben Blätter mit interessantem Geschmack, die vor allem im Frühling, wenn sie ganz zart sind, eine Bereicherung für die Salatküche darstellen. Auf einen sonnigen Fleck könnte man Kapuzinerkresse *(Tropaeolum majus)* säen, deren essbare Blüten und Blätter Salate durch Geschmack und Farbe aufwerten. Mehr Platz braucht ein Holunderstrauch, der im Frühling Blüten für wohlschmeckenden Tee und im Herbst dunkelrote Beeren liefert, deren Saft ein gutes Hausmittel bei Erkältungen ist. Wer Erbsen und Bohnen anbaut, sollte Ringelblumen in die Nähe säen, denn sie fördern die Erträge und eignen sich zur Herstellung von Aufgüssen und Hautlotionen. Ein bestehender Garten bekommt ein ganz neues Gesicht, wenn man solche nützlichen Pflanzen zwischen die rein dekorativen setzt.

Ungewöhnliche Salatkräuter

Beim Stichwort „gesunde Ernährung" denkt jeder sofort an Salat – doch leider schmecken die typischen Salate aus dem Supermarkt oft recht fade. Da ist es gut zu wissen, dass viele ungewöhnliche Salatpflanzen ganz einfach anzubauen sind. Schon im 17. Jahrhundert veröffentlichte der Brite John Evelyn eine Schrift mit dem Titel „The Discourse of Sallets", in dem er den hohen Nährstoffgehalt und die gesundheitliche Bedeutung grüner Blattgemüsearten pries. Seine Empfehlung gilt noch heute. Statt der faden Treibhaussalate sollten Sie einmal die hier vorgestellten Sorten probieren, deren herber oder pfeffriger Geschmack sich für neue, ungewöhnliche Kombinationen mit milderen Salaten eignet. Zudem regen die kräftigen Salate die Produktion von Magensekreten an und fördern so die Verdauung.

Guter Heinrich
(Chenopodium bonus-henricus)

Die Pflanze ähnelt Spinat und wird in ganz Europa bereits seit dem Mittelalter kultiviert. Sie bevorzugt einen sonnigen Standort, verträgt aber auch etwas Schatten. Samen sind im Fachhandel erhältlich, doch hat sie sich einmal im Garten etabliert, kann sie mehrere Jahre alt werden. Die Blätter sind etwas kleiner als die von Spinat. Junge Blätter und Blüten gibt man an Salate, ältere Blätter geben Eintöpfen und Schmorgerichten eine kräftige Würze, wenn man sie mitkocht. Die Pflanzen werden 1 m hoch und sollten in Abständen von 30 cm gepflanzt werden. Sie stellt keine besonderen Bodenansprüche.

Sauerampfer *(Rumex acetosa)*

Dieses bekannte Wildkraut hat dunkelgrüne, pfeilförmige Blätter. Der säuerliche Geschmack rührt von seinem hohen Gehalt an Oxalsäure her. Weil diese Säure die Resorption von Eisen und Kalzium behindern kann, sollte man ihn nicht in großen Mengen verzehren. Um einem Salat ein interessantes Aroma zu geben, reichen aber schon wenige Blätter aus. Man kann die Blätter auch in Suppen oder gemischtem, grünem Gemüse mitgaren. Die Pflanze verträgt Schatten und ist sehr pflegeleicht. Jede Pflanze braucht etwa 6 cm × 6 cm Platz.

Rechts und unten Sauerampfer gibt Salaten eine ungewöhnliche, säuerlich-pikante Note.

Ganz rechts Der Kleine Wiesenknopf sät sich selbst aus und liefert fortlaufend zarte Blätter.

Feldsalat *(Valerianella locusta)*

Der zarte, milde Salat ist einjährig, sät sich aber leicht selbst aus, wenn ihm ein Standort zusagt. Er wächst auch während der kalten Jahreszeit langsam, hat also den Vorzug, dass man ihn schon im ausgehenden Winter und sehr zeitigen Frühling ernten kann. Weil er so niedrig ist – selten höher als 10 cm – eignet er sich gut als Bodendecker. Feldsalat verträgt Schatten. Sobald die ersten Blätter groß genug sind, kann fortlaufend geerntet werden. Lassen Sie einige Pflanzen ihre hübschen, hellblauen Blüten entwickeln.

Kleiner Wiesenknopf *(Sanguisorba minor)*

Die attraktive Pflanze trägt im Sommer kleine, rotbraune Blüten. Ihre zarten, gefiederten Blätter sollten möglichst jung geerntet werden. Der milde Geschmack erinnert an Gurken. Er harmoniert gut mit grünen Salaten, passt aber auch zu Kartoffelsalat. Die Pflanze wird etwa 30 cm hoch und sät sich selbst aus. Sie gedeiht gut in relativ trockenem Boden.

Gute Nachbarn

Viele Pflanzen nützen dem Garten insgesamt, weil sie den Boden verbessern und nützliche Insekten anlocken, die Blüten bestäuben und die Pflanzen vor Schädlingsbefall schützen. Jahrtausendelange Erfahrung und Beobachtung zeigt aber auch, dass Gesundheit und Erträge mancher Pflanzen steigen, wenn man bestimmte Arten nebeneinander pflanzt. Gärtner erkannten diese Erscheinung in der Natur und übertrugen sie in den eigenen Garten.

Rechts Wild wachsenden Borretsch findet man an Waldrändern und auf Brachland mit feuchtem Boden und viel Sonne.

Ein berühmtes Beispiel ist der Knoblauch, der – wenn man ihn unter Rosensträucher pflanzt – Blattläuse und andere Schädlinge vertreibt. Tagetes, die mit den Ringelblumen verwandt sind, geben durch ihre Wurzeln Stoffe ab, die Unkräuter unterdrücken. Im Gemüsebeet ist diese Wirkung besonders wünschenswert. Früher säten die Obstbauern Kapuzinerkresse unter ihre Apfelbäume, die im Sommer Blattläuse fern hielt und im Herbst als Gründünger einfach untergegraben wurde. Viele Kräuter locken mit ihrem intensiven Duft Bienen an, darum ist es sinnvoll, sie in die Nähe des Obstgartens zu pflanzen, um die Bestäubung zu verbessern.

Roter Salbei

Ringelblume

Gute Gesellschaft

Diese Liste gibt an, welche Pflanzen durch die Nachbarschaft bestimmter Kräuter besonders profitieren.

Basilikum	Äpfel, Weinreben, Spargel und Tomaten, verträgt sich auch gut mit Petersilie und Bohnenkraut.
Bohnenkraut	alle Bohnensorten, Zwiebeln und Kartoffeln.
Borretsch	Große Bohnen, Zucchini, Gurken, Weinreben, Kürbisse, Tomaten und Erdbeeren.
Dill	Rosenkohl, Kopfkohl, Karotten, Blumenkohl, Knollensellerie, Kohlrabi und Porree.
Fenchel	Kopfkohl, Porree und Kürbis.
Kamille	(Römische und Echte) Brokkoli, Rosenkohl, Blumenkohl, Kohlrabi, Erbsen und Tomaten.
Kapuzinerkresse	Äpfel, Aprikosen, Zucchini und Gurken.
Knoblauch	Äpfel, Stangenbohnen, Salat, Pfirsiche, Birnen, Pflaumen und Rosen.
Koriander	Radieschen und Spinat.
Lavendel	Kopfkohl, Zitrusfrüchte und Tomaten.
Majoran	Bohnen, Brokkoli, Kopfkohl und Kartoffeln.

Spezielle Begleitpflanzen

Borretsch hat bezaubernde blaue Blüten. Er regt das Wachstum von Erdbeeren an, unterstützt die Bildung kräftiger, gesunder Früchte und reduziert die Empfindlichkeit der Blätter gegen Pilze und andere Krankheiten.
Kamille ist geradezu ein „Pflanzendoktor". Ihre Gesellschaft danken fast alle anderen Pflanzen durch besonders kräftigen Wuchs.

Minze	Brokkoli, Blumenkohl, Kohlrabi, Erbsen und Tomaten.
Petersilie	Artischocken, Spargel, Salat und Kartoffeln.
Ringelblume	Artischocken, alle Bohnensorten, Erbsen und Kartoffeln.
Rosmarin	Bohnen, Brokkoli, Rosenkohl, Karotten, Blumenkohl und Tomaten.
Rotklee	Äpfel, Birnen, Rosenkohl und Kopfkohl.
Salbei	Karotten, Blumenkohl, Weinreben, Kohlrabi und Tomaten.
Schafgarbe	Himbeeren und Gemüsemais.
Schnittlauch	Äpfel, Kohl, Karotten, Weinreben, Porree, Rosen und Tomaten.
Thymian	Auberginen, Bohnen, Blumenkohl und Salat.
Ysop	Brokkoli, Kopfkohl, Weinreben und Kohlrabi.
Zitronenmelisse	Kartoffeln und Tomaten.

Solche Pflanzengemeinschaften liefern nicht nur frische Kräuter für die Küche und das körperliche Wohlbefinden, sie tun dem gesamten Garten gut. Je intensiver man sich mit Pflanzen beschäftigt, desto häufiger entdeckt man solche guten Pflanzenpartnerschaften, die oft erst durch Mikroklima oder Boden des individuellen Gartens entstehen.

Die Pflege des Kräutergartens

Die meisten Kräuter benötigen nur wenig Zuwendung. Immerhin stammen sie aus der freien Natur und sind daran gewöhnt, allein zurechtzukommen. Trotzdem wünscht man sich natürlich, dass sie sich im Garten von der besten Seite zeigen, folglich sollte man ihnen optimale Bedingungen bieten. Drei Aspekte sind bei der Pflege eines Kräutergartens zu beachten.

Beinwell

Wasser

Wer viele Kräuter in Kübeln hält, muss sie vor allem an heißen Tagen regelmäßig gießen (s. Seite 42–43). Im Gartenbeet gedeihen Engelwurz, Minze und andere Arten mit hohem Wasserbedarf bei normalem Regenfall gut, müssen aber in Trockenphasen zusätzlich bewässert werden. Kräuter aus dem Mittelmeerraum, darunter Thymian, Rosmarin oder Lavendel, fühlen sich hingegen bei trockener Hitze besonders wohl. Sie duften dann sogar stärker, weil in ihren Blüten und Blättern mehr ätherische Öle gebildet werden.

Dünger

Eine der besten Möglichkeiten, Pflanzen zu versorgen, bietet Kompost aus verrottetem Pflanzenmaterial. Er verbessert die Bodenqualität und liefert den Pflanzen Nährstoffe, die besonders Sämlingen helfen, schnell Fuß zu fassen. Natürlich kann man Kompost kaufen, doch ist es viel sinnvoller, ihn selbst herzustellen. Dazu braucht man nicht mehr als einen einfachen Kompostsilo aus Holzlatten, den man in jedem Gartencenter für wenig Geld kaufen kann. Am besten füllt man Grünabfälle in Schichten hinein. Man kann auch Rasenschnitt kompostieren, sollte ihn aber mit Gemüse- und zerkleinerten Gartenabfällen mischen. Das Geheimnis der Kompostierung ist ein so genannter Starter – einer der wirkungsvollsten ist Beinwell, dessen Blätter untergemischt werden. Ist der Komposthaufen feucht, regt der Beinwell die Verrottung an. Der Kompost ist fertig, wenn er dunkelbraun und krümelig ist. Im Winter dauert das etwa sechs Monate, im Frühling und Herbst ungefähr drei.

Beinwellblätter eignen sich auch ausgezeichnet zur Herstellung von biologischem Flüssigdünger. Man füllt einen Eimer zur Hälfte mit Beinwellblättern, bedeckt sie mit Wasser und stellt alles drei bis vier Wochen in eine Gartenecke. In dieser Zeit zerfallen die Blätter und es entsteht eine streng riechende, stickstoffreiche Flüssigkeit, die sich ausgezeichnet zum Düngen von Obst, Gemüse und Kübelpflanzen eignet. Man verdünnt die Beinwelljauche im Verhältnis 1:3 mit Wasser.

Mulch

Eine Mulchschicht von bis zu 15 cm Dicke, auf dem Boden zwischen den Kräutern verteilt, hält Unkräuter in Schach und isoliert den Boden im Winter vor Kälte. Man kann verschiedene Materialien zum Mulchen verwenden. Die meisten verrotten langsam und reichern so den Boden an. Laubkompost, Rindenmulch, Pilzkompost oder eine dicke Schicht selbst gemachter Kompost sind gut geeignet. Zwischen Mittelmeerkräuter wie Thymian oder Salbei streut man eine Schicht feinen Kies, um die Drainage zu verbessern.

Rechte Seite:
Links An heißen Tagen muss regelmäßig – aber nicht zu reichlich – gewässert werden.

Rechts oben Ein Kompost ist eine einfache und umweltfreundliche Möglichkeit zum Recycling von Gemüseabfällen aus der Küche.

Rechts unten Für das richtige Maß an Wasser und Nährstoffen bedanken sich Kräuter mit kräftigem, gesundem Wuchs.

Gartenarbeit im Frühling und im Sommer

Zu den Freuden eines Kräutergartens gehören auch die verschiedenen Arbeiten rund ums Jahr. Einjährige durchlaufen in einer Saison ihren ganzen Lebenszyklus vom Sämling bis zur neuen Saat, aber auch die Mehrjährigen haben ihre saisonalen Phasen. In jeder Jahreszeit gibt es Neues zu entdecken. Bei der Gartenarbeit muss man auch das örtliche Klima berücksichtigen. So beginnt der Frühling beispielsweise je nach Lage zu unterschiedlicher Zeit, und späte Fröste können zarte Pflänzchen vernichten.

Arbeiten im Frühling

Wenn sich der Boden erwärmt, sollte man die Beete vorbereiten und vor allem bei schwerem Boden reichlich Kompost untergraben. Im zeitigen Frühling werden auch die Samen von Kräutern wie Ringelblume, Borretsch, Kapuzinerkresse, Petersilie oder Sommerbohnenkraut in Schalen gesät, die man zum Keimen ins Gewächshaus stellt. Alternativ können viele Einjährige wie Kapuzinerkresse nach dem letzten Frost direkt ins Freiland gesät werden. Basilikum liebt Wärme. Es gedeiht gut in Töpfen, kann aber auch ins Beet gesät werden, wenn keine Frostgefahr mehr besteht. Koriander und Dill werden im Spätfrühling direkt ins Beet gesät. Um diese Zeit können auch die vorgezogenen Sämlinge ausgepflanzt werden. Wegen des Risikos später Fröste sollte man die Jungpflanzen nicht zu früh beschneiden. Salbei und andere Mehrjährige schneidet man erst bei wärmerem Wetter bis zu den niedrigsten frischen Trieben zurück. Dadurch wird der Austrieb frischer Blätter angeregt, und die Pflanzen bleiben in Form. Rosmarin blüht früh und wird erst nach der Blüte beschnitten. Kontrollieren Sie auch die Kräuter in Töpfen und Kübeln. Manche müssen gestutzt werden, andere werden umgetopft, weil das Gefäß zu klein oder das Substrat ausgelaugt ist. Danach bekommen sie etwas Flüssigdünger.

Unten Füllen Sie Töpfe und Kübel mit einem lockeren, durchlässigen Substrat aus Kompost, Humus und Kies.

Unten Zum Stutzen und Schneiden verwendet man am besten eine scharfe Rosenschere. Bei Rosen die Handschuhe nicht vergessen.

Rechts Im Sommer werden Blätter, Blüten und Samen geerntet, frisch verwertet und für den Winter haltbar gemacht.

Arbeiten im Sommer

Um diese Zeit zeigen sich die Kräuter in ganzer Pracht, voll von Duft und Vitalität. Nun werden die ersten Blätter, Blüten oder Samen geerntet. Die Samen von Mohn, Ringelblume, Kapuzinerkresse, Sonnenblume, Fenchel, Dill und Liebstöckel lassen sich leicht sammeln, trocknen und lagern. Am besten verpackt man sie in Papiertüten oder Briefumschlägen, die selbstverständlich beschriftet werden. Bei Hitze muss gegossen werden, aber ohne die Pflanzen zu ertränken. Im Hochsommer tragen die meisten Küchenkräuter reichlich aromatische Blätter, die den Speisezettel bereichern. Leuchtend grünes Basilikum zu frischen Tomaten ist zweifellos eine der besten Sommerkombinationen. Verwerten Sie im Sommer reichlich frische Kräuter zum Würzen und für leichte Kräutertees, aber denken Sie jetzt auch an den Wintervorrat. Schneidet man Zitronenmelisse, Minze und andere Kräuter während der Blüte zurück, treiben sie neue Blätter, sodass eine reiche Ernte gesichert ist.

Gartenarbeit im Herbst und im Winter

Wenn der Lebenszyklus der Einjährigen sich dem Ende zuneigt, kann der Kräutergarten etwas traurig aussehen. Dann ist der Moment für das große Aufräumen da, um die winterharten Pflanzen gut über die kalte Jahreszeit zu bringen. Der Vorteil von Rosmarin, Myrte und einigen anderen Mehrjährigen ist, dass sie immergrün sind. Sie geben auch in den kalten Monaten dem Garten etwas Farbe und Struktur – und der Küche frische Würze.

Unten Im Winter ruht der Garten. Nur die Immergrünen liefern noch immer aromatische Blätter und bilden einen Farbtupfer in den ruhenden Beeten.

Arbeiten im Herbst

Jetzt werden die Kräuter ausgeputzt und beschnitten. Zitronenmelisse, Minze und andere haben harte, sperrige Stängel gebildet, die knapp über dem Boden gekappt werden. Im Frühling treiben sie neu aus. Einjährige wie Bohnenkraut, Borretsch oder Ringelblume, die abgestorben sind, können ausgegraben und auf den Kompost gegeben werden, wo sie wieder zu Humus werden. Größere Stauden wie Estragon können ausgegraben und zum Überwintern in Kübel gesetzt werden. Im Frühling werden sie geteilt und neu gepflanzt. Weil im Herbst auch mit dem erstem Frost zu rechnen ist, werden Kübel mit empfindlichen Arten wie Lorbeer in ein kühles Gewächshaus oder den Wintergarten geräumt. Empfindliche Pflanzen in den Beeten packt man dick in Vlies oder Luftblasenfolie ein und schützt den Boden über ihren Wurzeln mit einer dicken Isolierschicht aus Stroh.

Arbeiten im Winter

Im Kalender der Kelten begann das neue Jahr am 1. November (Allerheiligen). Es war die dunkle Zeit des Jahres, deren Höhepunkt die Wintersonnenwende am 21. Dezember bildete. Für die Pflanzen ist es die Zeit der Winterruhe, die Menschen hingegen machen schon Pläne für das kommende Jahr. Man kann den Winter wunderbar nutzen, um aufgrund der Erfahrungen des Vorjahres die kommenden Frühlingsarbeiten im Kräutergarten zu planen. Jetzt kann man eine neue Beetaufteilung entwerfen, die Kataloge der Saatgutanbieter durchstöbern und neue Sorten zum Ausprobieren entdecken. Im Garten sollten die wertvollen Pflanzen bei starkem Frost mit Vlies oder Luftblasenfolie geschützt werden. Große Tonkübel, die zu schwer sind, um sie im Haus zu überwintern, sollte man ebenfalls in Vlies oder Sackleinen hüllen, damit sie keine Frostrisse bekommen. Die Kräuter im Winterquartier bekommen keinen Dünger und nur sehr wenig Wasser – gerade genug zum Überleben. Pflanzt man Estragon, Minze oder Schnittlauch im Herbst in Töpfe und stellt sie in ein warmes Gewächshaus oder einen geheizten Wintergarten, treiben sie auch im Winter frisches Grün.

Links oben Im Herbst abgeschnittene Kräuter kommen auf dem Kompost, wo sie zu gutem Humus verrotten. So wird nichts verschwendet.

Links unten Pflanzen in Tonkübeln werden entweder mit Vlies vor Frost geschützt oder während der kalten Jahreszeit ins Gewächshaus oder den Wintergarten geräumt.

Methoden der Vermehrung

Der Pflanzenbestand im Kräutergarten lässt sich auf verschiedene Weise vergrößern, etwa indem man Samen für die Aussaat im Folgejahr sammelt. Natürlich kann man auch Jungpflanzen in der Gärtnerei oder auf dem Markt kaufen, was durchaus ratsam ist, wenn man ein neues Kräuterbeet anlegt. Später lohnt es sich aber, die eigenen Pflanzen mit verschiedenen Methoden zu vermehren, weil es weniger kostet, als immer wieder Nachschub zu kaufen.

Boden

Es gibt vier Möglichkeiten, Kräuter zu vermehren. Bei manchen Kräutern sind verschiedene Methoden erfolgreich.

1. Anzucht aus Samen

Es ist sinnvoll, Samen unter Gewächshausbedingungen im zeitigen Frühling zu ziehen, statt sie direkt ins Freiland zu säen, wo sie leicht gefressen oder nach der Keimung durch Frost geschädigt werden können. Sie brauchen dazu nur Anzuchtschalen und Anzuchterde, die in die einzelnen Vertiefungen gefüllt wird. Feuchten Sie das Substrat an, dann geben Sie in jede Vertiefung zwei oder drei Samen und sieben eine dünne Schicht Substrat darüber. Um die Verdunstung etwas zu reduzieren, können Sie nun die Schale in einen transparenten Plastikbeutel schieben oder einen passenden Kunststoffdeckel auflegen. Die Schale warm, aber dunkel stellen. Wenn sich die ersten Blättchen zeigen, nehmen Sie die Folie ab und stellen die Schale hell, aber nicht sonnig. Wenn die Sämlinge kräftiger sind, werden sie in größere Einzeltöpfe oder ins Beet gepflanzt werden. Geeignet für Basilikum, Kerbel, Dill, Majoran, Sommerbohnenkraut und Sonnenblumen.

Borretsch, Ringelblume, Kamille, Koriander, Nachtkerze, Fenchel, Mutterkraut, Bockshornklee, Andorn, Zitronenmelisse und Petersilie werden später direkt ins Freiland gesät.

2. Wurzeln teilen

Dies ist eine Arbeit für das späte Frühjahr oder den Herbst. Die Pflanze wird ausgegraben und in mehrere Stücke zerteilt. Dann werden die Teilstücke wieder eingepflanzt. Im Frühling geeignet für Pfefferminze, Schnittlauch, Beinwell, Fenchel, Frauenmantel, Liebstöckel oder Süßdolde, im Herbst für Thymian, Majoran oder Estragon.

3. Absenker

Eine gute Methode für strauchige Kräuter wie Rosmarin oder Salbei, die mit der Zeit verholzen und unten kahl werden. Man biegt einfach einen Zweig der Pflanze zum Boden, ritzt die Rinde leicht an, fixiert ihn mit einem Stück Draht und häuft etwas Erde darauf. Nach etwa zwei Monaten haben sich dort Wurzeln gebildet, und die neue Pflanze kann von der Mutterpflanze getrennt werden.

4. Stecklinge

Krautige (nicht verholzte) Stecklinge schneidet man im Spätfrühling oder Frühsommer von Lavendel, Rosmarin oder Salbei. Man wählt einen nicht blühenden Seitentrieb aus und reißt ihn vorsichtig ab, sodass ein Fetzen der Rinde des Haupttriebes daran hängen bleibt. Drei oder vier solcher Stecklinge werden dann in einen Topf mit Substrat gesteckt, das feucht gehalten werden muss. Wenn sich neue Blätter zeigen, haben die Stecklinge Wurzeln gebildet und können umgepflanzt werden.

Linke Seite Samen werden bei trockenem Wetter geerntet und auch trocken aufbewahrt – am besten in beschrifteten Papiertüten.

Unten links Sämlinge brauchen Licht, Wärme, Feuchtigkeit und Nährstoffe, um sich zu kräftigen Pflanzen zu entwickeln.

Unten Einen Seitentrieb abreißen, sodass etwas Rinde des Haupttriebes hängen bleibt, und zum Bewurzeln in Substrat stecken.

Kräuter **ernten**

Für manche Kräuter gibt es eine optimale Erntezeit, andere kann man rund ums Jahr ernten. Immergrüne wie Rosmarin liefern auch im Winter frische Blätter, allerdings ist ihr Geschmack und ihre Wirkung in der kalten Jahreszeit schwächer als im Sommer, wenn die Bildung ätherischer Öle durch die Sonne angeregt wird. Um das Maximum an Aroma und Heilwirkung auszunutzen, sollte man den optimalen Erntezeitpunkt kennen.

Lorbeerblätter

Aromatische Kräuter wie Basilikum pflückt man am besten, ehe sie Blüten bilden, denn dann sind ihre Öle in den Blättern konzentriert. Um die Blattbildung anzuregen, sollte man die Blütenstiele frühzeitig abschneiden. Manche Heilkräuter wie Schafgarbe oder Johanniskraut erntet man während der Blüte, weil Blätter und Blüten verwendet werden. Wer Blüten von Ringelblume oder Kamille trocknen will, sollte sie pflücken, sobald sie sich geöffnet haben. Um Samen zu ernten, schneidet man am besten den ganzen Samenstand ab, bindet eine braune Papiertüte darum und hängt alles kopfüber auf. Wenn die Samen getrocknet sind, fallen sie einfach in die Tüte. Wurzelkräuter wie Löwenzahn erntet man in der Regel im Winter, wenn sie bereits mit Nährstoffen für den Winter vollgesogen sind.

Grundsätzlich sollte man Kräuter und Blüten an einem trockenen Tag ernten, möglichst am frühen Morgen, ehe die Sonne den Pflanzen zugesetzt hat. Man schneidet jede Sorte separat mit einem scharfen Messer, einer Schere oder Rosenschere und legt sie behutsam flach in einen Korb. Dann werden sorgfältig Unkräuter, kranke und beschädigte Blätter aussortiert, ehe die Kräuter zum Trocknen zu kleinen Sträußen gebunden oder auf andere Weise konserviert werden (s. Seite 62–63). Wer wenig Platz hat, sollte immer nur kleine Mengen ernten, denn wenn frische Kräuter zu lange liegen bleiben, welken sie und verlieren ihre Wirkung.

Erfrischender Kräutertee

5 frisch gepflückte Kamillenblüten und 5 frisch gepflückte Pfefferminzeblätter in ein Teenetz geben, mit 200 ml kochendem Wasser übergießen und 15 Minuten ziehen lassen. Dann das Netz herausnehmen, einen Löffel Honig und eine Scheibe Zitrone zugeben und warm trinken. Dieser Tee beruhigt den Magen und die Nerven.

getrocknete
Ringelblumen

getrockneter
Lavendel

Die besten Erntezeiten

Später Frühling

Engelwurz: Blätter und Stiele – Borretsch: Blätter – Kerbel: Blätter – Fenchel: Blätter – Guter Heinrich: Blätter – Sauerampfer: Blätter – Süßdolde: Blätter

Frühsommer

Basilikum: Blätter – Ringelblume: Blüten – Dill: Blätter – Holunder: Blüten – Zitronenmelisse: Blätter – Liebstöckel: Blätter – Kapuzinerkresse: Blätter – Petersilie: Blätter – Salbei: Blätter – Estragon: Blätter – Thymian: Blüten und Blätter

Hochsommer

Engelwurz: Samen – Kamille: Blüten – Bockshornklee: Blätter – Lavendel: Blüten – Majoran: Blüten und Blätter – Minze: Blätter – Johanniskraut: Blüten und Blätter – Sommerbohnenkraut: Blätter – Süßdolde: Samen – Andorn: Blüten und Blätter – Schafgarbe: Blüten und Blätter

Spätsommer

Lorbeer: Blätter – Kerbel: Blätter – Koriander: Samen – Dill: Samen – Holunder: Beeren – Fenchel: Samen – Knoblauch: Knollen – Meerrettich: Wurzeln – Liebstöckel: Samen

Frühherbst

Engelwurz: Wurzeln – Löwenzahn: Wurzeln – Süßdolde: Wurzeln

Getrocknete Kräuter Lavendelstiele halten ihr Aroma besser, wenn man sie kopfüber hängend an einem warmen Ort trocknet.

getrockneter
Rosmarin

Kräuter **konservieren**

Ein wichtiger Teil der Arbeit im Kräutergarten besteht darin, die Blätter, Blüten und Wurzeln für den Vorrat haltbar zu machen. Ein reichlicher Vorrat macht Freude und sorgt auch dafür, dass immer Kräuter zum Würzen und Kurieren von Beschwerden zur Hand sind.

Trocknen

Schnell und effizient trocknen Kräuter, wenn warme Luft um sie herum zirkuliert. Salbei, Rosmarin oder Thymian bindet man zu lockeren Sträußen und hängt sie kopfüber an einen warmen, dunklen Platz, wo sie binnen einer Woche getrocknet sind. Kräuter mit zarten Blättern oder krautigen Stielen wie Frauenmantel oder Blüten wie von Ringelblume oder Kamille legt man am besten einzeln auf ein Mulltuch auf ein Küchengitter, sodass die Luft gut zirkulieren kann. Ideal zum Trocknen von Kräutern ist ein Fliegenschrank, man kann aber auch Einzelblätter oder kleine Sträußchen auf einem Rost bei 33 °C bei leicht geöffneter Klappe im Backofen trocknen. Diese Methode eignet sich, um fleischigere Blätter in wenigen Stunden oder über Nacht zu trocknen. Wurzeln werden gründlich gewaschen und gebürstet, in Bündeln hängend oder in Stücke geschnitten auf einem Rost getrocknet. Blätter sind trocken, wenn sie spröde werden. Blüten sollten sich anfühlen wie Seidenpapier, Wurzeln sollen leicht brechen, wenn man sie biegt. Sind die Kräuter entsprechend getrocknet, bewahrt man sie in sauberen, beschrifteten Schraubgläsern an einem kühlen, dunklen Platz auf. Dort halten sie sich etwa ein Jahr.

Konservieren mit Zucker

Dies ist eine gute Methode, um das Aroma von Lavendelblüten zu konservieren. Man streift einfach während der Hochblüte eine Hand voll Blüten ab und vermischt sie in einem Schraubglas mit 250 g Zucker. Zur weiteren Verwendung werden nur die Blüten ausgesiebt. Der aromatisierte Zucker eignet sich gut für Kuchen, Plätzchen, süße Brote und Marmeladen.

Konservieren mit Salz

Um selbst Kräutersalz herzustellen, pflückt man einen Strauß frischer Kräuter wie Schnittlauch (in kurze Stücke schneiden) und Rosmarin (Blätter von den Stielen streifen) und breitet sie auf einem Backblech aus. 120 g Meersalz darüber verteilen und bei 33 °C im Backofen erhitzen, bis die Kräuter trocken sind. Blätter und Salz zusammen in einem Mörser zerstoßen und in ein Schraubglas füllen. Das Würzsalz schmeckt gut zu Fleisch, Fisch, Suppen und Eierspeisen.

Einfrieren

Eine gute Methode für zarte Blätter wie Basilikum, Dill, Fenchel oder Kerbel. Man verpackt einfach makellose Kräuterzweige in Gefrierbeutel und legt sie ins Tiefkühlfach. Eine köstliche Zutat für sommerliche Getränke (s. Seite 116–117) sind Kräutereiswürfel. Einfach gehackte Pfefferminze oder Zitronenmelisse in Eiswürfelformen gegeben, mit Wasser auffüllen und einfrieren.

Obere Reihe:
Links Bei der Kräuterernte werden Blätter und Stiele mit einer scharfen Schere abgeschnitten.
Mitte Die Blätter vom Stängel streifen oder schneiden.
Rechts Auf einem Kuchengitter im Ofen oder an einem warmen Platz trocknen, bis sie spröde sind.

Mittlere Reihe:
Links Die Pflanze ausgraben und die Wurzel gründlich waschen und bürsten.
Mitte Die Wurzel in dünne Streifen schneiden.
Rechts Die Wurzelstücke auf ein Kuchengitter legen und in der Sonne oder an einem warmen Platz trocknen, bis sie spröde sind.

Untere Reihe:
Links Für das Gewürzregal in der Küche können getrocknete Kräuter in kleine Schraubgläser mit gut schließenden Deckeln gefüllt werden.
Mitte Den Vorrat an getrockneten Kräutern bewahrt man in beschrifteten, dunklen Schraubgläsern an einem kühlen Platz auf.
Rechts Frische Kräuter gibt man zum Einfrieren in Gefrierbeutel.

Kräuter in Feld und Flur

Alle Kräuter stammen ursprünglich aus der freien Natur. Früher zogen die Menschen einfach los und sammelten sie an ihren natürlichen Standorten. Als Culpeper 1649 sein berühmtes „Herbal" schrieb, legte er besonderes Gewicht auf die einheimischen Arten und zog die in Großbritannien heimischen Pflanzen den exotischen, importierten Arten vor. Er beschrieb sogar genau, wo die Pflanzen zu finden waren, damit die Patienten das geeignete Kraut zur Behandlung bestimmter Beschwerden selbst sammeln konnten. Wie beliebt Culpepers „Herbal" war, lässt sich daran erkennen, dass der Erstveröffentlichung 40 weitere Auflagen folgten.

Wer heute Kräuter in der Natur sammeln will, sollte einige wichtige Dinge beachten. Wir leben nicht mehr in der Zeit Culpepers, seitdem hat sich viel verändert. Die intensive Landwirtschaft hat zur Entstehung riesiger Felder mit nur einer Frucht geführt, Hecken und Knicke werden immer seltener. Zudem werden verschiedenste chemische Pflanzenschutz- und Düngemittel eingesetzt. Kräuter auf Wiesen und Feldern sind fast immer mit Pestiziden oder anderen toxischen Rückständen belastet, vor allem, wenn ihr Standort in der Nähe von Industriegebieten, Mülldeponien oder verkehrsreichen Straßen liegt.

Ein weiteres Problem ist die Identifikation. Viele Wildkräuter sehen einander sehr ähnlich, beispielsweise die Mitglieder der Familie der Schirmblütler. Fenchel, Petersilie und eine Reihe anderer Verwandter haben die typischen, flachen Blütenstände aus winzigen Einzelblüten. Zur gleichen Familie gehört auch die Herkulesstaude, die bei Berührung starke Hautreizungen hervorrufen kann. Wer sich für Wildpflanzen interessiert, sollte sich nach Exkursionen unter der Führung eines erfahrenen Botanikers umhören, wie sie manchmal von Volkshochschulen oder örtlichen Naturschutzvereinen angeboten werden. Sie bieten gute Möglichkeiten, das sichere Identifizieren von Wildkräutern zu erlernen. Das Interesse an Pflanzen außerhalb des Gartens nimmt heute wieder zu. In Deutschland gehört die Anlage eines Herbariums etwa wieder zum Lehrplan des Biologieunterrichts.

Viele Wildkräuter sind heute bedroht und stehen darum unter Naturschutz, beispielsweise der in Großbritannien heimische Breckland-Thymian, der extrem selten geworden ist. Zudem ist es verboten, Pflanzen auf Privatgrund ohne vorherige Einwilligung des Eigentümers zu pflücken. Schon aus diesen Gründen sollte man besser davon absehen, Kräuter in der Natur zu sammeln, und sich lieber auf den eigenen Garten oder das Angebot von Gärtnereien und Märkten beschränken. So kann man sicher sein, einwandfreie Kräuter zu verarbeiten, die der Gesundheit wirklich zuträglich sind.

Unten Zur Familie der Schirmblütler gehören viele Pflanzen, die sich sehr ähnlich sehen. Manche sind essbar, etwa die Petersilie, andere dagegen sind giftig.

Klein anfangen

Waren Ihnen das jetzt zu viele Informationen auf einmal? Kein Problem! Rekapitulieren wir die wichtigsten Vorteile und Gründe für die Anlage eines Kräutergartens, und entwerfen wir ein kleines Projekt, mit dem sie sich mit der Materie vertraut machen können. Auch ein Marathon beginnt mit dem ersten Schritt. Ist man erst einmal losgelaufen, folgen die nächsten Schritte fast wie von selbst.

Darauf kommt es an

Ihr Garten

Nehmen Sie sich Zeit für die Entscheidung, welche Art Kräutergarten Sie sich wünschen. Ein kleines Beet von 1–2 m^2 kann genügend Heil- und Küchenkräuter für eine vierköpfige Familie bieten – Sie brauchen also keinen großen Kräutergarten. Wenn Sie aber genügend Platz haben, kann ein solches Projekt viel Freude bereiten.
Wichtig für die richtige Auswahl der Pflanzenarten ist ein Grundriss des Gartens mit eingezeichneten Sonnen- und Schattenbereichen sowie gute Kenntnis der Bodenqualität. Sie können die Kräuter aber auch einfach in guten Kompost pflanzen – solange der Standort stimmt.

Ihre Zeit

Kräuter sind ideal für Menschen mit wenig Zeit für die Gartenarbeit, weil sie unkompliziert sind und nicht viel Pflege brauchen. Wenn sie geeignete Standortbedingungen vorfinden, gedeihen sie fast von allein. Ein großer Vorzug von duftenden Kräutergärten ist, dass sie vor allem an warmen Sommerabenden dazu einladen, innezuhalten und sich nach einem anstrengenden Arbeitstag zu entspannen. Ein Kräutergarten ist eine herrliche Umgebung für ein Abendessen im Freien inmitten von Düften und Farben.

Rechts Von Kräutern in Kübeln kann man sich jederzeit ein würziges Blättchen oder zwei pflücken.

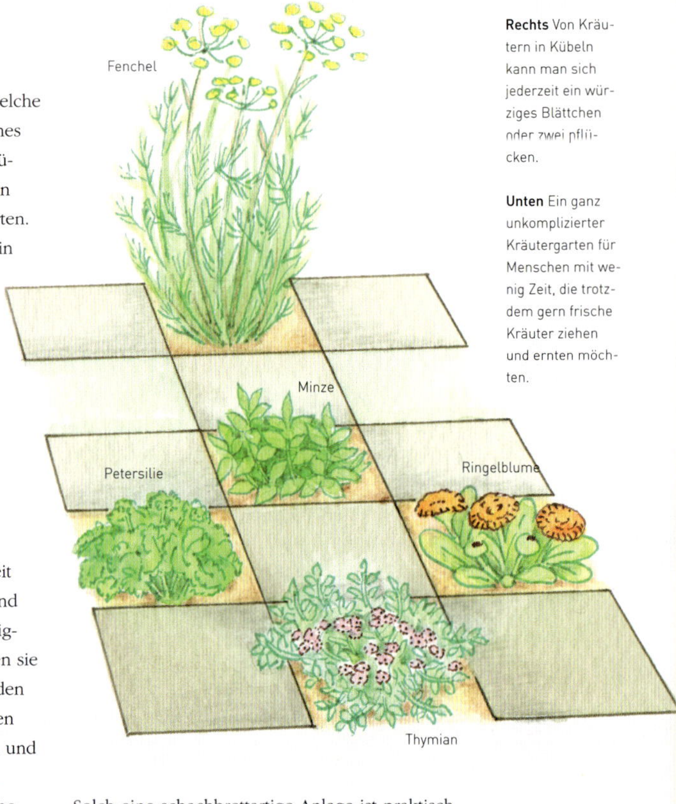

Unten Ein ganz unkomplizierter Kräutergarten für Menschen mit wenig Zeit, die trotzdem gern frische Kräuter ziehen und ernten möchten.

Solch eine schachbrettartige Anlage ist praktisch, weil sich die Kräuter wegen der Trittsteine nicht zu stark ausbreiten können und man sie obendrein bequem erreicht. Dieses Kräuterbeet ist ganz einfach anzulegen und verlangt wenig Pflege.

Mini-Kräutergarten

Nehmen Sie vier mittelgroße Blumentöpfe, geben Sie eine Schicht Kiesel oder Tonscherben hinein und darauf ein gutes Pflanzsubstrat, vermischt mit etwas grobem Sand zur Verbesserung der Drainage. Pflanzen sie die folgenden Kräuter hinein, und stellen Sie die Töpfe auf einem länglichen Tablett an ein Fenster, das täglich einige Stunden Sonne bekommt. Das Substrat soll feucht, aber nicht nass sein.

Basilikum ***(Ocimum basilicum)***

Das würzige grüne Kraut ist ein fester Bestandteil der italienischen Küche, es gehört ins Pesto und quasi an alle Tomatengerichte. Die großen, leuchtend grünen Blätter geben Blattsalaten ein pikantes Aroma und sind eine der drei Hauptzutaten des italienischen „Insalata Caprese" aus reifen Tomaten, Mozzarellascheiben und frischen Basilikumblättern, beträufelt mit Olivenöl.

Dill ***(Anethum graveolens)***

Wer Dill regelmäßig schneidet, hat reichlich Nachschub an erfrischend würzigen Blättchen, die ausgezeichnet zu Gurkensalaten passen, aber auch mit Fisch, wie Lachs oder Forelle, sehr gut harmonieren. Dill wirkt positiv auf die Verdauung.

Petersilie ***(Petroselinum sativum)***

Fragen Sie im Gartencenter einmal nach der glattblättrigen Petersilie, die ein ausgeprägtes, angenehm herbes Aroma hat. Sie enthält viel Vitamin A, B und C sowie verschiedene Mineralien, regt die Verdauung an und ist die perfekte Würze für Suppen, Eintöpfe, Salate und Kartoffelpüree.

Ährige Minze ***(Mentha spicata)***

Dieses milde Mitglied der Minzefamilie schmeckt frisch gehackt köstlich zu neuen Kartoffeln oder frischen Erbsen. Der Aufguss wirkt beruhigend auf die Verdauung. In Indien verrührt man sie mit Naturjoghurt zu *Raita*, das man als kühl-erfrischende Beilage zu scharfen Currys reicht.

Kräuter in der Küche

Kochen mit Kräutern

In diesem Kapitel finden Sie vielfältige Anregungen für die Kräuterküche. Unkomplizierte Rezepte werden Sie mit köstlichen Geschmackskombinationen überraschen. Seit jeher würzen die Menschen ihre Speisen, und so haben sich Gerichte entwickelt, die durch die jeweils heimischen Pflanzen geprägt sind. Im 17. Jahrhundert notierte John Parkinson, der als Kräuterkundiger am Hofe des englischen Königs James I. bekannt wurde, dass ein Gemisch aus zerriebenen Bohnenkrautblättern und Brotkrumen, „so man Fisch und Fleisch darin wälze, dieses sogleich herzhafter schmecke". Sie sehen, die Kräuterpanade für Fisch oder Fleisch ist keineswegs neumodisch. Und es gibt viele andere gute Gründe, Kräuter für Geschmack, Gesundheit und Wohlbefinden in der Küche zu verwenden.

Kräuter schmecken gut

Diese einfache Tatsache gilt für frisch-herbe Mittelmeerkräuter und milde Salatkräuter, für süßliche Gewürze bis zu feurigen Chilis – das Spektrum der Geschmacksrichtungen ist groß. Würzpflanzen wirken direkt auf die Geschmacksknospen auf der Zunge. Dadurch wird der Speichelfluss verstärkt und schon im ersten Schritt die Verdauung der Nahrung verbessert. Geschmack wird aber auch sehr stark über die Nase aufgenommen. Noch ehe man sich zu Tisch setzt, nimmt man den Duft gut gewürzter Speisen wahr. Dann läuft uns buchstäblich das Wasser im Mund zusammen – der Organismus bereitet sich auf die Verdauung vor. Es ist wissenschaftlich erwiesen, dass das menschliche Geschmacksempfinden zu 80% über die Nase und nur zu 20% über die Geschmacksknospen gesteuert wird. Darum schmeckt alles so fade, wenn man einen Schnupfen hat.

Kräuter sind gesund

Es hat viele Vorteile, Kräuter regelmäßig zum Ernährungsbestandteil zu machen. Die aktiven Wirkstoffe der Pflanzen gelangen bis in den Verdauungstrakt und unterstützen den Stoffwechsel auf verschiedene Weise. Bittere Kräuter wie Löwenzahn *(Taraxacum officinale)* im Salat fördern die Lebertätigkeit und somit die Fettverdauung. Aromatische Kräuter wie Pfefferminze *(Mentha × piperita)* enthalten reichlich ätherische Öle. Die Wirkstoffe der Minze lindern Blähungen und fördern die Darmperistaltik. Blüten wie Echte Kamille *(Matricaria recutita)* wirken beruhigend auf Magen- und Darmwände und lindern so Verdauungsstörungen. Knollen wie Knoblauch *(Allium sativum)* stärken durch antiseptische Wirkung das Immunsystem.

Kräuter sorgen für Abwechslung

Kräuter und Gewürze regen dazu an, neue Geschmackskombinationen auszuprobieren. Vielleicht entdecken Sie ein besonderes Interesse an Rezepten spezieller Kulturen wie Indien oder China, vielleicht begeistern Sie sich auch für bestimmte Garmethoden, die wiederum typische Kräuter und Gewürze erfordern. So kann das Auswählen oder Anbauen von Zutaten und die anschließende Verwendung zu einer faszinierenden kulinarischen Reise werden.

Links Das Experimentieren mit Kräutern und Gewürzen erweitert den kulinarischen Horizont.

Frische und getrocknete Kräuter

Beim Kochen sollte man gut zwischen frischen und getrockneten Kräutern unterscheiden. Es gibt deutliche Unterschiede in Geschmack und Intensität, die für das Gelingen des Gerichts eine Rolle spielen. Der Trend geht hin zum Kochen mit frischen Kräutern, darum bietet fast jeder Supermarkt ein Sortiment kleiner Töpfe für die Fensterbank an. Manchmal wird aber der Geschmack getrockneter Kräuter oder Gewürze benötigt, der intensiver ist, weil die ätherischen Öle durch die Trocknung konzentriert werden.

Frische Kräuter

Frisch aus dem Garten, vom Balkon oder der Fensterbank gepflückt sind sie am besten. Bei den frischen Kräutern im Supermarkt handelt es sich meist um chemisch gedüngte Treibhausware. Kräuter aus organischem Anbau schmecken meist kräftiger und sind gesünder. Aus frischen Blättern und Blüten kann man wunderbare Tees, Salate und warme Gerichte zubereiten. Frische Blättchen wie Basilikum sollte man mit den Fingern zerzupfen, weil sich dabei das Aroma besser entfaltet als beim Zerschneiden mit dem Messer. An heiße Speisen gibt man frische Kräuter erst 5–10 Minuten vor Ende der Garzeit, damit sich ihr Aroma gut entfaltet. Bei längerem Erhitzen verfliegen die ätherischen Öle, und der Geschmack leidet.

Getrocknete Kräuter und Gewürze

Im Winter, wenn frische Kräuter rar sind, müssen wir auf getrocknete zurückgreifen. Wegen der konzentrierten ätherischen Öle haben Thymian und viele andere Kräuter ein sehr intensives Aroma, das sich am besten entfaltet, wenn man sie am Ende der Kochzeit zugibt. In den Rezepten werden Sie sehen, dass von getrockneten Kräutern nur halb so viel wie von frischen verwendet wird – und das gilt auch für Kräutertees. Gewürze, etwa die duftenden Samen von Kardamom, Pfeffer und Muskat oder die Rinde des Zimtstrauchs, werden stets getrocknet, um das Aroma zu intensivieren. In indischen Rezepten werden die Gewürze häufig zu Beginn der Zubereitung in Öl angeröstet, damit sich ihr Geschmack noch besser entfaltet.

Oben Bouquet garni ist ein „gemischtes Sträußchen" aus Thymian, Petersilie und Lorbeer.

Rechts Frisches Basilikum ist aus der Mittelmeerküche nicht wegzudenken. Es ist ein Klassiker zu Tomaten.

Unten Getrocknete Kräuter sind vor allem im Winter nützlich. Probieren Sie neue Kombinationen!

Oben Muskatnüsse müssen trocken aufbewahrt werden, sonst verfliegt ihr aromatischer Geschmack. Sie werden bei Bedarf frisch gerieben.

Pesto

Ein Rezept für die berühmte italienische Sauce aus Basilikum, die man unter gekochte Nudeln mischt.

ERGIBT 3–4 PORTIONEN

55 g frische Basilikumblätter, im Mörser zerkleinert
3 Knoblauchzehen, zerdrückt
100 ml natives Olivenöl extra
25 g frisch geriebener Parmesan
1 EL Pinienkerne
350 g gegarte Nudeln als Beilage

Alle Zutaten außer den Nudeln in einen Mixer geben und fein pürieren. Alternativ im Mörser zu einer Paste zerreiben. Mit den Nudeln mischen.

Muskat-Schlaftrunk

Schon im Mittelalter wusste man, dass ein Becher warme Milch am Abend den Schlaf fördert. Dieses einfache Rezept geht auf das 14. Jahrhundert zurück. Es schmeckt herrlich an kalten Winterabenden, beruhigt die Verdauung und erleichtert das Abschalten.

ERGIBT 1 PORTION

200 ml Milch
$^{1}/_{4}$ geriebene Muskatnuss oder 1 TL Muskatpulver

Die Milch in einem Topf erhitzen. Sobald sie kocht, vorsichtig in einen Becher gießen. Muskatnuss auf die Milch geben. Einen Moment warten, dann umrühren und langsam trinken.

Hinweis Die in den Rezepten angegebenen Kräutermengen sollten nicht überschritten werden.

Küchenkräuter - Grundausstattung

Diese Tabelle stellt 25 Kräuter und Gewürze für die verschiedensten Gerichte vor. Sie zeigt, welches Kraut wozu passt, und ist so eine praktische Planungshilfe bei der Menüvorbereitung.

Küchenkräuter und Gewürze

Kraut	Verwendung
Basilikum	Frische Blätter für Pesto, zu rohen oder gegarten Tomaten.
Bohnenkraut	Frische und getrocknete Blätter für die Panade von Fisch und Fleisch, auch zu Bohnen und Blumenkohl.
Chili	Kleine Mengen ganz oder gemahlen für indische, südamerikanische und thailändische Gerichte.
Dill	Frische Blätter für Fisch- und Käsegerichte, auch zum Einlegen und für Würzessig. Samen für Apfelkuchen und anderes Gebäck.
Estragon	Frische oder getrocknete Blätter zu Geflügel, Fisch und Lamm, zu Omeletts und Kräuterbutter.
Fenchel	Frische Blätter zu Geflügel, Schweinefleisch und Fisch. Samen zu fettem Fisch und als Kräutertee.
Gewürznelken	Ganze Nelken zum Spicken von Schweinebraten und im Glühwein.
Ingwer	Frisch gehackte Wurzel für asiatische Gerichte. Getrocknete, gemahlene Wurzel für Gebäck.
Kardamom	Getrocknete Samen für Gebäck, Kaffee und indische Gerichte.
Kerbel	Frische Blätter zu Eiergerichten wie Omelett, auch in Suppen und Gemüseeintöpfen.
Knoblauch	Frisch gepresste Zehen für Dressings, Suppen, Kräuterbutter, Brotteig und mediterrane Gerichte.
Koriander	Frische Blätter zum Garnieren asiatischer Gerichte und Suppen, auch für grüne Salate. Die Samen sind ein Einlegegewürz.
Liebstöckel	Frische Blätter für Suppen, Schmorgerichte, Eintöpfe, Hähnchen, Schweinebraten und Fisch.
Lorbeer	Getrocknete Blätter in Suppen, Bouillon, Sauce Bolognese, Linsengerichten und Eintöpfen.
Majoran	Frische und getrocknete Blätter für herzhafte Gerichte mit und ohne Fleisch, für Kräuterquark und Kräuterbutter.
Minze	Frische Blätter zu neuen Kartoffeln, frischen Erbsen, auch für sommerliche Bowlen und Mixgetränke.

Muskatnuss Gemahlen für Fleischgerichte, vegetarische Nussbraten, Bratäpfel, Apfelkompott, Kartoffelbrei, Milchmixgetränke, Milchreis und Pudding.

Oregano Für herzhafte Fleisch- und Gemüsegerichte, für Nudelsaucen auf Tomatenbasis.

Paprika Gemahlener Edelsüß-Paprika zu Schmorgerichten, Käse- und Eierspeisen und Nudelsaucen.

Rosmarin Frische und getrocknete Blätter für Gerichte mit Lamm-, Schweine- oder Hähnchenfleisch sowie für Kräuterbutter.

Salbei Frische und getrocknete Blätter für Schweinefleisch, Wild und fetthaltige Fleischgerichte, für Apfelsauce als Beilage zu Fleisch und für Käsegerichte.

Schnittlauch Frische Halme gehackt zu Eier- und Käsegerichten, in Kräuterbutter und Kräuterquark, Salaten, Suppen und als Garnierung.

Schwarzer Pfeffer Getrocknete, frisch gemahlene Pfefferkörner eignen sich als Geschmacksverstärker für alle herzhaften Gerichte.

Thymian Frische oder getrocknete Blätter für italienische Pastasaucen, zu Fisch, Lamm, Schweine- und Rindfleisch.

Zimt Gemahlene Zimtrinde zu Äpfeln (geschmort oder gebacken), für heiße Milchmixgetränke und Glühwein.

Küchenausstattung

Zur Verarbeitung von Kräutern sind die folgenden Utensilien nützlich:

- Küchenschere zum Ernten von Kräutern und Zerkleinern von Blättern
- Scharfe Messer oder Wiegemesser zum Hacken von Blättern und Stängeln
- Knoblauchpresse in guter Qualität
- Mörser und Stößel zum Zerkleinern und Zermahlen ganzer Gewürzkörner

Nahrung und Heilung – der westliche Ansatz

In der Naturheilkunde der westlichen Welt wird die Ernährung als wesentlicher Faktor zur Erhaltung der Gesundheit betrachtet. Wir wissen heute um die Zusammenhänge zwischen Herzkrankheiten, Diabetes und Übergewicht und einem zu reichlichen Verzehr von Salz und Zucker, gesättigten Fettsäuren und Aromastoffen. Wer etwas mehr über die Wirkung verschiedener Inhaltsstoffe und Ernährungsweisen weiß, wird Nahrung nicht nur als Gaumenfreude oder Sattmacher betrachten, sondern auch ihre Bedeutung für Gesundheit und Wohlbefinden erkennen.

Hippokrates

Schon in der griechischen Antike schrieb Hippokrates (ca. 460–370 v. Chr.), der Vater der westlichen Medizin: „Die Nahrung soll eure Medizin sein, und die Medizin eure Nahrung." Er war ein Naturheilkundler, der sein Augenmerk auf die Ernährung und das Fasten legte, aber auch Bäder und Massagen einsetzte. So empfahl er beispielsweise Brunnenkresse *(Nasturtium officinale)* zur Erfrischung des Atems und riet, die rohen Blätter zur Kräftigung des Zahnfleisches zu kauen.

Brunnenkresse

Hildegard von Bingen

Die Äbtissin Hildegard von Bingen (1098–1181) war eine der einflussreichsten und berühmtesten Heilerinnen des Mittelalters. Sie verfasste zahlreiche Schriften, die sich mit Gesundheit und Ernährung beschäftigten. Ihrem Verständnis zufolge hatte Nahrung nicht nur eine rein physische Bedeutung, sondern war auch eine spirituelle Energiequelle. Sie war überzeugt, dass die Wirkstoffe bestimmter Nahrungsmittel negative oder „dunkle" Stimmungen aus Körper und Geist vertreiben konnten. Ihrer Ansicht nach beruhten alle Krankheiten auf einem Ungleichgewicht der vier Körpersäfte – Blut, Schleim, gelbe und schwarze Galle. Ihre heilenden Rezepte sind einfach und ausgesprochen schmackhaft. Kräuter und Gewürze setzte sie gezielt ein, wie die folgenden Beispiele zeigen:

Lavendel

Lavendelwein verwendete Hildegard zur Entgiftung und Kräftigung der Leber, die ihrer Meinung nach für die Gesundheit besonders wichtig war. 0,7 l roten Tafelwein in einen Edelstahltopf gießen, 5 EL frisch von den Stängeln gestreifte Lavendelblüten zugeben. Aufkochen, die Temperatur reduzieren und 35–40 Minuten köcheln lassen, damit der Alkohol verfliegt. Abkühlen lassen, durch ein Sieb gießen und wieder in eine Flasche füllen. 10 Tage lang 3–4-mal täglich 2 TL einnehmen. Statt in Wein kann man die Lavendelblüten auch in 750 ml Wasser und 3 EL Honig köcheln lassen (von Hildegard bestätigt).

Bei Stress und nervöser Anspannung empfiehlt Hildegard, morgens eine **heiße Grütze** aus Hafer- oder Grünkernflocken (Reformhaus/Bioladen) zu essen. Hafer gilt auch in der modernen Kräuterheilkunde als Nerventonikum.

In Wasser gegarte und dann gestampfte **Esskastanien** *(Castanea sativa)* stärkten Hildegard zufolge Körper und Gehirn. Sie eignen sich gut für vegetarische Nussbraten und werden heute vor allem während der Rekonvaleszenz nach Infektionskrankheiten empfohlen, weil sie reichlich Vitamin A, B und C enthalten.

Fenchelsamen *(Foeniculum vulgare)* sollte man nach den Mahlzeiten zerkauen, um die Magensäure zu neutralisieren, den Atem zu erfrischen und die Fettverdauung zu erleichtern. Hildegard schätzte Fenchel sehr.

Linke Seite oben Hildegard von Bingen war überzeugt vom engen Zusammenhang zwischen Nahrung und Gesundheit.

Oben Hafer ist ideal zum Frühstück. Er gibt seine Energie nur langsam ab und beugt so Heißhungerattacken vor.

Links Zu Hildegards Zeit stellte man aus Lavendelblüten ein ungewöhnliches Tonikum her.

Nahrung und Heilung – der östliche Ansatz

Aus Indien stammt die über 4000 Jahre alte Tradition des Ayurveda, die keine klaren Grenzen zwischen Körper und Seele, Geist und Materie, Nahrung und Heilmitteln zieht. Stattdessen wird der Nahrung das Potenzial zugeschrieben, das Gleichgewicht aller Lebensaspekte zu beeinflussen. Die Tradition geht von einer Urenergie aus, die Akasha oder Äther genannt wird und ein Element ohne physikalische Form ist. Aus diesem wiederum entstehen die vier Elemente Luft, Feuer, Wasser und Erde. Alle vier Elemente sind im menschlichen Körper vertreten und drücken sich durch drei Doshas oder physische Typen aus. Zwar hat jeder Mensch Anteile aller drei Doshas, doch dominiert grundsätzlich eins.

Die drei Doshas

Vatta

Menschen dieses vom Wind beherrschten Typs neigen zu Schlafstörungen und frieren leicht. Sie haben oft trockene Haut und feines Haar, leiden häufig an Darmträgheit und trockenem Mund. Es sind meist groß gewachsene, schlanke Typen. Ihnen bekommen heiße und feuchte Speisen am besten, etwa Gerichte mit Eiern, Fisch, Kidneybohnen, Süßkartoffeln oder Weizen. Ferner brauchen sie Nahrungsmittel mit säuerlichem Geschmack, etwa Zitronen und Joghurt.

Pitta

Diese von der Galle dominierten Personen schwitzen leicht und neigen zu Temperamentsausbrüchen. Sie lieben Blumen und Düfte. Ihre Gesichtshaut ist oft gerötet, sie sind ungeduldig und manchmal jähzornig. Sie verspüren oft Hunger und Durst, essen viel und neigen zu Übergewicht. Kühle, schwere und trockene Lebensmittel wirken ausgleichend, beispielsweise unreife Bananen, Kürbis und Zucchini.

Kapha

Diese vom Schleim dominierten Typen haben einen kräftigen, symmetrischen Körperbau, meist mit breiter Stirn und dickem Haar. Sie schlafen gesund, essen mäßig und haben eine geregelte Verdauung, können aber anfällig sein für Husten, Erkältungen und Störungen des Immunsystems. Für diese Personen empfehlen sich heiße, trockene, leichte Speisen wie Datteln, Honig, Linsen, Zwiebeln und Erbsen, sowie als Gewürze insbesondere schwarzer Pfeffer, Ingwer und Chili.

Zucchini

Doshas und Gesundheit

Angehörige eines Typs sollen keinesfalls nur die zugeordneten Speisen essen. Fühlen sie sich jedoch unwohl oder erschöpft, ist es sinnvoll, die typspezifischen Lebensmittel zu bevorzugen.

Joghurt

Linsen

Typische Gemüse und Gewürze

So werden einige beliebte Gemüse und Gewürze in der Tradition des Ayurveda eingesetzt:

Lebensmittel	**Verwendung**
Karotten	Regen die Nierentätigkeit an und fördern so die Ausscheidung von Giften. Fördern auch die Verdauung, reinigen Magen und Darm. Liefern außerdem reichlich Vitamin A.
Gurken	Sie wirken leicht und kühlend, lindern Magenreizungen und verhindern Übersäuerung. Am besten isst man sie in Verbindung mit Naturjoghurt.
Lorbeerblätter	Lindern Hautbeschwerden wie Ausschlag und Reizungen, können als Tee zubereitet werden. Als Gewürz an Speisen wirken sie lindernd bei Hämorrhoiden und Durchfall und regen die Leberfunktion an.
Schwarze Pfefferkörner	Gelten als unerlässlich für eine gute Verdauung, außerdem wirksam bei Asthma, Husten, Erkältung und Grippe. Sie fördern auch die Verdauung fetter Speisen.

Rechts Schwarze Pfefferkörner sind in der ayurvedischen Heilkunde ein wichtiges Tonikum für Atemwege, Verdauung und Immunsystem.

Kräuterbutter und Dips

Einfach mit Butter, Mayonnaise, Joghurt oder Öl vermischt entfalten Kräuter ihr Aroma wunderbar. Kräuterbutter und Dips sind leckere Begleiter zu schnellen Gerichten, etwa als leichtes Abendbrot. Alle Rezepte auf dieser Doppelseite passen zu Folienkartoffeln mit Salat, gegrilltem Fleisch oder Fisch und zu vegetarischen Burgern. Auch zum Dippen von Rohkost wie frischen Karotten, Selleriestangen, Paprikastreifen, Gurken und geviertelten Tomaten eignen sich die Rezepte.

Rechts Guacamole ist ein cremiger, aber sehr würziger Dip; erste Wahl zu Rohkost.

Unten Aïoli ist eine gehaltvolle Mayonnaise mit kräftigem Knoblauchgeschmack.

Kräuterbutter

Kräuterbutter in allen Variationen ist eine schöne Garnierung, schmeckt aber auch sehr gut auf ofenwarmem Brot.

ERGIBT 4 PORTIONEN

125 g Butter, zimmerwarm
2 EL frisch gehackte Petersilie
1 EL frisch gehackter Schnittlauch
Pfeffer
1 Spritzer Zitronensaft

Die Butter in Flöckchen zerteilen und in einer kleinen Schüssel mit einer Gabel glatt rühren. Petersilie, Schnittlauch, Pfeffer und Zitronensaft zufügen und nochmals glatt rühren. Die Schüssel abdecken und für mindestens eine Stunde in den Kühlschrank stellen.

VARIATIONEN

Butter mit 2 EL frischen Dillspitzen und 1 EL Zitronensaft passt gut zu Edelfisch wie Lachs oder Forelle. Alternativ zu Petersilie und Schnittlauch noch 2 gepresste Knoblauchzehen zufügen, auf ein aufgeschnittenes Baguette streichen, in Alufolie wickeln und im Backofen 20 Minuten bei 200 °C erhitzen.

Aïoli

Aus der Provence stammt diese würzige Mayonnaise für Knoblauchfreunde. In Frankreich serviert man sie zu Fisch, sie passt aber auch zu Grillfleisch und herzhaften Würstchen.

ERGIBT 4 PORTIONEN

3 große Knoblauchzehen, zerdrückt
2 Eigelb
220 ml natives Olivenöl extra
1 EL Zitronensaft
1 EL Limettensaft
1 EL Dijon-Senf
1 EL frisch gehackter Estragon
Salz und Pfeffer
1 Zweig Estragon zum Garnieren

Alle Zutaten sollten Zimmertemperatur haben. Knoblauch und Eigelb in einem Mixer verrühren. Bei laufendem Motor das Öl tropfenweise zugeben, bis die Masse dicklich wird, dann das restliche Öl in dünnem Strahl zulaufen lassen, bis eine feste Mayonnaise entsteht. Zitronen- und Limettensaft, Senf und Estragon zugeben, mit Salz und Pfeffer abschmecken. Glatt rühren und in eine Schüssel aus Glas oder Porzellan geben. Mit einem Zweig Estragon garnieren, mit Frischhaltefolie abdecken und bis zum Servieren kalt stellen.

Hinweis Dieses Rezept enthält rohe Eier und ist für manche Menschen nicht empfehlenswert.

Guacamole

Zum Glück lässt sich dieser würzige mexikanische Dip sehr schnell zubereiten, denn man kann ihn nicht aufheben, weil sich die Avocados schnell verfärben.

ERGIBT 8 PORTIONEN
4 Avocados
2 Knoblauchzehen
4 Frühlingszwiebeln
2 frische rote Chilischoten, entkernt
2 rote Paprikaschoten, entkernt
4 EL Olivenöl
Saft von 2 Limetten
Salz
1 EL Olivenöl zum Beträufeln
frisch gehackte Petersilieblätter zum Garnieren
Tortilla-Chips als Beilage

Die Avocados längs halbieren, die Hälften mit einer drehenden Bewegung vom Kern trennen. Den Kern entfernen, das Fruchtfleisch mit einem Löffel aus der Schale schaben und in eine große Schüssel geben. Mit einer Gabel grob zerdrücken. Knoblauch, Frühlingszwiebeln, Chilischoten und Paprika fein hacken und unter den Avocadobrei rühren. Öl und Limettensaft zufügen. Mit Salz abschmecken und gut umrühren. Wer in der Guacamole keine Stückchen mag, kann auch alle Zutaten im Mixer glatt pürieren.

Die fertige Guacamole in eine Servierschüssel geben, mit dem restlichen Öl beträufeln, mit Petersilie bestreuen und zu Tortilla-Chips servieren.

Kräuter-Joghurt-Dip

Der cremige Dip wird mit griechischem Joghurt hergestellt, der eine etwas festere Konsistenz hat als hiesiger. Wer figurbewusst isst, kann fettarmen Naturjoghurt verwenden.

ERGIBT 4 PORTIONEN
250 g griechischer Joghurt
1 EL Zitronensaft
1 Prise Salz
frisch gemahlener schwarzer Pfeffer
2 TL frische Salbeiblätter, fein gehackt
2 TL frische Majoranblätter, fein gehackt
1 TL frische Thymianblätter, fein gehackt

Einfach alle Zutaten verrühren und kalt stellen.

Kräuterdip mit Knoblauch und Tomate

Ein Rezept aus dem Mittelmeerraum mit schöner Farbe und kräftigem Geschmack – ideal für Tomaten aus dem eigenen Garten.

ERGIBT 4 PORTIONEN
3–4 Tomaten, gehäutet
1 EL frisch gehackter Schnittlauch
1 Knoblauchzehe, zerdrückt
5 frische Basilikumblätter, zerpflückt
1 Prise Salz
frisch gemahlener schwarzer Pfeffer

Die Tomaten oben und unten kreuzweise einritzen und kurz in eine Schüssel mit kochendem Wasser geben, damit sich die Haut leicht abziehen lässt.

Die Tomaten fein würfeln. Schnittlauch, Knoblauch und Basilikumblätter zugeben, verrühren und abschmecken. Alternativ alle Zutaten im Mixer glatt pürieren.

VARIATION

Für eine pikantere Version ersetzen Sie das Basilikum durch 1 TL fein gehackte Zwiebel und 1/2 TL Chilipulver.

Kräuteressig

Essig ist eines der ältesten Konservierungsmittel. Es wird aus Wein, Apfelwein oder Bier hergestellt. Der saure Geschmack entsteht durch eine chemische Umwandlung des Alkohols in Essigsäure, die meist einen Anteil von 6 Volumenprozent ausmacht. Kräuteressig ist ganz leicht herzustellen und eignet sich gut zum Würzen von Salatdressings, Pochiersud für Fisch oder Fleisch, aber auch für Saucen und Suppen. In schöne Flaschen gefüllt ist er auch ein willkommenes Geschenk.

Unten Füllen Sie selbst gemachten Essig in hübsche Flaschen, dann haben Sie immer ein persönliches Geschenk zur Hand.

Guter Essig als Basis

Weinessig wird aus Weiß- oder Rotwein hergestellt. Eine besonders gute Qualität kommt aus dem französischen Orléans, wo der Essig langsam in Eichenfässern reift. Er passt gut zu milden Kräutern, weil sein sanfter, abgerundeter Geschmack ihr Aroma nicht überdeckt.

Apfelessig ist eine Bereicherung für die Ernährung, weil er überschüssige Magensäure neutralisiert, die Verdauung anregt und insgesamt reinigend wirkt. Er hat einen kräftigen Geschmack und verträgt sich nur mit herben Kräutern oder Gewürzmischungen. Besonders hochwertig ist Apfelessig, der in Holzfässern gereift ist.

Hinweis Malzessig wird aus Bier hergestellt. Er eignet sich zwar gut zum Einlegen, sein Eigengeschmack überlagert aber den der Kräuter.

Kräuteressig ansetzen

Estragon-Zitronen-Essig

500 ml Weißweinessig
3–4 lange, frische Estragonzweige, gewaschen, beschädigte Blätter entfernt
3–4 Streifen Zitronenschale (unbehandelt)

Etwas Essig aus der Flasche abgießen, dann die Kräuter und die Zitronenschale zufügen und die Flasche verschließen. Auf einer sonnigen Fensterbank 2–3 Wochen ziehen lassen.

Damit das Aroma intensiver wird, kann man die Kräuter zwischendurch entfernen und durch frische ersetzen. In einer gut schließenden Flasche hält sich der Essig etwa zwei Jahre.

REZEPTVORSCHLAG
für ein Dressing zu grünem Blattsalat mit kaltem Hähnchenfleisch.

2 EL Estragon-Zitronen-Essig
2 EL Olivenöl
Salz und Pfeffer

Den Essig mit dem Olivenöl, 1 Prise Salz und frisch gemahlenem schwarzem Pfeffer verrühren.

Knoblauch-Rosmarin-Essig

Dieser herzhafte Essig passt zu winterlichen Salaten mit Bohnen oder Linsen.

500 ml Apfelessig
3 Zweige frischer Rosmarin (zarte Triebspitzen, je etwa 10 cm lang)
3–4 Knoblauchzehen, halbiert

Etwas Essig aus der Flasche abgießen, Rosmarin und Knoblauchzehen in die Flasche geben. Wieder verschließen und 2–3 Wochen an einem sonnigen Platz ziehen lassen.

Vier-Gewürze-Essig

Ein Spritzer dieses Essigs gibt Chiligerichten mit und ohne Fleisch Pep.

500 ml Rotweinessig
1 TL getrocknete Koriandersamen
1 TL schwarze Pfefferkörner
2 TL Dillsamen
1 TL Chiliflocken

Koriander, Pfeffer und Dillsamen in einem Mörser grob zerstoßen. Zusammen mit den Chiliflocken in die Essigflasche geben, verschließen und 2–3 Wochen ziehen lassen. Durch ein Sieb gießen und den Essig in eine saubere Flasche füllen.

Kräuteröle zum Kochen

Kräuter verdanken ihr Aroma den ätherischen Ölen, die sie enthalten. Legt man Kräuter in Pflanzenöl ein, werden die ätherischen Öle von diesem aufgenommen, ohne dass ihre aktiven Eigenschaften verloren gehen. Solche aromatisierten Öle eignen sich hervorragend zum Andünsten von Zwiebeln, für warme Fleisch- und Fischgerichte, für die vegetarische Küche und auch für Dressings. Komponieren Sie Ihre eigene Mischung!

Unten Feinwürzige Kräuteröle sind für viele Gerichte eine Bereicherung.

Geeignete Öle

Olivenöl *(Olea europea)* steckt voller Nährstoffe, vor allem das kalt gepresste, native Olivenöl. Es hat einen deutlichen Eigengeschmack und eignet sich daher am besten für Kombinationen mit herben Kräutern, Pfeffer und Knoblauch.

Traubenkernöl *(Vitis vinifera)* ist ein leichtes, dunkelgrünes Öl. Weil es fast keinen Eigengeschmack hat, ist es für viele Kräutermischungen geeignet.

Sonnenblumenöl *(Helianthus annuus)* ist goldgelb und enthält viel Linolsäure, die die Verdauung fördert und Haare und Nägel kräftigt. Sein Eigengeschmack ist schwach, darum verträgt es sich mit vielen Kräuter- und Gewürzmischungen.

Pflanzenöl kaufen

Kaufen Sie Pflanzenöle im Bioladen oder im guten Supermarkt, und wählen Sie möglichst kalt gepresste Öle aus biologischem Anbau. Preiswerte Öle sind oft mit Hitze behandelt und künstlich aufgehellt, sie besitzen nahezu keine Nährwerte.

Knoblauchöl mit Pfeffer und Majoran

Eine köstliche Grundlage für Nudelsaucen, aber auch gut geeignet zum Beträufeln von Grillsteaks.

500 ml natives Olivenöl extra
4 Zweige frischer Majoran, je ca. 15 cm lang, gewaschen, beschädigte Blätter entfernt
3–4 Knoblauchzehen, halbiert
1 TL schwarze Pfefferkörner, leicht zerdrückt

Etwas Öl aus der Flasche abgießen, dann die Kräuter und Gewürze einfüllen. Sie müssen ganz mit Öl bedeckt sein. Die Flasche wieder verschließen und auf einer sonnigen Fensterbank 2 Wochen ziehen lassen; gelegentlich durchschütteln.

Nach 2 Wochen das Öl durch ein Sieb gießen, in eine saubere Flasche füllen und diese verschließen. Hält sich etwa 3 Monate.

Fenchel-Dill-Öl

500 ml Sonnenblumenöl
4 Stängel frisches Fenchelgrün, gewaschen
4 Stängel frischer Dill, gewaschen

Etwas Öl aus der Flasche abgießen, dann die Kräuter einfüllen. Sie müssen ganz mit Öl bedeckt sein.

Die Flasche wieder verschließen und auf einer sonnigen Fensterbank 2 Wochen ziehen lassen; gelegentlich durchschütteln.

Nach 2 Wochen das Öl durch ein Sieb gießen, in eine saubere Flasche füllen und diese verschließen. Hält sich etwa 3 Monate.

REZEPTVORSCHLAG

Ein frisches Dressing für einen leichten Sommersalat.

2 EL Fenchel-Dill-Öl
1 EL Zitronensaft
Salz und Pfeffer

Alle Zutaten gut vermischen und einen grünen Blattsalat damit anmachen.

Gewürzöl

500 ml Traubenkernöl
1 EL Koriandersamen
1 EL Kreuzkümmelsamen
1 TL schwarze Pfefferkörner
1 TL Chiliflocken

Koriander, Kreuzkümmel und Pfefferkörner in einem Mörser grob zerstoßen. Die Chiliflocken zufügen. Etwas Öl aus der Flasche abgießen und die Gewürze einfüllen. Sie müssen ganz mit Öl bedeckt sein.

Die Flasche wieder verschließen und auf einer sonnigen Fensterbank 2 Wochen ziehen lassen; gelegentlich durchschütteln. Danach das Öl durch ein Sieb gießen, in eine saubere Flasche füllen und diese verschließen. Hält sich etwa 3 Monate.

Das würzige Öl eignet sich für alles Indische wie Currys, zum Braten von Fleisch und für Salatdressings an Kichererbsen und Linsen.

REZEPTVORSCHLAG

2 EL Gewürzöl
2 EL Zitronensaft
1 Prise Salz

Öl, Zitronensaft und Salz verrühren und als Dressing für einen winterlichen Salat aus Kichererbsen oder Linsen verwenden. Mit frischen Korianderblättern garnieren.

Kräuterfrische Blattsalate

Salate müssen nicht langweilig sein, wenn man statt der faden, abgepackten Blätter aus dem Supermarkt einmal Alternativen ausprobiert. Kräuter wie Fenchel, Dill, Zitronenmelisse oder Borretsch lohnen einen Versuch, weil sie grünen Blattsalaten mehr Biss und einen neuen Geschmack geben. Probieren Sie auch einmal die „altmodischen" Kräuter, die auf Seite 48–49 vorgestellt werden, etwa Guter Heinrich, Wiesenknopf, Brunnenkresse oder Minze. Es macht Spaß, aus ungewöhnlichen Zutaten neue Salatmischungen zu kreieren – vor allem, wenn sie aus dem eigenen Garten stammen.

Einige Vorschläge:

Grüner Salat mit Löwenzahn und Brunnenkresse

Ein leckerer Frühlingssalat mit dem herb-würzigen Aroma von Löwenzahn und Brunnenkresse. Beide enthalten viel Vitamin C.

1 kleiner grüner Salat
80 g junge Löwenzahnblätter
80 g Brunnenkresse
2 EL Schnittlauchröllchen

Alle Zutaten behutsam vermischen.

Guter Heinrich, Kerbel und Feldsalat

Eine interessante Mischung aus herben und sehr milden Blättern.

125 g Guter Heinrich
125 g Feldsalat
2 EL Kerbelblättchen
1 kleiner Kopfsalat

Alle Zutaten behutsam vermischen.

Kapuzinerkresse, Spinat, Brunnenkresse und Rauke

Ein köstlicher Sommersalat mit essbaren Blüten.

175 g Blattspinat
1 großes Bund Brunnenkresse
120 g Rucola
6–8 Kapuzinerkresseblüten

Spinatblätter, Brunnenkresse und Rucola vermischen. Die Kapuzinerkresseblüten als farbenfrohe, essbare Garnierung darauf anrichten.

Unten Ein gemischter Salat mit farbenfrohen Zutaten und einem Joghurtdressing ist eine köstlich-leichte Sommermahlzeit.

Salatdressings

Fertig gekaufte Salatsaucen enthalten oft künstliche Aromen, Geschmacksverstärker und Konservierungsmittel. Wer einmal selbst gemachte Dressings mit frischen Kräutern probiert hat, wird keine Fertigprodukte mehr kaufen wollen. In Italien macht man Salate einfach mit Zitronensaft, gutem Olivenöl und etwas Salz und Pfeffer an. Sie können auch aromatisierte Essige und Öle verwenden.

French Dressing

Ein würziges Dressing für grüne Salate. Wer mag, gibt noch eine zerdrückte Knoblauchzehe dazu.

175 ml Olivenöl
4 EL Weißweinessig
1 TL französischer Senf (vorzugsweise Dijon-Senf)
2 TL gehackte Petersilie oder Schnittlauchröllchen
1 Prise Zucker
Salz und Pfeffer

Alle Zutaten in ein sauberes Schraubglas geben, den Deckel fest zudrehen und kräftig schütteln. Das Dressing hält sich im Kühlschrank etwa 1 Woche.

Salat mit Joghurt-Dressing

Dieser erfrischende Salat mit den kunterbunten Zutaten ist schnell zubereitet und schmeckt wunderbar. Das Dressing erst unmittelbar vor dem Servieren darüber gießen.

ERGIBT 4 PORTIONEN
75 g Salatgurke, in Stifte geschnitten
6 Frühlingszwiebeln, halbiert und in Stücke geschnitten
2 Tomaten, entkernt und geachtelt
1 gelbe Paprikaschote, in Streifen geschnitten
2 Selleriestangen, in Streifen geschnitten
4 Radieschen, geviertelt
75 g Rucola
1 EL gehackte Minze zum Garnieren

DRESSING
2 EL Zitronensaft
1 Knoblauchzehe, zerdrückt
150 g Naturjoghurt
2 EL Olivenöl
Salz und Pfeffer

Gurke, Frühlingszwiebeln, Tomaten, Paprika, Sellerie, Radieschen und Rucola in einer großen Salatschüssel vermischen.

Für das Dressing Zitronensaft, Knoblauch, Joghurt und Olivenöl verrühren und kräftig mit Salz und Pfeffer abschmecken.

Das Dressing über den Salat geben, kurz durchmischen. Mit gehackter Minze bestreuen und sofort servieren.

Kräutersuppen

Kräutersuppen sind ganz einfach zu kochen, und es gibt zahllose Variationen, weil man immer neue Kombinationen von Gemüse und Kräutern zusammenstellen kann. Vor allem an kalten Winterabenden gibt es kaum etwas Schöneres als eine heiße Suppe – dazu frisches Brot und vielleicht noch etwas würzigen Käse. Herzhafter werden solche Suppen, wenn man etwas Hefeextrakt oder Sojasauce zugibt. Wer als Basis Brühwürfel oder Granulat verwendet, sollte ein Produkt ohne künstliche Zusatzstoffe wählen. Auch Kräuter geben der Suppe Würze.

Sauerampfersuppe

Diese leuchtend grüne, leichte Suppe kocht man am besten im Frühling aus ganz jungen Sauerampferblättern, die zitrusfrisch schmecken und viel Vitamin C enthalten.

ERGIBT 4 PORTIONEN

1 kleine Zwiebel, fein gehackt
1 EL Sonnenblumenöl
1 große Hand voll frische, junge Sauerampferblätter, gewaschen und grob gehackt
1–2 Knoblauchzehen, zerdrückt
2 TL Gemüsebrühe (Granulat) oder 1 Brühwürfel
Salz und Pfeffer
150 g Sahne
frisch geriebene Muskatnuss zum Bestreuen

Die Zwiebel im Sonnenblumenöl langsam weich dünsten, Sauerampferblätter und Knoblauch zugeben und 1 Minute mitdünsten.

850 ml Wasser zugießen, Brühgranulat oder -würfel einrühren. Aufkochen, dann die Temperatur reduzieren und 15 Minuten köcheln lassen.

Mit Salz und Pfeffer abschmecken. Nach Belieben kann die Suppe im Mixer glatt püriert werden.

Die Sahne auf vier Suppentassen verteilen, dann die Suppe einfüllen und mit etwas geriebener Muskatnuss bestreuen.

Unten Korianderblätter haben einen frischen, leicht säuerlichen Geschmack, der gut mit den übrigen Zutaten dieser Suppe harmoniert.

Kalte Koriandersuppe

Eine erfrischende, kalte Vorsuppe aus Thailand.

ERGIBT 4 PORTIONEN

2 TL Olivenöl
1 große Zwiebel, fein gehackt
1 Porreestange, in dünne Ringe geschnitten
1 Knoblauchzehe, in dünne Scheiben geschnitten
1 Zucchini, geschält und gewürfelt
55 g weißer Reis
Salz und Pfeffer
5-cm-Stück Zitronengras
2 Kaffir-Limettenblätter
55 g frische Korianderblätter und zarte Stängel
Chilipaste (nach Belieben)
fein gehackte rote Paprika- und/oder Chilischoten zum Garnieren

Das Öl in einem großen Topf bei mittlerer Temperatur erhitzen. Zwiebel, Porree und Knoblauch zugeben, abdecken und 4–5 Minuten unter häufigem Rühren dünsten, bis die Zwiebel weich ist.

1 l Wasser, Zucchini und Reis, eine große Prise Salz und etwas Pfeffer zufügen. Zitronengras und Kaffir-Limettenblätter einrühren. Kurz aufkochen, dann die Temperatur reduzieren. Abgedeckt 15–20 Minuten köcheln lassen, bis der Reis gar ist.

Die frischen Korianderblätter zugeben und gut unterrühren. 2–3 Minuten köcheln lassen, bis sie zusammengefallen sind. Zitronengras und Limettenblätter entfernen.

Die Suppe leicht abkühlen lassen, dann portionsweise in einem Mixer glatt pürieren. In eine große Schüssel geben und mit Salz und Pfeffer abschmecken. Abdecken und in den Kühlschrank stellen.

Nochmals abschmecken. Wer die Suppe schärfer mag, gibt etwas Chilipaste zu. Soll sie dünnflüssiger sein, kann sie mit etwas Eiswasser verdünnt werden. In gekühlte Suppentassen füllen und mit fein gehackten Paprika- oder Chilischoten garnieren.

Kräutersuppen

Putensuppe mit Reis, Pilzen und Salbei

Eine herzhafte Suppe, die sich auch gut zur Verwertung von Bratenresten eignet.

ERGIBT 4 PORTIONEN

40 g Butter
1 Zwiebel, fein gehackt
1 Selleriestange, fein gehackt
25 große frische Salbeiblätter, fein gehackt
4 EL Mehl
1,2 l Hühnerbrühe
100 g Naturreis
Salz und Pfeffer
250 g Pilze, in Scheiben geschnitten
200 g gegartes Putenfleisch, gewürfelt
200 g Crème double
frisch geriebener Parmesan zum Bestreuen

Die Hälfte der Butter in einem großen Topf bei mittlerer Hitze zerlassen. Zwiebel, Sellerie und Salbei zugeben und 3–4 Minuten dünsten, bis die Zwiebel weich ist. Das Mehl einrühren und weitere 2 Minuten dünsten.

Ein Viertel der Brühe in dünnem Strahl zugeben, dabei bis auf den Topfboden rühren, damit sich die Brühe mit dem Mehl verbindet. Die restliche Brühe einrühren, kurz aufkochen.

Den Reis einrühren und mit Salz und Pfeffer abschmecken. Die Temperatur reduzieren und bei schräg aufgelegtem Deckel 30 Minuten unter gelegentlichem Rühren köcheln lassen, bis der Reis gerade gar ist.

Inzwischen die restliche Butter bei mittlerer Hitze in einer großen Pfanne zerlassen. Die Pilze zugeben, salzen und pfeffern. 8 Minuten goldbraun braten. Sobald sie Farbe annehmen, häufig rühren. Die Pilze zur Suppe geben.

Das Fleisch zur Suppe geben, die Crème double einrühren. Weitere 10 Minuten köcheln lassen. Bei Bedarf nochmals abschmecken. In vorgewärmte Suppentassen füllen und mit Parmesan bestreut servieren.

Unten Putensuppe mit Pilzen wärmt an kalten Wintertagen herrlich auf.

Linsensuppe mit Speck und Salbei

Eine herzhafte, sättigende Suppe für die kalte Jahreszeit.

ERGIBT 4 PORTIONEN

1 EL Sonnenblumenöl
3 Scheiben magerer, durchwachsener Speck, gewürfelt
1 Zwiebel, fein gehackt
225 g rote Linsen, gewaschen und verlesen
3 TL Gemüsebrühe (Granulat) oder 1½ Brühwürfel
4 frische Salbeiblätter, fein gehackt
1 Lorbeerblatt
Salz und Pfeffer

Das Öl in einem großen Topf erhitzen und die Speckwürfel darin langsam hell anbräunen. Die gehackte Zwiebel zugeben und weich dünsten. Die Linsen zugeben und gut mit Speck und Zwiebeln vermischen.

1,2 l Wasser und Brühgranulat oder Brühwürfel, Salbeiblätter und Lorbeerblatt zufügen. Die Suppe unter ständigem Rühren aufkochen. Die Temperatur stark reduzieren. Abgedeckt 15 Minuten bei geringer Hitze unter gelegentlichem Rühren köcheln lassen, bis die Linsen weich sind und zu zerfallen beginnen. Bei Bedarf gegen Ende der Kochzeit mit etwas Wasser verdünnen.

Vor dem Servieren mit Salz und frisch gemahlenem schwarzem Pfeffer abschmecken. Das Lorbeerblatt entfernen und die Suppe in 4 Suppentassen füllen.

VARIATION

Für eine vegetarische Version dieser Suppe lassen Sie den Speck einfach weg.

Hühnersuppe mit Thymian

Für diese köstliche, leichte und preiswerte Suppe werden Hähnchenschenkel verwendet. Damit sich die Aromen voll entfalten, wird die Suppe nach französischer Art bei geringer Hitze langsam gekocht. Dabei geben auch die Knochen Geschmack ab. Bei dieser Garmethode können die Kräuter frühzeitig zugegeben werden, weil die geringe Hitze ihr Aroma nicht zerstört.

ERGIBT 4 PORTIONEN

6 Hähnchenschenkel, kalt abgewaschen und gehäutet
1 Zwiebel, fein gehackt
2 Knoblauchzehen, grob gehackt
3 Stängel frischer Thymian, gewaschen
1 Lorbeerblatt
2 TL Gemüsebrühe (Granulat) oder 1 Brühwürfel
Salz und Pfeffer

Die Hähnchenschenkel in einen großen Topf legen. Zwiebel, Knoblauch, Thymian und Lorbeerblatt darauf verteilen. 850 ml Wasser und Brühgranulat oder -würfel zufügen und langsam zum Kochen bringen.

Die Temperatur stark reduzieren und im geschlossenen Topf 1 Stunde köcheln lassen.

Die Hähnchenschenkel aus der Suppe nehmen, das Fleisch von den Knochen lösen und fein zerkleinern. Das Fleisch wieder in die Suppe geben, kurz durchwärmen und mit Salz und Pfeffer abschmecken. Ohne Lorbeerblatt und Thymian servieren.

VARIATION

Soll die Suppe gehaltvoller sein, rühren Sie vor dem Servieren 150 g Sahne oder Crème fraîche ein.

Kräuter und **Fleisch**

Kräuter geben Fleischgerichten Würze und erleichtern die Verdauung. Noch ehe die Nahrung in den Mund gelangt, regen Kräuter durch ihren Duft die Produktion von Verdauungssekreten an. Manche Kombinationen von Kräutern und bestimmten Fleischsorten haben eine lange Tradition.

Schweinekoteletts mit Fenchel und Wacholder

Durch die Kombination mit Wacholder und Fenchel kommen die Koteletts zu ganz neuen Ehren.

ERGIBT 4 PORTIONEN
½ Fenchelknolle
1 EL Wacholderbeeren, zerstoßen
2 EL Olivenöl
abgeriebene Schale und Saft von 1 Orange
4 Schweinekoteletts, je ca. 150 g
frisches Brot und knackiger Salat als Beilage

Die Fenchelknolle mit einem scharfen Messer würfeln, dabei das Grün entfernen.

Wacholderbeeren mit Fenchelwürfeln, Olivenöl und Orangenschale mischen. Die Koteletts mit einem scharfen Messer mehrmals einritzen.

Die Koteletts in eine Auflaufform oder einen Bräter legen und die Fenchel-Wacholder-Mischung darauf verteilen. Mit dem Orangensaft beträufeln und abgedeckt im Kühlschrank 2 Stunden marinieren.

Die Koteletts je nach Dicke unter dem vorgeheizten Grill 10–15 Minuten garen; gelegentlich wenden. Auf Tellern mit frischem Salat anrichten. Dazu reichlich frisches Brot zum Aufnehmen des Safts reichen.

Unten Der süßliche Anisgeschmack des Fenchels harmoniert gut mit Schweinefleisch.

Gebratenes Lammkotelett mit Rosmarin und Knoblauch

Manchmal ist man alleine zu Hause und möchte trotzdem etwas Besonderes essen – dafür bietet sich dieses Rezept an. Für mehr Esser werden die Mengen einfach vervielfacht.

ERGIBT 1 PORTION

1 Lammkotelett
Salz und Pfeffer
2 EL natives Olivenöl extra
1 EL frische Rosmarinblätter
oder 2 TL getrockneter Rosmarin
2 Knoblauchzehen, zerdrückt
75 ml Rotwein
2 EL Sahne

BEILAGEN

Kartoffelpüree und gedünsteter Brokkoli

Das Lammkotelett kalt abspülen und mit Küchenpapier abtupfen. Beide Seiten mit etwas Salz und Pfeffer einreiben.

Das Öl in einer Pfanne erhitzen und das Kotelett bei mittlerer Hitze je nach Dicke 3–5 Minuten von jeder Seite braten. Mit Rosmarin und Knoblauch bestreuen und noch 1–2 Minuten braten, dabei das Fleisch ab und zu wenden.

Den Rotwein zugießen und kurz aufkochen. Die Temperatur reduzieren, 10 Minuten köcheln lassen. Mit Salz und frisch gemahlenem schwarzem Pfeffer abschmecken. Vom Herd nehmen und die Sahne einrühren. Zu Kartoffelpüree und gedünstetem Brokkoli servieren.

Hähnchenbrust in Estragonsahne

Estragon hat einen intensiven Geschmack. Er ergänzt besonders Geflügel sehr gut, das sonst leicht fade schmecken kann. Kaufen Sie möglichst Fleisch von frei laufendem Geflügel aus biologischer Haltung, das ein besseres Aroma hat.

ERGIBT 2 PORTIONEN

2 Hähnchenbrustfilets
2 EL Sonnenblumenöl
1 Knoblauchzehe, zerdrückt
1 Schalotte, fein gehackt
Salz und Pfeffer
1 EL frische Estragonblätter
1 TL Zitronensaft
150 g Sahne

BEILAGEN

neue Kartoffeln, gedämpfte Karotten und Zuckererbsen

Das Fleisch waschen, abtrocknen und in Streifen schneiden.

Das Öl bei mittlerer Hitze in einer Pfanne erhitzen. Die Fleischstreifen unter gelegentlichem Wenden hellbraun anbraten. Knoblauch, Schalotte, 1 Prise Salz und Pfeffer zufügen und weitere 5 Minuten braten.

Estragonblätter und Zitronensaft zufügen. In der abgedeckten Pfanne bei geringer Hitze 10 Minuten köcheln lassen. Kurz vor dem Servieren noch einmal abschmecken. Vom Herd nehmen und die Sahne einrühren.

Dazu passen kleine, neue Kartoffeln, gedämpfte Karotten und Zuckererbsen.

Kräuter mit Fleisch

Schweineschmortopf mit Salbei und Cidre

Unten Das frische, leichte Aroma von Zitrone und Estragon harmoniert gut mit Geflügel – hier den Stubenküken.

Herzhaftes Schweine- und Rindfleisch verträgt sich auch mit dem würzigen Aroma herber Kräuter wie Salbei. Für dieses Gericht sollten Sie frische Salbeiblätter verwenden, die eine fast pfeffrige Schärfe besitzen. Getrocknete Salbeiblätter sind milder. Auch Lorbeerblätter unterstreichen durch ihr herbes Aroma den Fleischgeschmack gut. Die süßlich-aromatische Kombination aus Schweinefleisch, Äpfeln und Apfelwein hat Tradition. Salbei unterstreicht die Aromen durch warme, frische Würze.

ERGIBT 4 PORTIONEN

4 Schweinesteaks
3 EL Sonnenblumenöl
1 großer Kochapfel, geschält, entkernt und gehackt
1 große Zwiebel, fein gehackt
1 EL frische, gehackte Salbeiblätter oder 2 TL getrockneter Salbei
50 g Mehl
450 ml herber Cidre (brut)
Salz und Pfeffer

BEILAGEN

Kartoffelpüree mit Senf und grünen Bohnen

Das Fleisch würfeln, dabei das Fett entfernen. Das Öl in einer Pfanne erhitzen und die Fleischwürfel anbraten. Das Fleisch aus der Pfanne nehmen, in eine Auflaufform geben und mit den Äpfeln belegen.

Die Zwiebel in der Pfanne weich dünsten, dann Salbeiblätter und Mehl zufügen und gut verrühren. Den Cidre zugießen und unter Rühren erhitzen, bis die Sauce eindickt. Kräftig mit Salz und Pfeffer abschmecken. Die Sauce über das Fleisch in der Auflaufform gießen, abdecken und auf mittlerer Einschubleiste im Ofen bei 180 °C 45 Minuten garen. Dazu Kartoffelpüree mit etwas Dijon-Senf und grünen Bohnen servieren.

Stubenküken mit Zitrone und Estragon

Der feine Duft von Zitrone und Estragon passt ausgezeichnet zu den zarten, gegrillten Stubenküken.

ERGIBT 2 PORTIONEN

2 Stubenküken
4 Stängel frischer Estragon
1 TL Öl
2 EL Butter
1 Knoblauchzehe, zerdrückt
abgeriebene Schale von ½ Zitrone
1 EL Zitronensaft
Salz und Pfeffer
Estragon und Orangenscheiben zum Garnieren

Die Stubenküken mit der Brust nach unten auf ein Schneidebrett legen. Entlang der Wirbelsäule mit einer Küchenschere aufschneiden, dann die Vögel flach drücken (dabei brechen einige Knochen). Leicht salzen.

Die Stubenküken umdrehen und auf jeder Brustseite einen Stängel Estragon unter die Haut schieben. Die Stubenküken mit Öl einpinseln und unter dem vorgeheizten Grill mit 12 cm Abstand zu den Heizstäben 15 Minuten hellbraun grillen. Zwischendurch einmal wenden.

Für die Glasur die Butter in einem Topf zerlassen. Knoblauch, Zitronenschale und -saft zugeben, dann abschmecken.

Das Fleisch mit der Glasur bestreichen und weitere 15 Minuten grillen, dabei einmal wenden. Die Küken regelmäßig bestreichen, damit das Fleisch nicht austrocknet. Mit Estragon und Orangenscheiben garnieren, dazu neue Kartoffeln servieren.

Sauce Bolognese

Dieser Saucenklassiker ist in Italien auch als „ragù“ bekannt. Aromatische Kräuter wie Basilikum, Oregano und Lorbeer unterstreichen den Geschmack des Rindfleischs, das die Grundlage der Sauce bildet, und harmonieren auch gut mit Tomaten und Knoblauch.

ERGIBT 4 PORTIONEN

1 große Zwiebel, fein gehackt
1 Selleriestange, fein gehackt
175 g magerer Schweinebauch, gewürfelt
3 EL natives Olivenöl extra
1–2 Knoblauchzehen, zerdrückt
450 g mageres Rinderhackfleisch
2 EL Tomatenmark
400 g gewürfelte Tomaten aus der Dose
150 ml Rotwein
Salz und Pfeffer
1 TL getrocknetes Basilikum oder 4 frische Basilikumblätter
1 TL getrockneter Oregano oder 3 Stängel frischer Oregano
1 Lorbeerblatt

BEILAGEN

gekochte Spaghetti
Parmesan zum Bestreuen

Zwiebel, Sellerie und Schweinebauch im Öl bei mittlerer Hitze unter Rühren 3–5 Minuten anbraten.

Knoblauch und Hackfleisch zugeben und anbräunen. Tomatenmark unterrühren, dann Tomaten und Wein zufügen und umrühren. 1 Prise Salz und Pfeffer sowie die Kräuter einrühren. Kurz aufkochen, dann die Temperatur reduzieren und ca. 45 Minuten köcheln lassen.

Traditionell wird die Sauce zu Spaghetti serviert, man kann sie aber auch für eine Lasagne verwenden. Vor dem Servieren mit frisch geriebenem Parmesan bestreuen.

Kräuter und Fisch

Fisch enthält reichlich wertvolle Proteine und hat eine kurze Garzeit. Gegrillt und gebraten entfaltet sich der Geschmack am besten. Küchenfertiges Filet bekommt man in Fischgeschäften und guten Supermärkten. Achten Sie beim Einkauf auf glänzende Schuppen oder – beispielsweise bei Lachs – pralles, kräftig gefärbtes Fleisch. Gefrorener Fisch muss vor der Zubereitung vollständig aufgetaut sein.

Gebeizter Lachs mit Limette und Basilikum

Die leichte, herb-fruchtige Kombination aus Kräutern und Zitrusfrüchten passt einfach ideal zu Fisch. Für dieses Rezept brauchen Sie ganz frischen Lachs. Salz und Zucker entziehen ihm die Feuchtigkeit – er bleibt also roh, ist aber gebeizt und voller Geschmack.

ERGIBT 6 PORTIONEN

900 g ganz frisches Lachsfilet vom Kopfende, gehäutet
50 g Zucker
50 g Meersalz
5 EL frisch gehacktes Basilikum
abgeriebene Schale von 2 Limetten
1 TL weiße Pfefferkörner, leicht zerdrückt

DRESSING

200 ml Reisessig
5 EL Zucker
abgeriebene Schale von 1 Limette
½ TL Senf
3 EL frisch gehacktes Basilikum
1 EL eingelegter Ingwer, fein gehackt
150 g bunter Blattsalat als Beilage

ZUM GARNIEREN

Limettenschnitze
Basilikumblätter

Eventuell noch vorhandene feine Gräten aus dem Lachsfilet entfernen. Den Fisch waschen und trockentupfen, in eine große Schüssel aus Glas oder Porzellan legen und gleichmäßig mit Zucker, Meersalz, Basilikum, Limettenschale und Pfefferkörnern bestreuen. Abgedeckt für 2–4 Tage kalt stellen, den Fisch gelegentlich wenden.

Für das Dressing Reisessig und Zucker in einem kleinen Topf erhitzen und den Zucker unter gelegentlichem Rühren auflösen. Dann aufkochen und bei geringer Hitze in 5–6 Minuten auf ein Drittel einkochen lassen. Vom Herd nehmen, Limettenschale und Senf einrühren. Den Topf zur Seite stellen.

Den Fisch aus der Marinade nehmen und mit Küchenpapier abtupfen. In hauchdünne Scheiben schneiden.

Vor dem Servieren das Basilikum und den Ingwer in das Dressing rühren. Den Salat mit etwas Dressing mischen und auf 6 Teller verteilen. Den Lachs darauf anrichten und mit etwas Dressing beträufeln. Mit Limettenschnitzen und Basilikumblättern garnieren.

Unten Limette hat ein frisch-herbes Aroma, das den feinen Geschmack von Lachs perfekt unterstreicht.

Heilbutt in Kräuterkruste mit Tomaten-Salsa

Kaufen Sie eine gute Salsa mit Zwiebeln, Tomaten, Paprika und Gewürzen.

ERGIBT 4 PORTIONEN

100 g frische weiße Semmelbrösel
3 EL Zitronensaft
1 EL Pesto (s. Seite 73)
2 EL frisch gehackte Petersilie
Salz und Pfeffer
Pflanzenöl im Zerstäuber
4 Heilbuttfilets
1 Flasche Tomaten-Salsa zum Servieren

Semmelbrösel mit 2 Esslöffeln Zitronensaft, Pesto, Petersilie, Salz und Pfeffer in einer Schüssel verrühren.

Eine Grillpfanne mit Alufolie auslegen und mit Pflanzenöl einsprühen. Die Heilbuttfilets auf die Folie legen, mit dem restlichen Zitronensaft beträufeln, salzen und pfeffern. Unter dem vorgeheizten Grill 5 Minuten garen.

Die Fischfilets wenden und mit der Semmelbröselmasse bestreichen. Weitere 5–10 Minuten grillen, bis der Fisch gar und die Kruste goldbraun ist.

Auf jedes Filet einen Klecks Salsa geben und servieren.

Forelle mit Mandeln, Zitrone und Petersilie

Forelle ist ein edler Fisch mit mildem Geschmack, der sehr gut mit Zitrone und Petersilie harmoniert. Kaufen Sie möglichst glattblättrige Petersilie, die besonders aromatisch ist. Ist nur krause Petersilie erhältlich, kann diese aber auch verwendet werden.

ERGIBT 2 PORTIONEN

2 frische Forellen
Salz und Pfeffer
50 g gesalzene Butter
50 g Mandelblättchen
2 EL frische glatte Petersilie, gewaschen und gehackt
3 EL frisch gepresster Zitronensaft
gedämpftes Mischgemüse als Beilage

Den Fisch zuerst von beiden Seiten mit Salz und Pfeffer würzen. Die Butter in einer großen Pfanne erhitzen und die Forellen darin von jeder Seite 6–8 Minuten goldbraun braten.

Die Fische auf eine vorgewärmte Servierplatte legen und im Backofen warm halten.

Die Mandelblättchen in die Pfanne geben und unter ständigem Rühren goldbraun braten. Petersilie und Zitronensaft zufügen und alles zu einer duftenden Kräutersauce verrühren.

Die Forellen auf Tellern anrichten und mit der Sauce übergießen. Dazu schmeckt eine bunte Mischung aus gedämpftem Gemüse, etwa kleine Karotten, Babymaiskolben, Brokkoli und neue Kartoffeln.

Unten Die herzhaften Semmelbrösel bilden auf dem Heilbutt eine leckere Kruste.

Kräuter und Fisch

Mediterraner Kabeljau mit Thymian und Majoran

Haben Sie Kabeljausteaks im Gefrierfach? Dann probieren Sie einmal dieses einfache Backofenrezept aus. Zur kräftigen Tomatensauce passt die intensive Würze von Thymian und Majoran. Das Rezept bietet sich für ein Abendessen nach Feierabend an, weil es kaum Mühe macht. Der intensive Thymianduft aus dem Ofen ist sehr verlockend.

ERGIBT 4 PORTIONEN

4 Kabeljausteaks, Tiefkühlware aufgetaut
2 TL frischer Zitronensaft
2 EL natives Olivenöl extra
1 Zwiebel, fein gehackt
2 Knoblauchzehen, zerdrückt
1 EL Tomatenmark
400 g gewürfelte Tomaten (Konserve)
1 EL frische Thymianblätter
oder 2 TL getrockneter Thymian
2 TL frische Majoranblätter
oder 1 TL getrockneter Majoran
2 EL grüne Oliven mit Paprikafüllung, halbiert
Salz und Pfeffer

BEILAGEN
gekochter Reis und ein Blattsalat

Die Kabeljausteaks in eine Auflaufform geben und mit Zitronensaft beträufeln.

Das Öl in einem großen Topf erhitzen. Die Zwiebel darin weich dünsten, dann Knoblauch und Tomatenmark zugeben. Tomaten, Kräuter und Oliven zufügen und mit Salz und Pfeffer würzen.

Bei mittlerer Temperatur 10 Minuten köcheln lassen, dann die Sauce über den Fisch gießen. Die Form abdecken und auf der oberen Einschubleiste des Backofens 25–30 Minuten bei 190 °C garen.

Mit frisch gekochtem Reis und Blattsalat servieren.

Heringe mit Orangen-Estragon-Füllung

Die fruchtig gefüllten Fische werden in Alufolie gewickelt und gegrillt.

ERGIBT 4 PORTIONEN

1 Orange
4 Frühlingszwiebeln
50 g frische Vollkornsemmelbrösel
1 EL frischer Estragon, gehackt
Salz und Pfeffer
4 ganze Heringe, küchenfertig
grüner Salat als Beilage

ZUM GARNIEREN

2 Orangen
1 EL hellbrauner Zucker
1 EL Olivenöl
frische Estragonblätter

Für die Füllung von der Hälfte der Orangenschale Zesten schneiden. Die Orange schälen, das Fruchtfleisch auf einem Teller würfeln, dabei den Saft auffangen.

Orangenfruchtfleisch, Saft und Schale, Frühlingszwiebeln, Semmelbrösel und Estragon in einer Schüssel verrühren und mit Salz und Pfeffer würzen.

Die Füllung in 4 gleiche Portionen teilen und die Fische damit füllen. Jeden Fisch auf ein Stück leicht eingeölter Alufolie legen, dann die Folie sorgfältig verschließen.

Auf dem heißen Holzkohlegrill 20–30 Minuten garen. Das Fleisch soll weiß sein und sich fest anfühlen.

Inzwischen für die Garnierung die Orangen schälen, in dicke Scheiben schneiden und mit dem Zucker bestreuen. Kurz vor Ende der Garzeit des Fisches die Orangenscheiben mit Öl beträufeln und 5 Minuten auf dem Grill erhitzen.

Den Fisch auf Tellern anrichten, mit den gegrillten Orangenscheiben und Estragonblättern garnieren und dazu grünen Salat servieren.

Links Fruchtig-süße Orangen und frischer, aromatischer Estragon passen gut zum Geschmack der Heringe.

Kräuter und vegetarische Gerichte

Kräuter und Gewürze sind ideale Zutaten, um mit proteinreichen Hülsenfrüchten köstliche und preiswerte Gerichte zu zaubern. Sie schmecken gut und erleichtern zudem die Verdauung der Hülsenfrüchte. In Indien verwendet man pikante Gewürze und Knoblauch, in Europa kocht man Hülsenfrüchte traditionell mit herzhaften Kräutern wie Bohnenkraut.

Tomaten-Risotto mit Rucola und Mozzarella

Der Reis darf während der Garzeit nie trocken werden.

ERGIBT 4 PORTIONEN

2 EL Olivenöl
25 g Butter
1 große Zwiebel, fein gehackt
2 Knoblauchzehen, fein gehackt
350 g Arborio-Reis
125 ml trockener, weißer Wermutwein (nach Belieben)
1,5 l Gemüsebrühe, kochend heiß
6 Rispen- oder Roma-Tomaten, entkernt und gehackt
125 g Rucola
1 Hand voll frische Basilikumblätter
110 g frisch geriebener Parmesan
225 g italienischer Büffelmozzarella, grob gerieben oder gewürfelt
Salz und Pfeffer

Das Öl und die Hälfte der Butter in einem großen Topf erhitzen. Die Zwiebel darin in 2 Minuten glasig dünsten. Knoblauch und Reis zugeben und unter häufigem Rühren mitdünsten, bis der Reis gerade glasig wird.

Den Wermut zugeben (alternativ Brühe). Er brodelt heftig und verdunstet sehr schnell. Eine Kelle (ca. 225 ml) heiße Brühe zufügen und unter ständigem Rühren köcheln lassen, bis der Reis sie aufgesogen hat. Weiterhin kellenweise Brühe zufügen und jeweils vom Reis aufsaugen lassen, ehe die nächste Kelle zugegeben wird.

Kurz bevor der Reis gar ist, die gehackten Tomaten und den Rucola einrühren. Das Basilikum in Streifen schneiden und sofort ans Risotto geben. Weiter köcheln lassen und bei Bedarf Brühe zugeben, bis das Risotto cremig, der Reis aber noch bissfest ist.

Vom Herd nehmen, die restliche Butter und beide Käsesorten einrühren. Mit Salz und Pfeffer würzen und abgedeckt 1 Minute ruhen lassen. Sofort servieren, ehe der Mozzarella ganz geschmolzen ist.

Unten Der herbe, etwas pfeffrige Rucola gibt diesem Gericht die besondere Note.

Curry aus roten Linsen und Spinat

Das pikante Curry mit den mild-nussigen Linsen und dem nahrhaften Spinat ist ganz leicht nachzukochen.

ERGIBT 4 PORTIONEN

900 g frischer Spinat

225 g rote Linsen, gewaschen und verlesen

2 EL Sonnenblumenöl

1 große Zwiebel, fein gehackt

2 Knoblauchzehen, zerdrückt

2-cm-Stück frische Ingwerwurzel, geschält und sehr fein gehackt

¼ TL Chilipulver

1 TL getrockneter Kreuzkümmel

1 TL getrockneter Koriander

1 EL frischer Zitronensaft

Salz und Pfeffer

BEILAGEN

Basmati-Reis und Gurkenscheiben in Naturjoghurt

Die Spinatblätter waschen und nur mit dem anhaftenden Wasser und etwas Salz in einen großen Topf geben.

Bei mittlerer Temperatur sind sie in 5–7 Minuten gar und fallen dabei stark zusammen. Den gegarten Spinat gut abtropfen lassen, fein hacken und beiseite stellen.

Die gewaschenen Linsen und 1 Prise Salz in einen zweiten Topf geben. 450 ml Wasser zugießen und 15 Minuten köcheln lassen, bis die Linsen zu zerfallen beginnen.

Das Öl in einer großen Pfanne erhitzen. Zwiebel, Knoblauch, Ingwer und Chili 5 Minuten darin anbraten. Dann Kreuzkümmel und Koriander zufügen und weitere 3 Minuten dünsten. Spinat und Zitronensaft unterrühren. Die Temperatur reduzieren und unter gelegentlichem Rühren köcheln lassen.

Die gegarten Linsen mit dem Spinat gut vermischen. Mit Salz und frisch gemahlenem Pfeffer abschmecken. Sofort zu gekochtem Basmati-Reis und Gurkenscheiben in Naturjoghurt servieren.

Bohnensalat mit Pilzen und Bohnenkraut

Ein leckerer Salat als leichte Hauptmahlzeit im Sommer.

ERGIBT 2 PORTIONEN

225 g Pilze

4 EL natives Olivenöl extra

1 Knoblauchzehe, zerdrückt

Salz und frisch gemahlener Pfeffer

225 g weiße oder grüne Bohnenkerne (Konserve), abgespült und abgetropft

2 EL frischer Zitronensaft

2 EL frische Bohnenkrautblätter, leicht zerdrückt

BEILAGEN

Salatblätter, knusprige Vollkornbrötchen

Die Pilze putzen und in Scheiben schneiden.

Die Hälfte des Olivenöls in einer Pfanne erhitzen. Die Pilze darin mit Knoblauch und 1 Prise Salz und Pfeffer 5 Minuten anbraten.

Die Pilze mit Bratsud in eine Schüssel geben. Die abgetropften, abgespülten Bohnen, das restliche Olivenöl, Zitronensaft und Bohnenkraut zugeben. Behutsam mischen und mit Salz und Pfeffer abschmecken.

Auf Salatblättern anrichten und dazu knusprige Vollkornbrötchen servieren.

Kräuter und vegetarische Gerichte

Nudeln mit Basilikum und Tomate

Gegrillte Tomaten geben dieser Sauce ein süßliches Aroma. Ideal sind italienische Flaschen- oder Eiertomaten, deren Geschmack und Farbe besonders intensiv sind.

ERGIBT 4 PORTIONEN

2 EL Olivenöl
2 Stängel Rosmarin
2 Knoblauchzehen, ungeschält
450 g Tomaten, halbiert
1 EL Pesto rosso
12 frische Basilikumblätter
Salz und Pfeffer
675 g frische Farfalle oder 350 g getrocknete Farfalle
Basilikumblätter zum Garnieren

1 EL Öl, Rosmarin, Knoblauch und Tomatenhälften mit der Haut nach oben in einen flachen Bräter geben. Mit dem restlichen Öl beträufeln und unter dem vorgeheizten Grill 20 Minuten garen, bis die Haut der Tomaten dunkel wird.

Die Tomaten häuten, das Fruchtfleisch grob hacken und in einen Topf geben. Die Knoblauchzehen ausdrücken und mit dem Pesto rosso zugeben. Die Basilikumblätter in Stücke zupfen und in die Sauce rühren. Mit etwas Salz und Pfeffer abschmecken.

Die Nudeln al dente kochen, dann abgießen. Die Tomatensauce langsam erhitzen. Die Nudeln auf Teller verteilen und die Sauce darüber geben. Mit Basilikumblättern garniert servieren.

Unten Basilikum und Tomaten sind zu Recht eine klassische Kombination.

Nussbraten Spezial

Ein vegetarisches Rezept für besondere Anlässe, etwa das Weihnachtsmenü. Der Braten wird mit Knoblauch und frischem Rosmarin gewürzt, enthält aber weder Eier noch Milchprodukte. Somit eignet er sich auch für strenge Veganer.

ERGIBT 4 PORTIONEN

2 EL Sonnenblumenöl
1 große Zwiebel, fein gehackt
2 TL Hefeextrakt
125 g gegarte Esskastanien, geschält und fein gehackt
50 g Haselnüsse, gemahlen oder sehr fein gehackt
50 g Walnüsse, grob gehackt
100 g Vollkornsemmelbrösel
1 EL frische Rosmarinblätter
2 Knoblauchzehen, zerdrückt
Salz und Pfeffer

BEILAGE

gedämpfte Zuckererbsen oder grüne Bohnen

Das Öl in einem Topf erhitzen und die Zwiebel darin langsam glasig dünsten. 300 ml Wasser und Hefeextrakt zufügen und langsam zum Kochen bringen.

In einer Schüssel Esskastanien, Nüsse, Semmelbrösel, Rosmarin und Knoblauch verrühren, dann die Flüssigkeit zugießen und mit einer Gabel zu einer glatten Masse verarbeiten. 1 Prise Salz und etwas Pfeffer zufügen.

Eine flache, beschichtete Auflaufform einfetten und die Masse einfüllen. Auf der mittleren Einschubleiste des Backofens 30 Minuten bei 180 °C goldbraun backen. Den Braten 10 Minuten abkühlen lassen, damit er sich leichter schneiden lässt.

Kartoffel-Käse-Gratin mit Oregano und Weißwein

Ein herrlich aromatisches Kartoffelgericht.

ERGIBT 4 PORTIONEN

450 g Kartoffeln, geschält und in sehr dünne Scheiben geschnitten
175 g Gruyère, fein gerieben
Salz und Pfeffer
2 EL frische Oreganoblätter oder 1 EL getrockneter Oregano
2 TL Gemüsebrühe (Granulat) oder 1 Brühwürfel
200 ml trockener Weißwein

BEILAGE

gedämpfte Zuckererbsen oder grüne Bohnen

Den Boden eines großen Topfes mit etwas kaltem Wasser bedecken. Die Kartoffelscheiben zugeben und bei niedriger Temperatur 10 Minuten weich kochen.

Eine große, flache Auflaufform mit etwas Öl einpinseln. Eine Schicht Kartoffelscheiben auf den Boden legen. Etwas geriebenen Käse darauf verteilen und Pfeffer und Oregano darüber streuen. Weitere Schichten einfüllen, bis alle Zutaten verarbeitet sind.

Das Brühgranulat in 600 ml heißem Wasser auflösen, den Wein zufügen. Die Mischung über die Kartoffeln gießen. Zuoberst soll eine dicke Schicht Käse liegen, bestreut mit Salz, Pfeffer und Oregano.

Das Gratin auf der obersten Einschubleiste des Backofens 30–45 Minuten bei 180 °C garen. Dazu grüne Bohnen oder Zuckererbsen servieren.

Kräuter für Desserts

Kräuter wie Minze eignen sich gut für erfrischende Desserts, die sommerliche Menüs oder Grillabende abrunden.

Minze-Birnen

Ein ganz einfaches Rezept mit süßen Birnen. Man kann sie problemlos vorbereiten und bis zum Servieren kalt stellen – ideal, wenn das Menü mehr Mühe bereitet.

ERGIBT 4 PORTIONEN
4 große Birnen
4 EL Zucker
4 EL flüssiger Honig
2 EL grüner Pfefferminzlikör
frische Minzeblätter zum Garnieren

Die Birnen schälen, aufrecht in einen großen Schmortopf stellen und mit Wasser bedecken. Aufkochen, dann die Temperatur reduzieren und 25–30 Minuten köcheln lassen, bis die Birnen gar sind. Die Hälfte des Kochsuds abgießen, den Zucker zufügen und weitere 10 Minuten köcheln lassen.

Die Birnen mit einem Schaumlöffel in eine Schüssel setzen. 150 ml Kochflüssigkeit abmessen, mit Honig und Pfefferminzlikör verrühren und diesen Sirup über die Birnen gießen.

Die Birnen abkühlen lassen, dann mit Frischhaltefolie abdecken und für 1–2 Stunden kalt stellen. Jede Birne in ein Schälchen setzen, mit Minzsirup übergießen und mit frischen Minzeblättern garnieren.

Unten Der zarte Minzgeschmack ist eine gute Ergänzung zur Süße der Birnen.

Apfeldessert mit grüner Minze und Zitrone

ERGIBT 4 PORTIONEN

450 g Kochäpfel, geschält und in Scheiben geschnitten
4 EL hellbrauner Zucker
Schale von 1 unbehandelten Zitrone
2 EL frische Minzeblätter, gewaschen

SAHNECREME

3 Eigelb
1 EL Zucker
1 EL Speisestärke
2 Tropfen Vanillearoma
275 g Sahne

150 g Sahne
frische Minzeblätter zum Garnieren

Apfelscheiben, Zucker, 2 EL Wasser, Zitronenschale und Minzeblätter in einem Topf dünsten, bis die Äpfel ganz weich sind.

Die Minzeblätter herausnehmen und die Äpfel im Mixer oder mit einer Gabel pürieren. Im Topf abkühlen lassen.

Für die Sahnecreme Eigelb, Zucker, Speisestärke und Vanillearoma verrühren. Die Sahne in einem Topf aufkochen, die Eiermischung unter ständigem Rühren zugeben. Weiter rühren, bis die Masse eindickt, dann abkühlen lassen.

Die Sahne mit dem Handmixer steif schlagen und behutsam unter das Apfelpüree heben. Dann die Creme unterheben, sodass noch Streifen sichtbar bleiben.

Das Dessert in Portionsschälchen füllen und bis zum Servieren kalt stellen. Mit frischen Minzeblättern garnieren.

Geeister Rosen-Käsekuchen

Im Nahen Osten gilt die Rose als Tonikum für Leber und Verdauung, darum werden viele der orientalischen Desserts mit Rosenwasser parfümiert. Man bekommt es in der Apotheke.

ERGIBT 6–8 PORTIONEN

FÜR DEN BODEN

225 g Butterkekse, mit einem Nudelholz zerkrümelt
75 g Butter, zerlassen

FÜR DEN BELAG

350 g Sahnequark
4 EL flüssiger Honig
150 g fettarmer Naturjoghurt
abgeriebene Schale von 1 unbehandelten Zitrone
2 EL Rosenwasser
15 g Gelatine, eingeweicht in 3 EL Wasser
3 Eiweiß
Rosenknospe und kandierte Rosenblütenblätter zum Garnieren

Die zerkrümelten Butterkekse mit der Butter verkneten. Die Masse auf dem Boden einer Springform (20 cm Ø) verteilen, andrücken und kalt stellen.

In einer Schüssel Quark, Honig, Joghurt, Zitronenschale und Rosenwasser verrühren.

Die eingeweichte Gelatine im Wasserbad erhitzen, bis sie sich auflöst. Dann in die Quarkmasse rühren. Die Eiweiß zu steifem Schnee schlagen und unter die Masse heben. Auf den Boden geben und für mindestens 2 Stunden kühl stellen, bis die Quarkmasse fest ist.

Zum Garnieren kurz vor dem Servieren eine Rosenknospe aus dem Garten holen, in die Mitte legen und mit kandierten Rosenblütenblättern umrahmen.

Hinweis Dieses Rezept enthält rohe Eier und ist für manche Menschen nicht empfehlenswert.

Kräuter für Desserts

Bananenpfannkuchen mit Lebkuchengewürz und Orange

Lebkuchen-Gewürzmischungen enthalten meist Muskatnuss, Gewürznelken, Ingwer und Zimt. Gewürzmischung und Orangen entwickeln zusammen einen unwiderstehlichen Duft. Man kann entweder kleine Pfannkuchen mit 15 cm Durchmesser backen oder den Pfannenboden ganz mit Teig bedecken.

ERGIBT 8–10 PORTIONEN

120 g Vollkornmehl
1 großes Ei, leicht verquirlt
300 ml Milch
Sonnenblumenöl
1 kleine Banane, zerdrückt
1 TL Lebkuchengewürz
abgeriebene Schale von 1 unbehandelten Orange

ZUM SERVIEREN

Schlagsahne
Saft von 1 Orange

Das Mehl in eine Schüssel geben. Eine Vertiefung in die Mitte drücken und das verquirlte Ei (aus Freilandhaltung) hineingießen. Mit einem Schneebesen langsam die Milch unterrühren. Dabei nach und nach mehr Mehl einarbeiten, bis ein glatter Teig entsteht. 1 TL Sonnenblumenöl, Bananenpüree, Gewürz und Orangenschale unterrühren.

2 TL Sonnenblumenöl in einer Pfanne stark erhitzen. 3–4 EL Teig hineingeben, dabei die Pfanne schräg halten, damit der Teig sich auf dem Pfannenboden verteilt. 2 Minuten backen, dann wenden und die andere Seite backen.

Auf einen Teller legen und warm halten, während die restlichen Pfannkuchen gebacken werden. Zum Servieren einen Klecks Schlagsahne auf jeden Pfannkuchen setzen und mit frisch gepresstem Orangensaft beträufeln.

Trockenfrüchte mit Mandelkruste

Duftende Gewürze wie Zimt, Kardamom und Ingwer harmonieren ausgezeichnet mit Früchten. Dieses üppige Winterdessert wärmt an kalten Tagen und ist ausgesprochen nahrhaft. Unter dem knusprigen Belag verbirgt sich als Überraschung eine Mischung aus aromatischen Trockenfrüchten. Dazu passt kühle Schlagsahne oder heiße Vanillesauce.

ERGIBT 4 PORTIONEN

175 g Trockenaprikosen
60 g Trockenfeigen
50 g Rosinen
300 ml naturtrüber Apfelsaft
2 TL gemahlener Zimt

FÜR DEN BELAG

225 g Vollkornmehl
85 g Butter- oder Margarineflocken, zimmerwarm
120 g hellbrauner Zucker
25 g Mandelblättchen

Die Trockenfrüchte in einer Schüssel mit dem Apfelsaft übergießen und über Nacht quellen lassen. Die eingeweichten Früchte grob hacken und in eine Auflaufform geben. Mit Zimt bestäuben.

Für den Belag das Mehl in eine Schüssel sieben. Butter oder Margarine mit dem Mehl zu einer krümeligen Masse vermischen. Den Zucker einarbeiten, dann den Belag auf den Früchten verteilen. Mit Mandelblättchen bestreuen. Auf der oberen Einschubleiste des Backofens bei 180 °C goldbraun backen.

Rechts Eine himmlische Kombination für den Sommer: Erdbeeren, Rosenblüten und Baiser.

Erdbeer-Rosen-Baisers

Die Schlagsahne in diesen hübschen Erdbeer-Baisers ist mit exotischem Rosenwasser aromatisiert.

ERGIBT 4–6 PORTIONEN

2 Eiweiß
120 g Zucker

FÜLLUNG

60 g Erdbeeren
2 TL Puderzucker
3 EL Rosenwasser
150 g Sahne

ZUM GARNIEREN

12 frische Erdbeeren
Rosenblütenblätter

Zwei große Backbleche mit Backpapier auslegen. Das Eiweiß in eine absolut fettfreie Schüssel geben und zu steifem Schnee schlagen. Die Hälfte des Zuckers unterschlagen, dann die andere Hälfte behutsam unterheben.

Die Baiser-Masse in einen Spritzbeutel mit großer Sterntülle füllen. 24 Stränge von 7–8 cm Länge auf die Bleche spritzen. Im Backofen bei 110 °C mindestens 1 Stunde mehr trocknen als backen. Auf Kuchengittern abkühlen lassen.

Für die Füllung die Erdbeeren in einem Mixer pürieren. Das Püree durch ein Sieb streichen und mit Puderzucker und Rosenwasser verrühren. Die Sahne in einer zweiten Schüssel steif schlagen. Die Erdbeermischung zugeben und gut verrühren.

Je zwei Baisers mit etwas Erdbeersahne zusammensetzen. 6 Erdbeeren vierteln und zum Garnieren verwenden. Mit Rosenblütenblättern bestreuen und sofort mit den restlichen ganzen Erdbeeren servieren.

Kräuter in Scones

Scones gehören zu Großbritannien wie der Fünfuhrtee. Sie sind weder Brötchen noch Kuchen und schmecken darum zu jeder Tageszeit. Der Teig soll weich, aber nicht klebrig sein und darf nur kurz geknetet werden, sonst wird er zäh.

Lavendel-Scones

Im Sommer sind diese Scones mit frischer Erdbeer- oder Himbeermarmelade und einem Klecks Sahne eine würzige Überraschung. Am besten backt man sie Anfang Juli, wenn der Lavendel in Hochblüte steht und die Blüten besonders viel ätherisches Öl enthalten.

ERGIBT 8 STÜCK

225 g Mehl
2 TL Backpulver
1 Prise Salz
40 g weiche Butter oder Margarine
1 EL frische Lavendelblüten
1 TL Zucker
150 ml Milch

Mehl, Backpulver und Salz in eine Schüssel geben und mit der Butter oder Margarine zu einer krümeligen Masse verarbeiten.

Lavendelblüten und Zucker einrühren und mit der Milch zu einem weichen, aber nicht klebrigen Teig vermischen. Auf einer bemehlten Arbeitsfläche 1 cm dick ausrollen. 8 Kreise ausstechen oder ausschneiden, auf ein gefettetes und bemehltes Backblech legen und bei 220 °C 10–15 Minuten goldbraun backen.

Käse-Kräuter-Scones mit Joghurt

Dies ist ein Rezept für herzhaft-würzige Vollkorn-Scones, die im Sommer aus grünem Salat oder Tomatensalat mit roten Zwiebeln eine leichte Mahlzeit machen. Statt des milden Leicester, der im Rezept angegeben ist, können Sie auch anderen Hartkäse verwenden. Der Majoran – frisch oder getrocknet – sorgt für die kräftige Kräuterwürze, und der Naturjoghurt macht den Teig saftig.

ERGIBT 8 STÜCK

225 g Vollkornmehl
2 TL Backpulver
1 Prise Salz
1 EL Margarine
80 g roter Leicester, fein gerieben
1 TL Paprikapulver
1 EL frische Majoranblätter
oder 1½ TL getrockneter Majoran
150 g fettarmer Naturjoghurt, zimmerwarm

Mehl, Backpulver und Salz in eine Schüssel sieben. Mit der Margarine zu einer fein-krümeligen Masse verarbeiten. Käse, Paprika und Majoran zufügen. Mit dem Joghurt zu einem weichen Teig verkneten, bei Bedarf etwas Milch zugeben. Auf einer bemehlten Arbeitsfläche kurz durchkneten, dann 1 cm dick ausrollen und 8 Kreise ausstechen oder ausschneiden.

Auf ein gefettetes und bemehltes Backblech legen und bei 200 °C 15–20 Minuten goldbraun backen.

Würzige Schnittlauch-Käse-Scones

Diese Scones sind nicht nur ein ungewöhnlicher Nachmittagssnack, sondern auch eine feine Beilage zu Suppen.

ERGIBT 4 PORTIONEN

120 g Mehl, plus etwas mehr zum Bestäuben
110 g Vollkornmehl
3 TL Backpulver
1 Prise Salz
40 g Butter, plus etwas mehr zum Einfetten
85 g fein geriebener Cheddar
2 EL frische Schnittlauchröllchen
3 EL Milch
Schnittlauchröllchen zum Garnieren

Den Backofen auf 220 °C vorheizen, ein Backblech einfetten. Beide Mehlsorten, Backpulver und Salz in eine Schüssel sieben. Mit der Butter zu einer krümeligen Masse vermischen, dann zwei Drittel des Käses und den Schnittlauch zufügen. Mit 1 EL Milch zu einem weichen, leichten Teig verkneten.

Auf einer bemehlten Arbeitsfläche 2 cm dick ausrollen und Kreise von 6 cm ausschneiden oder ausstechen. Die Teigreste nochmals verkneten, ausrollen und weitere Scones ausstechen. So fortfahren, bis der Teig verbraucht ist.

Die Scones auf das vorbereitete Backblech legen, mit der restlichen Milch bestreichen und mit dem restlichen Käse bestreuen.

Im vorgeheizten Backofen 10–15 Minuten goldbraun backen. Mit Schnittlauch bestreuen und warm oder kalt servieren.

Unten Scones mit Schnittlauch und Käse schmecken statt Kuchen auch am Nachmittag.

Kräuter in Kuchen und Plätzchen

Kuchen und Plätzchen selbst zu backen ist verblüffend einfach und erfordert wenig Zeit. Obendrein macht es Spaß, und die ganze Wohnung duftet herrlich. Kräuter und Gewürze machen auch aus simpelsten Rezepten etwas Besonderes. Sie brauchen keine speziellen Utensilien, ein beschichtetes Backblech ist jedoch sehr praktisch.

Lavendel-Muffins

Der Lavendel gibt diesen Mini-Kuchen das besondere Aroma und den feinen Duft.

ERGIBT 12 STÜCK

120 g hellbrauner Zucker
120 g weiche Butter
2 Eier, verquirlt
1 EL Milch
1 TL fein gehackte Lavendelblüten
3 Tropfen Vanillearoma
175 g Mehl, gesiebt
2 TL Backpulver
140 g Puderzucker

ZUM DEKORIEREN
Lavendelblüten
silberne Backperlen

12 Papierförmchen in die Vertiefungen eines Muffin-Blechs setzen. Zucker und Butter in einer Schüssel hell und luftig aufschlagen. Die Hälfte der Eier unterschlagen, dann erst die zweite Hälfte. Milch, Lavendel und Vanillearoma unterrühren, dann das Mehl mit dem Backpulver unterheben.

Den Teig auf die Papierförmchen verteilen und 12–15 Minuten bei 200 °C goldbraun backen. Mit einem Holzstäbchen in den Teig stechen und prüfen, ob kein Teig kleben bleibt, dann sind die Muffins gar. Kurz vor Ende der Backzeit den Puderzucker in eine Schüssel sieben und mit etwas Wasser zu einem zähen Guss verrühren.

Die Muffins auf ein Kuchengitter setzen. Auf jeden einen Klecks Guss geben und verlaufen lassen. Mit Lavendelblüten und Backperlen verzieren und gleich nach dem Abkühlen servieren.

Unten Das süßlich-würzige Aroma des Lavendel gibt diesen Muffins den besonderen Pfiff.

Apfelküchlein mit Muskatnuss

Diese kleinen Kuchen mit dem würzigen Duft sind ganz einfach zu backen. Aber Vorsicht: Sie gehen weg wie warme Semmeln.

ERGIBT 12 STÜCK

225 g Mehl
2 TL Backpulver
1 Prise Salz
1 TL abgeriebene Zitronenschale
1 TL geriebene Muskatnuss
175 g Butter oder Margarine, gewürfelt
55 g Zucker
1 großes Freiland-Ei, verquirlt
2 Kochäpfel, geschält, entkernt und gerieben

Mehl, Backpulver und Salz in eine Schüssel sieben. Zitronenschale und Muskatnuss sowie Butter oder Margarine zufügen und alles zu einer krümeligen Masse vermischen.

Den Zucker einrühren, dann das Ei zufügen und zu einem festen Teig verrühren. Die Äpfel unterrühren.

12 gehäufte Esslöffel Teig auf ein gefettetes Backblech setzen und auf der mittleren Einschubleiste des Ofens 20–25 Minuten bei 190 °C goldbraun backen.

5 Minuten abkühlen lassen, dann auf ein Kuchengitter legen und ganz auskühlen lassen.

Haferplätzchen mit Oregano

Ein Rezept für herrlich nussige Plätzchen, die perfekt zu einer Käseplatte nach dem Essen passen. Sie sind schnell gebacken und schmecken am besten frisch aus dem Ofen. Man kann sie aber auch einige Tage in einem luftdicht schließenden Behälter aufbewahren. Getrockneter Oregano hat ein mildes Aroma, das sehr gut zum kernigen Hafer passt.

ERGIBT 18 STÜCK

175 g Vollkornmehl,
plus etwas mehr zum Bestäuben
40 g Haferflocken
1 TL Backpulver
1 Prise Salz
1 TL getrockneter Oregano
85 g Butter oder Margarine
3 EL Milch

Mehl, Haferflocken, Backpulver, Salz und Oregano in einer Schüssel vermischen.

Die Butter zugeben und alles zu einer krümeligen Masse verarbeiten. Die Milch zugießen und alle Zutaten mit einer Gabel verkneten. Eine saubere Arbeitsfläche mit etwas Mehl bestäuben und den Teig darauf 1/2 cm dick ausrollen.

18 Plätzchen ausstechen. Auf ein gefettetes Backblech legen und auf der mittleren oder oberen Einschubleiste des Backofens 20–25 Minuten bei 180 °C goldbraun backen. Die Plätzchen zum Abkühlen auf ein Kuchengitter legen, dann verzehren oder in einem luftdicht schließenden Behälter aufbewahren.

VARIATIONEN

Wer es knackiger mag, ersetzt die Haferflocken durch 40 g Sonnenblumenkerne. Verwendet man 40 g Sesamsaat, bekommen die Plätzchen einen süßlichen Geschmack.

Kräuterbrötchen und -brote

Wer glaubt, dass selbst gebackenes Brot viel Mühe macht, sollte diese einfachen Rezepte kennen lernen. Sie kommen ganz ohne Hefe und lange Ruhezeiten aus.

Rosmarinbrötchen mit Natron

Diese Brötchen aus Irland brauchen nur Natron als Triebmittel. Am besten isst man sie frisch aus dem Ofen. Das Vollkornmehl gibt ihnen einen nussigen Geschmack, Kräuter wie Rosmarin sorgen für das würzige Aroma. Sie eignen sich bestens für ein Lunchpaket: einfach aufschneiden und mit Käse und Tomatenscheiben oder Schinken und Salat belegen. Und sie sind ideal, wenn am Wochenende einmal das Brot ausgeht. Die Kräuter können nach Belieben ausgetauscht werden.

ERGIBT 4 PORTIONEN
450 g Vollkornmehl
1 TL Salz
2 TL Natron
25 g weiche Butter
2 TL frisch gehackte Rosmarinblätter
300 ml Milch

Mehl, Salz und Natron in eine Schüssel sieben. Butter zufügen und alles zu einer krümeligen Masse verarbeiten. Den Rosmarin zufügen.

Eine Vertiefung in die Mitte drücken, die Milch hineingießen und mit einer Gabel unterkneten. Dann den Teig mit den Händen glatt kneten.

Den Teig auf einer bemehlten Arbeitsfläche in 4 Portionen teilen, jede zu einem rundlichen Laib formen. Auf einem gefetteten Backblech auf der mittleren Einschubleiste des Backofens 30–35 Minuten bei 220 °C goldbraun backen. Auf einem Kuchengitter abkühlen lassen.

Schnelles Zwiebelbrot mit Käse und Majoran

Lockere Brote, die durch Backpulver und Eier aufgehen, sind schnell gebacken, sollten aber möglichst frisch gegessen werden. Dieses Rezept mit duftendem Majoran und würziger Zwiebel passt gut zu einer deftigen Suppe, zu Gemüsegratin oder einem herzhaften Schmortopf.

ERGIBT 4 PORTIONEN
300 g Mehl
3 TL Backpulver
1 TL Salz
50 g Margarine
1 kleine Zwiebel, geschält und fein gehackt
100 g Gratinkäse, fein gerieben
1 TL getrockneter Majoran
1 großes Ei, verquirlt
150 ml Milch

Mehl, Backpulver und Salz in eine Schüssel sieben. Mit der Margarine zu einer krümeligen Masse verarbeiten, dann Zwiebel, Käse und Majoran zufügen und gut vermengen. Ei und Milch zufügen, alles zu einem glatten Teig verkneten und in eine kleine gefettete Kastenform füllen.

Auf der mittleren Einschubleiste des Ofens 1 Stunde bei 190 °C goldbraun backen. 5 Minuten im Ofen abkühlen lassen, dann auf ein Kuchengitter stürzen und noch warm servieren.

VARIATIONEN

Probieren Sie statt Zwiebel und Majoran einmal 50 g fein gehackte Walnüsse und 1 TL getrockneten Rosmarin; oder ganz fein gehackte Selleriestangen und 2 TL frisch gehackte Petersilie.

Käse-Zwiebel-Brötchen mit Kräutern

Durch die Mischung aus zwei Mehlsorten mit gehackten Zwiebeln, geriebenem Käse und frischen Kräutern bekommen diese Brötchen Biss.

ERGIBT 4 PORTIONEN

225 g Weizenmehl Type 1050
1½ TL Salz
1 TL Senfmehl
1 Prise Pfeffer
225 g Vollkornmehl
2 EL frisch gehackte, gemischte Kräuter
2 EL fein gehackte Frühlingszwiebeln
125–175 g fettarmer Cheddar, gerieben
15 g frische Hefe oder 1½ TL Trockenhefe
1 TL Zucker
1 EL Öl

Weizenmehl, Salz, Senfmehl und Pfeffer in eine Schüssel sieben. Vollkornmehl, Kräuter, Frühlingszwiebeln und den größten Teil des Käses zugeben.

Frische Hefe mit Zucker und 300 ml warmem Wasser verrühren. Wird Trockenhefe verwendet, den Zucker im warmen Wasser auflösen und die Hefe darauf streuen. An einem warmen Platz 10 Minuten stehen lassen, bis der Hefeansatz schaumig aussieht. Den Hefeansatz zu den Trockenzutaten geben und alles zu einem festen Teig verkneten. Bei Bedarf etwas Mehl zugeben.

Den Teig kneten, bis er glatt und elastisch ist. Mit eingeölter Frischhaltefolie abdecken und an einem warmen Ort 1 Stunde gehen lassen, bis sich das Volumen verdoppelt hat. Nochmals kurz durchkneten.

Den Teig in 10–12 Portionen teilen und zu runden oder länglichen Brötchen, Spiralen oder Knoten formen.

Alternativ einen großen Zopf formen. Dazu den Teig dritteln, die Teile zu langen Strängen rollen. An einem Ende zusammendrücken und von dort aus flechten. Am anderen Zopfende die Stränge ebenfalls zusammendrücken. Auf gefettete Backbleche legen, mit eingeölter Frischhaltefolie abdecken und nochmals gehen lassen, bis sich das Volumen verdoppelt hat. Die Folie abnehmen, den Teig mit dem restlichen Käse bestreuen und im vorgeheizten Ofen bei 200 °C backen. Brötchen brauchen etwa 15–20 Minuten, ein ganzer Laib ist in 30–40 Minuten gar.

Unten Gemischte Kräuter und Frühlingszwiebeln geben diesen Brötchen ihr herzhaftes Aroma.

Kräuterbrote

Wer die italienische Küche mag, sollte einmal diese kräuterwürzigen Rezepte probieren.

Pizzateig mit Kräutern

Das Schöne an selbst gebackener Pizza ist, dass man mit immer neuen Belägen experimentieren kann.

FÜR EINEN GROSSEN PIZZABODEN (4 PORTIONEN)

¼ TL Zucker
7,5 g Trockenhefe
225 g Mehl
1 TL Salz
½ TL getrockneter Thymian
½ TL getrocknetes Basilikum
½ TL getrockneter Oregano
1 Ei, verquirlt
1 TL natives Olivenöl extra
Beläge nach Belieben

75 ml lauwarmes Wasser in eine Schüssel gießen, Zucker und Trockenhefe einrühren und an einem warmen Platz 15 Minuten gehen lassen, bis der Ansatz Blasen wirft.

Mehl und Salz in eine Schüssel sieben, die Kräuter unterrühren. Den Hefeansatz und das Ei zugeben und alles zu einem Teig verkneten. Evtl. etwas Wasser zufügen.

Den Teig auf einer bemehlten Arbeitsfläche 5–10 Minuten kneten, mit eingeölter Frischhaltefolie abdecken und gehen lassen, bis sich das Volumen verdoppelt hat. Dann nochmals gründlich kneten.

Den Teig ½ cm dick ausrollen und auf ein gefettetes Backblech legen. Mit Olivenöl und einer dünnen Schicht Tomatenmark bestreichen, dann nach Belieben belegen, z. B. mit Gemüsescheiben, Oliven, Kapern oder Sardellenfilets, gewürfeltem Kochschinken, Salamischeiben oder Thunfisch. Zum Schluss Mozzarellascheiben oder geriebenen Gratinkäse darüber streuen und im vorgeheizten Ofen bei 250 °C etwa 15 Minuten backen.

Knoblauchbrot mit Salbei

Dieses frische Kräuterbrot passt gut zu Salaten und Suppen. Es enthält keine Milchprodukte. Statt Salbei können Sie auch Rosmarin, Majoran oder Thymian verwenden.

ERGIBT 6 PORTIONEN

Öl zum Einfetten
250 g Weizenmehl Type 1050
1 Tütchen Trockenhefe
3 EL frisch gehackter Salbei
2 TL Meersalz
3 Knoblauchzehen, zerdrückt
1 TL flüssiger Honig

Ein Backblech einfetten. Das Mehl in eine große Schüssel sieben, die im Sieb zurückgebliebene Kleie ebenfalls zugeben.

Hefe, Salbei und die Hälfte des Salzes zugeben. Etwas Knoblauch zum Bestreuen beiseite stellen, den Rest zum Mehl geben. Honig und 150 ml warmes Wasser zufügen und alles gut vermischen.

Den Teig auf einer bemehlten Arbeitsplatte gründlich durchkneten, bis er glatt und elastisch ist (alternativ die Küchenmaschine mit Knethaken verwenden).

Den Teig in eine eingeölte Schüssel geben, mit leicht eingeölter Frischhaltefolie abdecken und gehen lassen, bis sich das Volumen verdoppelt hat.

Nochmals einige Minuten durchkneten, dann zu einem langen Strang rollen und diesen zum Ring formen. Auf das vorbereitete Backblech legen, abdecken und 30 Minuten gehen lassen, bis sich der Teig elastisch anfühlt. Mit dem restlichen Salz und Knoblauch bestreuen.

Im vorgeheizten Ofen bei 200 °C etwa 25–30 Minuten backen. Auf einem Kuchengitter abkühlen lassen und frisch servieren.

Unten Ein herzhaftes Brot mit Knoblauch. Mit der Kräutermischung darf experimentiert werden.

Kräuter-Focaccia

Dieses leckere Brot mit reichlich Olivenöl macht aus einem einfachen Salat oder einer schnellen Suppe ein Festessen.

ERGIBT 6 PORTIONEN

400 g Weizenmehl Type 1050, plus etwas mehr zum Bestäuben
1 Tütchen Trockenhefe
1½ TL Salz
½ TL Zucker
3 EL natives Olivenöl extra, plus etwas mehr für Blech und Folie
4 EL fein gehackte frische Kräuter
Meersalz zum Bestreuen

Mehl, Hefe, Salz und Zucker in einer Schüssel vermischen und eine Vertiefung in die Mitte drücken. Allmählich 250 ml lauwarmes Wasser und 2 Esslöffel Olivenöl zugeben und alles zu einem Teig verkneten.

Auf einer leicht bemehlten Arbeitsfläche gut durchkneten. In die Schüssel geben, die Kräuter untermengen und 10 Minuten kneten. Der Teig soll weich, aber nicht klebrig sein. Eventuell noch etwas lauwarmes Wasser zufügen. Die Schüssel auswaschen und dünn mit Olivenöl fetten.

Den Teig zu einer Kugel formen, in die Schüssel geben und mit einem Geschirrtuch oder leicht eingeölter Frischhaltefolie abdecken und an einem warmen Platz gehen lassen, bis sich das Volumen verdoppelt hat. Inzwischen das Backblech mit Mehl bestäuben.

Den Teig auf einer leicht bemehlten Arbeitsfläche nochmals kurz durchkneten. Die Schüssel darüber stülpen und 10 Minuten gehen lassen. Den Teig zu einem Kreis von 25 cm Durchmesser 1 cm dick ausrollen und vorsichtig auf das vorbereitete Backblech legen. Mit einem Geschirrtuch abdecken und 15 Minuten gehen lassen.

Mit einem eingeölten Finger Vertiefungen in die Oberfläche drücken. Mit dem restlichen Olivenöl beträufeln und dünn mit Meersalz bestreuen. Im vorgeheizten Ofen bei 230 °C etwa 15 Minuten goldbraun backen. Das Brot ist gar, wenn es beim Klopfen gegen die Unterseite hohl klingt. Auf einem Kuchengitter auskühlen lassen.

Unten Kräuter-Focaccia passt zu jedem Sommersalat und eignet sich auch sehr gut fürs Picknick.

Kräuter und Getränke

Viele traditionelle Getränke – mit und ohne Alkohol – basieren auf Kräutern. Glühwein ist ein Winterklassiker. Im Mittelalter tauchte man eine glühende Fackel hinein, um ihn zu erhitzen. Ein schlichter Topf ist unkomplizierter, aber auch weniger dramatisch. Sommerliche Kräuterdrinks sind sehr erfrischend und beruhigen die Verdauung.

Oben Limette und Zitronengras sind ein gutes Gespann für sommerlich-frische Getränke.

Limetten-Cooler mit Zitronengras

Das harmonische Gespann aus Limette und Zitronengras erfrischt an heißen Sommertagen.

ERGIBT 4 PORTIONEN

Eiweiß und Zucker für den Glasrand
2 Limetten, geschält und in je 8 Stücke geschnitten
1 kleiner Stängel Zitronengras, grob gehackt
3 EL Zucker
4 zerstoßene Eiswürfel
4 Limettenscheiben
Mineralwasser zum Auffüllen

Für den Zuckerrand etwas Eiweiß in eine Untertasse gießen. Die Glasränder eintauchen, dann sofort in eine zweite Untertasse mit Zucker drücken.

Limettenstücke und Zitronengras mit dem Zucker und den zerstoßenen Eiswürfeln im Mixer zerkleinern. 125 ml Wasser zugeben und nochmals kurz mixen. Die Mischung soll nicht ganz glatt sein. In die vorbereiteten Gläser geben, mit Limettenscheiben garnieren und mit Mineralwasser aufgießen. Sofort servieren.

Sommerbowle mit Borretsch

Der kräuterkundige Gerard, der im 16. Jahrhundert lebte, schwor auf Borretsch in Getränken, weil er „den Menschen heiter und fröhlich macht". Die Blätter schmecken herrlich frisch, die hübschen Blüten sind essbar.

ERGIBT 4–6 PORTIONEN

1 l trockener Weißwein
300 ml Zitronenlimonade
abgeriebene Schale von 1 unbehandelten Zitrone
1 unbehandelte Zitrone, in Scheiben geschnitten
Borretschblüten und -blätter, gewaschen, zum Garnieren

Wein und Limonade in einem Bowlengefäß mit der Zitronenschale vermischen. Zitronenscheiben zugeben, Borretschblüten und -blätter darüber streuen und bis zum Servieren kalt stellen.

Rechts Aromatische Gewürze und sahniges Eis – eine ungewöhnliche Sommerleckerei.

Christmas in Summer

Dieser sommerliche Drink bekommt durch die traditionellen Wintergewürze eine unkonventionelle Note.

ERGIBT 2 PORTIONEN

75 ml Preiselbeerlikör

2 Pimentkörner, zerdrückt

2 Orangenscheiben

2 Zimtstangen

2 Kugeln gutes Vanilleeis

Verwenden Sie unbedingt Gläser, die heißes Wasser vertragen.

Den Preiselbeerlikör auf zwei Gläser verteilen, in jedes ein zerdrücktes Pimentkorn, eine Zimtstange und eine Orangenscheibe geben.

Mit je 125 ml kochendem Wasser aufgießen, abkühlen lassen, dann in den Kühlschrank stellen. Kurz vor dem Servieren in jedes Glas eine Kugel Vanilleeis geben.

Glühwein

Ein traditioneller Winterklassiker

ERGIBT 4–6 PORTIONEN

1 Flasche Rotwein

3 EL Weinbrand

1 l frisch gepresster Orangensaft

2 Zimtstangen

8 Gewürznelken

1 TL geriebene Muskatnuss

3 EL flüssiger Honig

1 unbehandelte Orange, in Scheiben geschnitten

Den Wein in einem großen Edelstahltopf langsam bei mittlerer Temperatur erhitzen. Weinbrand, Orangensaft, Gewürze und Honig zufügen und unter ständigem Rühren erhitzen, bis der Honig aufgelöst ist.

Die Orangenscheiben zufügen, die Temperatur reduzieren und 10–15 Minuten leicht köcheln lassen. Nach Geschmack mit Honig nachsüßen. Sofort servieren.

VARIATION

Für einen Apfelpunsch verwenden Sie 600 ml halbtrockenen Cidre, 300 ml Apfelsaft, 3 EL Honig, 8 Gewürznelken und 2 Zimtstangen.

Kräutertee

Es gibt kaum eine einfachere Methode der Kräuterzubereitung als den Tee oder Aufguss, in dem sich Aromen und Wirkstoffe gut entfalten können.

Von frischen Kräutern verwendet man das doppelte Volumen wie von getrockneten.

FÜR 1 GROSSE TASSE ODER 1 BECHER
1 TL getrocknete Kräuter (oder 2 TL frische Kräuter)
250 ml kochendes Wasser

Verwenden Sie ein Tee-Ei oder Teenetz, das einfach in den Becher gehängt wird, oder eine kleine Teekanne. Sie können die Kräuter auch in den Becher geben und nach dem Aufbrühen mit einer Untertasse abdecken. 15 Minuten ziehen lassen, damit das Wasser den Kräutern die Wirkstoffe entziehen kann. Kräuteraufgüsse können – müssen aber nicht – abgegossen werden. Eine Scheibe Zitrone sorgt für Vitamin C und frisches Aroma, ein Löffel Honig für die milde Süße.

Viele Kräuter eignen sich für die Teezubereitung. Diese Tabelle zeigt einige der bekannten – und dazu einige ungewöhnlichere.

Kräutertees und ihre Wirkung

Kraut	Wirkung
Fenchel	Aus den Samen wird ein Aufguss mit kräftigem Anisaroma hergestellt, der vor allem nach üppigen Mahlzeiten zur Anregung der Verdauung dient.
Holunderblüten	Die hellen Holunderblüten haben einen blumigen, leicht zitronigen Geschmack. Der Tee wirkt beruhigend. Eine Mischung aus gleichen Teilen Holunderblüten, Minze und Schafgarbe stärkt das Immunsystem und wird bei ersten Anzeichen von Erkältung empfohlen.

Ingwer Vor allem frische Ingwerwurzel (1–$1^1/_2$ cm Länge, frisch gehackt) kräftigt das Immunsystem und wird bei Husten, Erkältung und Grippe empfohlen. Köstlich mit Honig und Zitrone.

Kamille Beruhigend. Ein Aufguss aus den Blüten der Römischen oder Echten Kamille wirkt beruhigend bei Verspannungen, Kopfschmerzen, Stress und Angstzuständen.

Kardamom 3–4 zerstoßene Samenkapseln ergeben einen mild-aromatischen Tee, der lindernd bei Halsschmerzen und Schnupfen wirkt.

Lavendel Ein milder, etwas herber Tee aus frischen oder getrockneten Lavendelblüten wird bei Kopfschmerzen und Schlafstörungen empfohlen. Am besten süßt man ihn mit einem Teelöffel Honig.

Löwenzahn Aus den frischen, jungen Blättern kann man einen leicht bitteren Tee brühen, der die Nieren anregt und so die Entgiftung fördert. Nur in kleinen Mengen trinken.

Mutterkraut Ein Aufguss aus diesem Kraut soll Migräne sehr gut lindern und auch bei Stress beruhigend wirken.

Pfefferminze (auch Apfelminze und Grüne Minze) Die Blätter beruhigen den Verdauungstrakt und den Magen und erfrischen den Atem. Am besten nach einer Mahlzeit trinken.

Rosmarin Der duftende, aromatische Tee aus den frischen Blättern lindert Kopfschmerzen und fördert die Verdauung.

Salbei Der Tee mit dem würzigen, fast scharfen Aroma wärmt an kalten Wintertagen, wenn man friert, erschöpft oder erkältet ist.

Thymian Die Blätter haben einen kräftigen Duft und ergeben einen antiseptischen Tee bei Husten und Halsschmerzen.

Zitronenmelisse Die Blätter mit dem zarten Zitronenduft beruhigen Verdauung und Geist. Ein idealer Tee für den Abend. Zitronenmelisse kann mit Minze gemischt werden.

Kräuter und Gesundheit

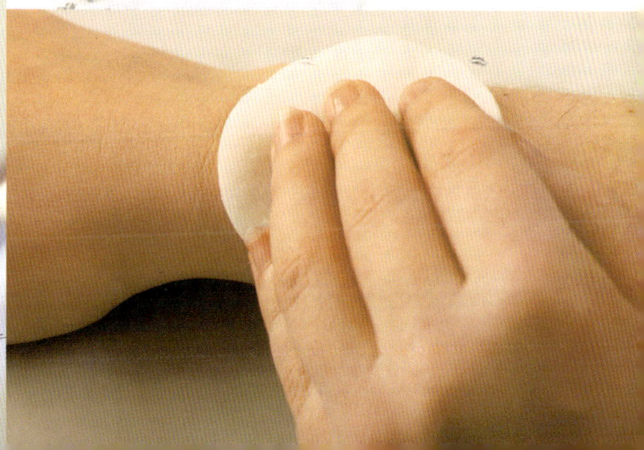

Gesund leben mit Kräutern

In diesem Kapitel erfahren Sie, was Kräuter für Ihre Gesundheit und Ihr Wohlbefinden leisten können. In unserer hektischen Welt wird es immer wichtiger, Vitalität und Lebenskraft aufzubauen und zu erhalten. Emotionaler, beruflicher oder umweltbedingter Stress untergräbt unsere Gesundheit, und die Schulmedizin weiß nicht immer Abhilfe zu schaffen. Durch gezielten Einsatz der Heilwirkung bestimmter Kräuter kann man erreichen, dass bestimmte Probleme gar nicht erst auftreten.

Unten Der gezielte Einsatz von heilenden Kräutern unterstützt bei der allmählichen Umstellung von alten Lebensgewohnheiten, verhilft zu mehr Ausgeglichenheit.

Was bedeutet der Begriff „Gesundheit“ für Sie? Vielleicht verstehen Sie darunter die Abwesenheit von Krankheit. Doch ist das alles? Könnte „Gesundheit“ nicht weiter gefasst werden? Es kann auch bedeuten, sich in einem Stadium harmonischen Gleichgewichts zu befinden, in dem alle Systeme von Körper und Geist so funktionieren, wie sie sollen. Der menschliche Organismus besitzt eine erstaunliche Fähigkeit zur Selbstheilung und Selbstregeneration, doch dabei braucht auch er ein wenig Unterstützung. Sie benötigen Hilfe, wenn Sie erschöpft oder gestresst sind, wenn Ihnen die Antriebskraft fehlt, oder wenn Sie von Beschwerden geplagt werden. Wohin wenden Sie sich in solch einem Fall? Manche Menschen greifen zu Aufputschmitteln wie Koffein, zu Seelentröstern wie Schokolade, zu Alkohol oder gar zu Schmerzmitteln. Doch das alles löst das Problem nicht – es wird nur überlagert und kann sogar dazu beitragen, die zugrunde liegende Störung noch zu verschlimmern.

Kräuter sind zwar ebenfalls kein Allheilmittel, aber pflanzliche Mittel unterstützen den Organismus auf sanfte Weise. Nach jahrelanger Erfahrung mit synthetischen Medikamenten fällt es uns zunächst sogar sehr schwer, überhaupt eine Wirkung wahrzunehmen. Wenn Sie beginnen, Kräuter im Verbund mit einer allmählichen Umstellung auf natürlichere Nahrungsmittel, gesündere Essgewohnheiten und eine insgesamt engere Beziehung zur Natur einzusetzen, werden Sie sehr bald wohltuende Veränderungen feststellen: Ihre Verdauung funktioniert besser, Sie sind weniger nervös und haben mehr Energie.

In diesem Teil stellen wir einige einfache Kräuteranwendungen wie Salben und Cremes vor. Außerdem wollen wir Ihnen einen kurzen Einblick in die Welt der Aromatherapie geben. Anschließend wenden wir uns den verschiedenen Körpersystemen und ihren Funktionsweisen zu – gepaart mit Informationen zu verschiedenen Kräutern, die zu ihrer Unterstützung eingesetzt werden können. Der Schwerpunkt liegt hierbei auf der Selbsthilfe, die Anweisungen sind darum klar und präzise.

Ein Bewusstsein für den eigenen Körper und dessen Signale ist ungemein wichtig. Wenn Sie sich unwohl fühlen, Schmerzen haben, schwanger sind oder an einer chronischen Krankheit leiden, sollten Sie grundsätzlich zunächst den Arzt befragen, der Ihnen gegebenenfalls eine angemessene konventionelle Behandlung empfiehlt. Wollen Sie Kräuter in einer der oben genannten Situationen einsetzen, sollten Sie ebenfalls vorher einen qualifizierten Heilpraktiker zu Rate ziehen.

Unten Heilkräuter können Gesundheit und Allgemeinbefinden der ganzen Familie verbessern.

Was ist Kräuterheilkunde?

Jede Kultur auf unserem Planeten hatte ihre eigenen, traditionellen Heilmittel, die aus den Pflanzen der Region gewonnen wurden. Dieses enge Verhältnis zum Pflanzenreich – die gezielte Verwendung von bestimmten Wurzeln, Blättern und Blüten wegen ihrer Heilwirkungen – besteht seit Anbeginn der Menschheitsgeschichte.

Selbst heute gibt es auf unserer Erde noch Gebiete, in denen dieses instinktive und sensible Verhältnis zur Natur unverändert weiter besteht, etwa bei den Kayapo-Indianern am Amazonas.

Je nach Region gibt es unterschiedliche Traditionen in der Heilkräutermedizin.

Heilkäutermedizin des Westens

Die Tradition des Westens lässt sich bis zu den alten Griechen zurückverfolgen, wo Ärzte wie Hippokrates und Dioskorides Pflanzen und deren Heilkräfte katalogisierten. Auf dieses Fachwissen konnte man noch Jahrhunderte nach ihrem Tode zurückgreifen. Besonders Hippokrates praktizierte nach einem sehr holistischen Modell, in dem die Kräuterarzneien Anteil hatten an einem Programm von Heilfasten, Massagen und Bädern. Diese Prinzipien sind in der Naturmedizin noch heute gültig: Nachdem der Patient, besonders im Hinblick auf Stressaufkommen und Lebensstil, gründlich untersucht und befragt worden ist, werden ihm bestimmte Änderungen seiner Ernährung verordnet. Im Rahmen eines umfassenden Regenerationsfahrplans werden auch Kräuter angewendet – als Ergänzungspräparat, Tee oder Aufguss. Sie unterstützen den Körper bei der Ausscheidung von Giftstoffen, die sich durch das jahrelange gesundheitliche Ungleichgewicht in ihm angesammelt haben. Die Wirkung ist manchmal erstaunlich, und obwohl die Befolgung strenger Vorschriften manchmal schwer fällt, ist das Resultat doch von Dauer. Moderne Kräuterheilkundler müssen eine mindestens fünfjährige Ausbildung absolvieren, in der sie sich umfassende Kenntnisse der pharmakologischen Wirkungen der verwendeten Heilkräuter aneignen.

Heilkräutermedizin des Ostens

Auch im Fernen Osten kann die Heilkräutermedizin auf eine jahrtausendealte Tradition zurückblicken, die noch heute neben der konventionellen Medizin weitergeführt wird. In der traditionellen Medizin Chinas werden tausende von Zutaten verwendet, die pflanzlichen, aber auch tierischen Ursprungs sind. Diese werden zu feinen Pulvern verarbeitet, die der Patient über einen bestimmten Zeitraum einnehmen soll. Chinesische Heilpraktiker sehen den Körper als physische und energetische Einheit: So kann ein energetisches Ungleichgewicht sehr wohl zu physischen Ausfallerscheinungen führen. Diese Heilkunde basiert auf dem Konzept der Meridiane – Energielinien, die den Körper in drei Dimensionen durchziehen, durch alle Organe und Gewebeschichten. Anhand dieser wird zunächst das generelle Energieniveau des Patienten festgelegt und dann die Arznei verschrieben. In der ayurvedischen Medizin Indiens (s. Seite 78–79) werden neben pflanzlichen Präparaten Massagen, Heilfasten und gezielte Ernährung verordnet. Sowohl in der indischen als auch der chinesischen Medizin muss ein qualifizierter Heilpraktiker eine mindestens fünfjährige Ausbildung absolvieren.

Die Heilkräutermedizin kann auf eine enorme Wissensmenge zurückgreifen. Die nachfolgenden Tipps basieren auf der westlichen Tradition.

Rechte Seite:
Oben links Es gibt die verschiedensten Kräutertees oder -aufgüsse. Manche wirken beruhigend auf das Gemüt, manche unterstützen die Verdauung.

Oben rechts In Indien verwendet man duftende Gewürze, die eine starke Wirkung auf das Immunsystem haben und Körper- und Lebenskraft steigern.

Unten links Chinesische Kräuterarzneien bestehen aus tausenden fein abgestimmter Zutaten, die den Körper entgiften und sein Gleichgewicht wiederherstellen.

Unten rechts Kamillenblüten haben eine sehr sanfte Wirkung. Gesichtswaschungen mit Kamillenwasser beruhigen gereizte Haut.

Aktive Inhaltsstoffe

Pflanzen sind äußerst komplexe Organismen mit einer Vielzahl verschiedener Inhaltsstoffe. Diese können den menschlichen Körper bei der Bekämpfung verschiedener Beschwerden unterstützen. Heute sind die meisten dieser Wirkstoffe erforscht und tragen eine chemische Bezeichnung. Früher dagegen musste man sich für ihren Einsatz allein auf Erfahrung und genaue Dokumentation verlassen.

In der Kräuterheilkunde wird generell die ganze Pflanze eingesetzt, auch wenn nur eine einzige ihrer Substanzen zur Behandlung des Problems benötigt wird. Darin liegt der wesentliche Unterschied zur Therapie mit chemischen Medikamenten. Pflanzen enthalten hunderte von natürlichen chemischen Substanzen, die so genannten Phytochemikalien, die eng mit der aktiven Substanz zusammenarbeiten und dadurch die Entstehung von Nebeneffekten unterbinden helfen. Bei konventioneller Medikation wird oft nur eine einzige Substanz eingesetzt, deren Wirkung dann zuweilen durch weitere Medikamente abgeschwächt werden muss. Viele handelsübliche chemische Medikamente werden übrigens aus Pflanzen gewonnen. Ein Beispiel ist Silberweide *(Salix alba)*, deren Rinde Schmerz stillende Salicylsäure enthält. Den gleichen Wirkstoff enthalten auch viele chemische Schmerzpräparate, etwa das bekannte Aspirin. Der Fingerhut *(Digitalis purpurea)* ist ein altes Mittel zur Herzstärkung – der Wirkstoff für das moderne Herzmedikament Digoxin wird aus dieser Pflanze gewonnen.

Rechts Der Fingerhut ist seit Urzeiten als Herztonikum bekannt. Heute werden aus ihm viele handelsübliche Medikamente gegen Herzkrankheiten gewonnen.

Aktive Substanzen in Kräutern

• **Schleimbildende Substanzen** haben eine gelartige Konsistenz. Sie kühlen und beruhigen die Haut, aber auch die empfindlichen Schleimhäute des Verdauungstrakts, der Atemwege und des Urogenitalsystems.

• **Saponine** wirken im Verbund mit Wasser wie Seife. Daher wurden saponinhaltige Kräuter in der Vergangenheit als Seife, Shampoo und antiseptische Hautreinigungsmittel benutzt – z. B. Hafer, Ringelblume oder Schafgarbe.

• **Tannine** schützen die Haut gegen Infektionen und wirken entzündungshemmend. Tanninhaltige Kräuter sind z. B. Holunderblüten.

• **Alkaloide** sind die stärksten aller pflanzlichen Wirkstoffe. Sie wirken auf das Nervensystem. Viele alkaloidhaltige Kräuter sind für den Hausgebrauch nicht geeignet. Beispiele mit milderer Wirkung sind Borretsch oder Beinwell.

• **Flavonoide** sind Wirkstoffe, die zumeist in gelbem oder weißem Pflanzengewebe vorkommen. Sie unterstützen den Kreislauf, stärken die Blutgefäße und wirken entzündungshemmend – z. B. Johanniskraut, Schafgarbe und Holunderblüten.

• **Ätherische Öle** befinden sich in mikroskopisch kleinen Zellen in Blättern, Blüten, Wurzeln, Hölzern, Fruchtschalen und Beeren. Sie geben der Pflanze ihren charakteristischen Geruch. Durch Destillation oder Mazeration werden sie der Pflanze entzogen, um sie beispielsweise in der Aromatherapie anzuwenden (s. Seite 138–141) – z. B. Lavendel, Rosmarin und Rose.

• **Bitterstoffe** regen durch ihren bitteren Geschmack die Ausschüttung von Verdauungssekreten und damit Stoffwechsel und Verdauung an. Man findet sie z. B. in Löwenzahn oder Kamille.

• **Vitamine und Spurenelemente** wirken sich fördernd auf die Vitalität aus und sind unverzichtbar für das allgemeine Wohlbefinden. Sie sind in allen Kräutern enthalten.

Kräuter **risikolos** anwenden

Um den größtmöglichen Nutzen aus Heilkräutern zu ziehen, sollte man unbedingt gewisse Sicherheitsregeln beachten. Die Dosierung mag gering scheinen, doch sie ist genau abgestimmt, und ihre Wirkung wird sich bei korrektem Gebrauch bald bemerkbar machen: etwa durch mehr Ausgeglichenheit, eine bessere Verdauung oder tieferen Schlaf.

Unten links Kräutertees sind eine einfache und wirkungsvolle Methode, die aktiven Wirkstoffe von Blättern und Blüten aufzunehmen.

Rechts Sirupe (s. Seite 135) sind wohlschmeckende Zubereitungen aus Kräutern oder Beeren, die gegen Erkältungen eingesetzt werden können.

Gefahrlose Dosierung

Auf die richtige Dosierung kommt es vor allem bei der innerlichen Anwendung von Kräutern an, also bei der Einnahme von Kräutertees, Tinkturen, Abkochungen oder Sirupen (Anleitungen zur Herstellung s. Seite 135–137). Durch die Schleimhäute des Verdauungstraktes gelangen die Wirkstoffe von Kräutern besonders leicht in den Organismus, darum sollten die Dosierungsgrenzen (siehe gegenüber) nicht überschritten werden. Bei einigen Kräutern sind besondere Dosierungsvorschriften zu beachten, diese werden im Lexikonteil (Seite 178–251) näher vorgestellt.

Wer bei akuten körperlichen Beschwerden nach drei- bis viertägiger Behandlung mit Kräutern keine Besserung feststellt, sollte unbedingt den Arzt oder Heilpraktiker konsultieren. Bei schwachen, eher chronischen Beschwerden können Kräuter in geringerer Dosierung auch über längere Zeit angewendet werden, jedoch ohne Empfehlung des Arztes oder Heilpraktikers nicht länger als vier Wochen.

Bei äußerer Anwendung, etwa Gesichtsdampfbädern, Bädern, Salben, Kompressen oder Einreibungen, ist die Wirkung schwächer, dennoch müssen auch hier die jeweiligen Dosierungsanweisungen beachtet werden (s. Seite 130–135).

Hinweise zur Dosierung von ätherischen Ölen finden Sie auf Seite 141.

Kräuter in der Schwangerschaft

Schwangeren Frauen wird dringend empfohlen, eine Kräuteranwendung grundsätzlich mit einem Heilpraktiker zu besprechen. So können Sie sicher sein, dass die Behandlung Ihnen und dem Kind wirklich nützt. Früher setzten Frauen in der Schwangerschaft und auch während der Geburt verschiedene Kräuter ein. Tatsächlich können die aktiven Inhaltsstoffe sehr hilfreich sein, allerdings sollte Zusammensetzung und Dosierung immer auf den Einzelfall abgestimmt sein.

Die folgenden Kräuter sollten während einer Schwangerschaft nicht verwendet werden, weil sie Gebärmutterkontraktionen oder Menstruationsblutungen auslösen können (Angaben zu einzelnen Kräutern s. Seite 178–251):

Aloe vera (innerlich), Andorn, Basilikum, Bockshornklee, Bohnenkraut, Engelwurz, Estragon, Fenchel, Frauenmantel, Himbeerblätter (können während der Wehen eingesetzt werden), Lavendel, Liebstöckel, Mönchspfeffer, Muskatellersalbei, Oregano, Petersiliensamen, Ringelblume (innerlich), Rosmarin, Salbei, Sauerampfer, Thymian, Wacholder, Ysop.

Hinweis Die hier genannten Kräuter können in kleinen Mengen bedenkenlos als Würzkräuter in der Küche verwendet werden.

Dosierung bei innerlicher Anwendung

Für Erwachsene
Aufguss (Tee) dreimal täglich 250 ml
Absud dreimal täglich 50 ml
Tinktur dreimal täglich 20 Tropfen in Wasser
Sirup dreimal täglich 2 TL
Für Senioren über 70
halbe Erwachsenendosierung
Für Kinder 9–14 Jahre halbe Erwachsenendosierung
Für Kinder 5–9 Jahre viertel Erwachsenendosierung
Für Säuglinge und Kleinkinder
nur Aufguss; dreimal täglich 1 TL

Kräuterpräparate auf Ölbasis

Viele der Wirkstoffe von Heilkräutern sind fettlöslich, deshalb bietet sich Öl sehr gut als Trägersubstanz an. So gewinnt man intensiv duftende Präparate zum Einreiben, die Reizungen lindern und spröde, rissige Haut glätten.

Öl als Trägersubstanz sorgt auch dafür, dass einige der Wirkstoffe leichter durch die oberen Hautschichten dringen und ihre Wirkung stärker entfalten können. Vaseline ist als Grundlage nicht geeignet, weil sie nicht in die Haut einzieht, sondern eine geschlossene Schicht auf der Oberfläche bildet. Wesentlich sinnvoller ist es, ein hochwertiges Pflanzenöl zu verwenden, das selbst schon wertvolle Nährstoffe liefert und auch Kräuterwirkstoffe leicht aufnimmt.

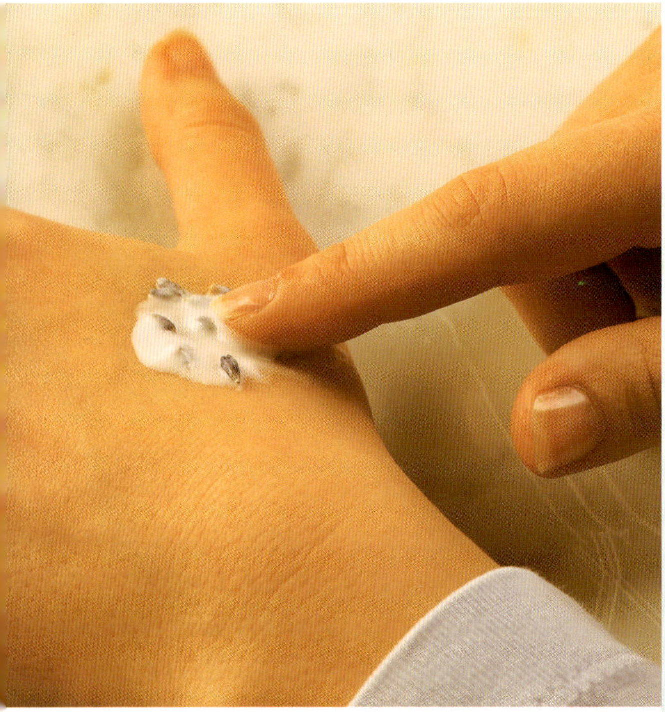

Salben

Die Herstellung von Kräutersalben erinnert an das Rühren selbst gemachter Mayonnaise – man braucht vor allem Geduld.

FÜR EIN 120-G-TÖPFCHEN SALBE BRAUCHEN SIE

ein sauberes, braunes Glas mit Schraubdeckel (120 g)
einen kleinen Kochtopf mit dickem Boden
eine hitzebeständige Glasschüssel für das Wasserbad (darf den Topfboden nicht berühren)
einen kleinen Schneebesen zum Rühren

30 g Bienenwachsgranulat ODER 30 g Kakaobutter
60 ml Kräuteraufguss, z. B. von Beinwell, Holunderblüten oder Kamille
60 ml Sonnenblumenöl oder Sesamöl

Etwa 3 cm hoch kaltes Wasser in den Topf gießen und langsam zum Kochen bringen. Kräuteraufguss und Bienenwachs oder Kakaobutter in die Schüssel geben. Die Schüssel auf den Topf stellen und rühren, bis das Wachs sich aufgelöst hat. Dann das Öl unter ständigem Rühren tröpfchenweise zugeben. Ist alles Öl eingerührt, die Schüssel vom Topf nehmen und weiter rühren, bis die Salbe abkühlt und dabei eindickt. Ins Glas umfüllen, beschriften und kalt stellen. Die Salbe hält sich im Kühlschrank etwa 4 Wochen, danach sollte sie nicht mehr verwendet werden.

Rosmarin

Frische Kräuterkombinationen

Lavendelblüten und **Rosmarinblätter**
bei Muskelverspannungen

Majoran und **Myrtenblätter**
zur Beruhigung der Nerven

Pfefferminzblätter und **Kamillenblüten**
bei Magenbeschwerden

Majoran

Kräuterbalsam

Hierfür werden Pflanzenöle mit Kräutern erhitzt, um deren Wirkstoffe herauszuziehen. Sie duften herrlich und wirken lindernd bei Muskelverspannungen. Die Zutaten sind ganz ähnlich wie für Salben.

SIE BRAUCHEN

einen mittelgroßen Topf mit dickem Boden und Deckel
eine hitzefeste Glasschüssel zum Einhängen in den Topf (darf den Boden nicht berühren)
eine saubere, dunkle Glasflasche mit mindestens 225 ml Volumen

225 ml Sonnenblumenöl oder Sesamöl
eine gute Hand voll frische Kräuter, z. B. eine Mischung aus Lavendelstängeln und Rosmarinzweigen, abgespült und trockengeschüttelt.

Etwa 3 cm hoch kaltes Wasser in den Topf gießen und langsam zum Kochen bringen. Das Öl in die Schüssel gießen, die Kräuter zufügen und untertauchen. Die Schüssel auf den Topf mit dem kochenden Wasser stellen, den Deckel auflegen und eine Stunde leise köcheln lassen. Bei Bedarf Wasser in den unteren Topf nachgießen. Die Schüssel vom Topf nehmen und abkühlen lassen. Das Öl durch ein Sieb gießen, in die Flasche umfüllen und an einem dunklen Platz aufbewahren. Nach 4–6 Wochen sollten Sie das Öl nicht mehr verwenden.

Kräuterpräparate auf Wasserbasis

Wasser, vor allem heißes, entzieht den Pflanzenfasern die Wirkstoffe schnell. Unser Körper besteht zu 80 % aus Wasser, und wir brauchen Wasser für alle Körperfunktionen, vor allem für die Ausscheidung. Aus diesem Grund sprechen wir so gut auf Kräuterpräparate auf Wasserbasis an, die zudem sehr leicht herzustellen sind.

Aufguss

Einfacher Aufguss (1 TL getrocknete Kräuter oder 2 TL frische Blätter oder Blüten mit 250 ml kochendem Wasser übergießen und 10–15 Min ziehen lassen)

Diese Kräutertees eignen sich als erfrischende, koffeinfreie Getränke (s. Seite 118–119), aber auch zur Linderung von Beschwerden (z. B. Aufguss aus frischen Salbeiblättern mit 1 TL Honig bei Halsschmerzen).

Starker Aufguss (2 TL getrocknete Kräuter oder 4 TL frische Blätter oder Blüten mit 250 ml kochendem Wasser übergießen und 20–30 Minuten ziehen lassen)

Solche Aufgüsse werden äußerlich angewendet, etwa zur Wundbehandlung, für Hautlotionen und Haarspülungen (z. B. Aufguss aus 3 TL frischen Rosmarinblättern und 3 TL frischen Brennnesselblättern als vitalisierende Spülung für dunkles Haar).

Gesichtsdampfbäder und Inhalationen

Frische Blüten und Blätter erleichtern die Tiefenreinigung der Haut und lindern Atembeschwerden bei Erkältungen. 1,2 Liter kochendes Wasser in eine Schüssel gießen und auf einen Tisch stellen. Kräuter nach Wahl aufstreuen. Setzen Sie sich an den Tisch, und beugen Sie sich über die Schüssel. Dabei ein Handtuch über Kopf und Schüssel legen und den Dampf 10–15 Minuten lang einatmen. Bei Erkältung morgens und abends inhalieren.

Empfehlenswerte Kräuter:

Für die Tiefenreinigung der Haut

3 EL frische Kamillenblüten
ODER 3 EL frische Lavendelblüten
ODER 3 EL frische Myrtenblüten

Bei Husten, Schnupfen, Kopfschmerzen

3 EL frische Eukalyptusblätter, in Stücke gebrochen
ODER 3 EL frische Rosmarinblätter, gehackt
ODER 3 EL frische Pfefferminzblätter, gehackt

Bäder

Kräuterbäder beruhigen und reinigen die Haut. Sie können die Blätter und Blüten in ein großes Tee-Ei oder ein kleines Musselinsäckchen füllen und dies so unter den Wasserhahn hängen, dass das heiße Wasser darüber läuft. Ein Kräuterbad wirkt auch nach einem anstrengenden Arbeitstag ausgesprochen entspannend. Nehmen Sie sich mindestens 20 Minuten Zeit dafür.

Empfehlenswerte Kräuter:

Entspannend

3 EL frische Zitronenmelissenblätter
ODER 3 EL frische Myrtenblätter
ODER 3 EL frische Majoranblätter

Belebend

3 EL frische Rosmarinblätter
ODER 3 EL frische Schafgarbenblätter
ODER 3 EL frische Salbeiblätter

Natürlich können Sie auch zwei Ihrer Lieblingskräuter in entsprechenden Mengen mischen. Um das Wasser weicher zu machen, geben Sie 30 g Haferflocken in ein Musselinsäckchen, das Sie an den Wasserhahn hängen. Das Wasser sieht dann leicht milchig aus und wirkt beruhigend auf die Haut.

Kräuterpräparate auf Wasserbasis

Kräuterzubereitungen auf Wasserbasis eignen sich gut zur Behandlung von Hautbeschwerden und kleinen Verletzungen, etwa Blutergüssen. Das Wasser weicht die Haut auf, sodass sie die pflanzlichen Wirkstoffe leichter aufnehmen kann. Kocht man Kräuter oder Beeren mit Wasser und Zucker, entstehen Sirupe, die besonders angenehm einzunehmen sind und sich vor allem im Winter zur Behandlung von Erkältungen gut eignen.

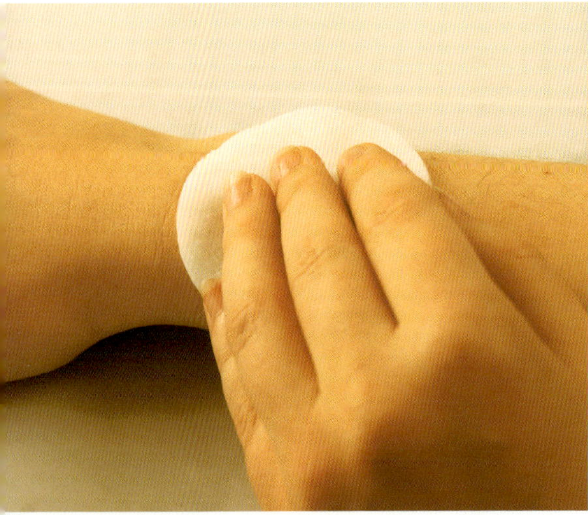

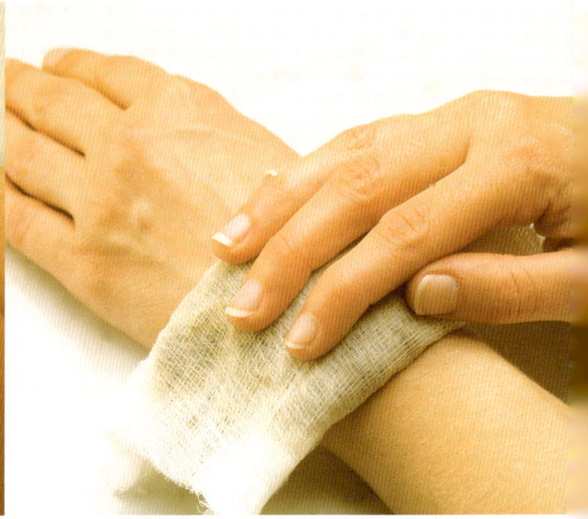

Kompressen

Ein Wattetupfer oder ein Stück Stoff wird mit einem starken Aufguss angefeuchtet und direkt auf die Haut gelegt. Für eine *kalte Kompresse* muss der Aufguss völlig abgekühlt sein. Kalte Kompressen oder Umschläge wirken besonders bei Verspannungen und Muskelschmerzen, Kräuter wie Beinwell und Kamille lindern Schmerzen und lassen Schwellungen abklingen. *Heiße Umschläge* verwendet man zur Behandlung infizierter Wunden. Ein starker Schachtelhalm-Aufguss wirkt entzündungshemmend und beschleunigt die Wundheilung. Heiße und kalte Kompressen werden für etwa 15–20 Minuten aufgelegt. Bei akuten Beschwerden Behandlung mehrmals wiederholen.

Breiwickel

Hierfür verwendet man Pasten aus verschiedenen Kräutern, die die Durchblutung anregen, Infektionen bekämpfen, gegen Entzündungen wirken und die Heilung fördern. Zu heiß dürfen Breiwickel nicht sein, sonst verbrennen sie die Haut. Bereiten Sie einen starken Aufguss zu, seihen Sie ihn ab, und zerdrücken Sie den Kräuterrückstand zu einem Brei. Dieser wird in ein doppelt gelegtes Stück Verbandsgaze geschlagen und direkt auf den betroffene Körperteil gelegt. Mit einem Handtuch umwickeln, bis der Brei abgekühlt ist. Zur Behandlung einer entzündeten Schnittwunde eignet sich beispielsweise eine Mischung aus Ringelblumenblüten und Borretschblättern.

Sirupe

Sirupe sind vor allem in der kalten Jahreszeit beliebte Naturheilmittel. Holunderbeeren enthalten viel Vitamin C und lindern die Beschwerden bei Viruserkrankungen wie Schnupfen und Grippe. Sie beruhigen die Atemwege, erleichtern das Abhusten und regen die Schweißbildung an, sodass der Körper die Infektion schneller überwindet.

Holunderbeersirup

900 g reife Holunderbeeren
200 g hellbrauner Zucker

Die Beeren von den Stielen zupfen und verlesen. In einen großen Topf geben und mit einem Kartoffelstampfer zerdrücken. Den Brei in ein feines Sieb geben und über Nacht den Saft abtropfen lassen. Alternativ mit einem elektrischen Entsafter arbeiten. Den Saft mit dem braunen Zucker langsam zu Sirup einkochen. Abkühlen lassen, in dunkle Gasflaschen füllen und kühl und dunkel aufbewahren.

Holunderbeeren

Dosierung

Erwachsene können dreimal täglich 3 EL Sirup in 100 ml heißem Wasser einnehmen. Ältere Menschen und Kinder bekommen die halbe Menge.

Hinweis Wer keinen raffinierten Zucker verträgt, kann stattdessen Honig oder Apfeldicksaft aus dem Reformhaus zum Süßen verwenden.

Auch **Andorn, Ingwer** und **Thymian** eignen sich gut zur Herstellung von Sirupen, die die Atemwege beruhigen und das Immunsystem stärken.

Man gibt 2 Esslöffel getrocknete oder 4 Esslöffel frische Kräuter auf 600 ml Wasser. 20–30 Minuten köcheln lassen, dann durch ein Sieb gießen. 200 g Honig oder Zucker zugeben und zu einem Sirup einkochen. Abkühlen lassen und in Flaschen abfüllen.

Links Den Sirup mit einem Trichter in dunkle Glasflaschen füllen. Kühl und dunkel aufbewahren, denn die Wirkstoffe sind lichtempfindlich.

Herstellung einer Tinktur

4 Esslöffel frische oder 2 Esslöffel getrocknete Kräuter im Mörser leicht zerdrücken und in ein großes, dunkles Glas mit mindestens 300 ml Volumen geben. Mit 250 ml klarem Schnaps (z. B. Wodka) übergießen. Die Kräuter müssen vollständig bedeckt sein. Das Glas fest zuschrauben und 3 Wochen an einem kühlen, dunklen Platz stehen lassen. Die Tinktur durch ein Sieb gießen und in dunkle Gasflaschen füllen. Kühl und dunkel aufbewahren.

Kräuterpräparate auf Alkoholbasis

Alkohol entzieht Kräutern ihre aktiven Wirkstoffe und konserviert sie. Alkoholische Tinkturen behalten ihre Wirksamkeit über einige Jahre, wenn sie in fest verschlossenen Gefäßen kühl und dunkel aufbewahrt werden. Weil man nur kleine Mengen einnimmt, eignen sie sich gut für die Reise. Eine 30-ml-Flasche reicht für einige Wochen, weil man täglich nur wenige Tropfen in Wasser einnimmt.

Tinkturen werden von allen alkoholhaltigen Kräuterzubereitungen am häufigsten verwendet. Sie sind schon seit Jahrhunderten bekannt. Ihr Name geht auf das lateinische Wort *tingere* (= färben) zurück. Der Alkohol entzieht den Kräutern auch die Farbstoffe, sodass die Tinkturen normalerweise eine dunkle Farbe haben. In Apotheken und Reformhäusern kann man verschiedene Tinkturen fertig kaufen, doch es ist auch ganz leicht, sie mit hochprozentigem Alkohol selbst herzustellen.

Am besten nimmt man Tinkturen vor den Mahlzeiten ein, also auf nüchternen Magen. Erwachsene nehmen dreimal täglich 1 ml (= 20 Tropfen) in einem kleinen Glas Wasser, Kinder im Alter von 9–14 die halbe Dosis und Kinder zwischen 5 und 9 Jahren ein Viertel. Zum Abmessen verwenden Sie eine Tropfpipette aus der Apotheke.

Auch die so genannten Bachblüten-Essenzen zählen zu den alkoholischen Kräuterpräparaten. Zu Beginn des 20. Jahrhunderts entwickelte Dr. Edward Bach diese Essenzen in nahezu homöopathischer Potenz zur Behandlung von emotionalen und psychischen Beschwerden, die zu Persönlichkeitsstörungen wie Starrsinn, Geistesabwesenheit oder tiefer Melancholie führen. Zu den ursprünglichen 38 Bachblüten-Essenzen zählen auch die so genannten Notfalltropfen aus fünf verschiedenen Pflanzen, die bei akuter emotionaler Überbelastung durch Schock oder Stress eingesetzt werden. Heute werden diese Essenzen in aller Welt verkauft, zudem werden in Australien und den USA aus dort heimischen Pflanzen neue Präparate entwickelt. Normalerweise nimmt man zweimal täglich 4–6 Tropfen der Bachblüten-Essenzen in einem Glas Wasser ein.

Unten Mit einer Glaspipette fällt das Abzählen der genauen Tropfenzahl leicht.

Ätherische Öle: Kräuterdüfte

Rosenblütenblätter

Aromatische Blumen und Kräuter wie Rose, Lavendel, Majoran oder Myrte enthalten in ihrer Zellstruktur spezielle Hohlräume. Wenn die Pflanzen im Sommer heranreifen, füllen sich diese mit intensiv duftenden Ölen, denen die Pflanzen ihren charakteristischen Duft verdanken.

Duftende Pflanzen werden schon seit Jahrhunderten geschätzt. Die Experimente des arabischen Arztes, Astrologen und Gelehrten Abu Ibn Sina (980–1037) gelten als erster dokumentierter Versuch, den Pflanzen ihren Duft zu entziehen. Mit einem sehr einfachen Destilliergerät gewann er Rosenwasser aus den Blütenblättern von Rosen.

Im 13. Jahrhundert waren die „Wohlgerüche Arabiens“ bereits in aller Welt berühmt. Im 16. Jahrhundert entwickelte man in Europa kompliziertere Destillationsgeräte zur Gewinnung von größeren Mengen so genannter „chymischer Öle“ aus Pflanzen wie Lavendel, Thymian und Rosmarin, die als Duftstoffe und natürliche Antiseptika eingesetzt wurden. Damals entstand die noch heute berühmte Parfümindustrie im Bereich der südfranzösischen Stadt Grasse, wo noch heute ätherische Öle gewonnen werden. Diese Öle kommen in Parfümen, Seifen und anderen Körperpflegeprodukten zum Einsatz, werden aber auch in der pharmazeutischen Industrie (z. B. für Sportsalben) und in der Lebensmittelindustrie (z. B. als Aromastoffe) eingesetzt. Die Aromatherapie (s. Seite 140–141) basiert auf der Wirkung ätherischer Öle und setzt diese unter anderem für Massagen zur Steigerung des körperlichen und geistigen Wohlbefindens ein.

Ätherische Öle sind hoch konzentriert. Um einen Liter Lavendelöl zu gewinnen, benötigt man etwa eine halbe Tonne Lavendelblüten und -stiele. Für einen einzigen Tropfen Rosenöl braucht man 100 Blüten der *Rosa damascena*. In modernen Destillationsanlagen wird das Pflanzenmaterial mit Dampf behandelt, der die aromatischen Moleküle aus den Fasern löst. In einer Kühlkammer wird der Dampf abgekühlt – er kondensiert zu Wasser, auf dem das leichtere ätherische Öl schwimmt. Viele Öle werden durch Destillation gewonnen. Aus den Schalen von Zitrusfrüchten wie Orangen und Zitronen kann man das Öl einfach auspressen, während besonders teure Blüten wie Jasmin chemisch verarbeitet werden, um das reine, konzentrierte Öl zu gewinnen.

Ätherische Öle bekommt man heute in großer Auswahl in Apotheken, Bioläden und Reformhäusern. Sie sollten in Glasflaschen mit Tropfverschluss abgefüllt sein, damit man sie exakt – und sparsam – dosieren kann. Weil sie die Haut reizen können, werden ätherische Öle äußerlich nur in starker Verdünnung angewendet. Dazu verwendet man ein neutrales Trägeröl.

Ätherische Öle werden heute in aller Welt gewonnen und ebenso überall als intensive, natürliche Duftstoffe und Heilmittel verkauft.

Rechte Seite: Oben links Die Schale frischer Zitronen hat einen intensiven, herben Duft.

Unten rechts Lavendel zur Öldestillation wird auf riesigen Feldern angebaut.

Unten Rosenöl ist sehr teuer, hat aber einen wunderbaren Duft.

Welche Pflanzenteile enthalten ätherische Öle?

Blüten	Lavendel, Rose, Neroli (Orangenblüte), Jasmin, Ylang Ylang, Kamille
Blätter	Rosmarin, Teebaum, Eukalyptus, Pfefferminze, Zitronenmelisse, Kiefer
Wurzel	Ingwer, Kurkuma, Vetivergras
Beeren/Samen	Kardamom, Koriander, schwarzer Pfeffer, Wacholder
Früchte/Schalen	Zitrone, Orange, Mandarine, Grapefruit, Bergamotte, Limette
Hölzer	Sandelholz, Zedernholz, Rosenholz
Harze	Weihrauch, Myrrhe

Aromatherapie

Der Begriff „Aromatherapie" wurde im frühen 20. Jahrhundert von dem französischen Parfümeur Gattefosse geprägt, nachdem er sich in seinem Laboratorium verbrannt hatte. Statt Wasser goss er versehentlich reines Lavendelöl auf die Brandwunde und beobachtete, dass sie schnell und narbenlos abheilte. Daraufhin befasste er sich intensiver mit der Heilwirkung ätherischer Öle und entdeckte ein lange vergessenes, uraltes Wissen neu.

Heute wird die Aromatherapie weltweit als Heilmethode anerkannt. Qualifizierte Aromatherapeuten wenden Massagen und andere Behandlungen mit ätherischen Ölen bei Anspannung und Angstzuständen an. Viele Beschwerden werden heute durch Stress verursacht. Die Aromatherapie kann sie lindern und das Allgemeinbefinden verbessern. Durch die Selbstbehandlung mit ätherischen Ölen kann man viel über die eigene Stressanfälligkeit lernen.

Es gibt drei einfache Methoden der Selbstbehandlung mit ätherischen Ölen:

Bäder Ins heiße Badewasser 4 Tropfen des gewählten Öls geben, kurz vermischen und 20 Minuten darin entspannen.

Verdampfer Duftlampen, in denen das Öl und Wasser mithilfe einer Kerze verdampft werden, sind in vielen Ausführungen erhältlich. Daneben gibt es auch elektrische Verdampfer. Um die Raumluft für eine Stunde zu aromatisieren, gibt man 6 Tropfen in die Duftlampe. Bei elektrischen Geräten die Herstellerangaben beachten.

Massage Für eine Ganzkörpermassage verwendet man 2 EL neutrales Öl, etwa Mandel-, Sesam- oder Traubenkernöl, und verschüttelt dies in einer Flasche mit 6 Tropfen eines ätherischen Öls.

Neun ätherische Öle als Grundausstattung

Entspannend, gegen Stress und zum leichteren Einschlafen

- **Lavendel** *(Lavandula angustifolia)*
- **Orange** *(Citrus sinensis)*
- **Sandelholz** *(Santalum album)*

Belebend, zur Stärkung des Immunsystems und der Konzentration

- **Rosmarin** *(Rosmarinus officinalis)*
- **Eukalyptus** *(Eucalyptus globulus)*
- **Teebaum** *(Melaleuca alternifolia)*

Erfrischend, bei Depressionen und Ängsten

- **Ylang Ylang** *(Cananga odorata)*
- **Grapefruit** *(Citrus paradisi)*
- **Mandarine** *(Citrus reticulata)*

Ätherische Öle risikolos anwenden

Wie bei Kräutern ist auch bei ätherischen Ölen etwas Vorsicht geboten:

- Ätherische Öle niemals einnehmen. Sie sind zu konzentriert und eignen sich in den oben angegebenen Mischungsverhältnissen nur für die äußerliche Anwendung.
- Ätherische Öle immer kühl und dunkel aufbewahren. Öle aus Zitrusfrüchten (Orange, Zitrone usw.) halten sich etwa 6 Monate, andere bis zu einem Jahr.
- Ätherische Öle außerhalb der Reichweite von Kindern aufbewahren.
- Die Massagedosis (6 Tropfen auf 30 ml Basisöl) ist sehr mild. Sie ist für die meisten Hauttypen verträglich und eignet sich auch für Kinder ab 5 Jahren. Wer empfindliche Haut hat, verwendet 3 Tropfen ätherisches Öl auf 30 ml Basisöl. Für Säuglinge maximal einen Tropfen Lavendelöl auf 30 ml Basisöl geben.
- Schwangere Frauen sollten nur Öle mit entspannender Wirkung zur Selbstbehandlung einsetzen. Im Zweifel einen Aromatherapeuten konsultieren.

Die Aromatherapie ist eine sanfte Heilmethode, die auf Körper und Seele wirkt. Es lohnt sich unbedingt, einen Kurs oder ein Seminar zu diesem Thema zu besuchen, um ätherische Öle zur Selbstbehandlung erfolgreicher einzusetzen.

Der Bewegungsapparat

Der Bewegungsapparat besteht aus den Knochen und dem daran befestigten Muskelgewebe. Beide gemeinsam geben dem Körper seine Form und bringen ihn in Bewegung.

Brennnessel

Links Brennnesseln können bei Arthritis helfen.

Rechte Seite: Oben links Muskelverspannungen kann man mit Kräutern behandeln, die die Durchblutung anregen.

Rechts Regelmäßige Bewegung hält die Muskeln funktionsfähig.

Unten links Auch eine kalziumreiche Ernährung ist wichtig für einen gesunden Bewegungsapparat.

Für einen gesunden Bewegungsapparat sind nicht nur eine gute Haltung und ausreichend körperliche Betätigung erforderlich, auch Ernährung und Stoffwechsel spielen eine Rolle. Der Organismus muss die Nahrung effizient in seine Bestandteile aufschließen und verwerten, um seine Schutz-, Gesundungs- und Erneuerungsfunktionen angemessen ausführen zu können.

Das Skelett gibt dem Körper seine grobe äußere Gestalt. Es besteht aus Knochen, Knorpelsubstanz und dem Knochenmark, in dem die roten Blutkörperchen gebildet werden. In den Knochen werden Mineralien wie Natrium, Kalzium und Phosphor eingelagert. Durch Sport werden die Osteoblasten, die Knochensubstanz bilden, zur Erzeugung von Knochengewebe angeregt. Folglich werden die Knochen durch Training und Bewegung gestärkt. Das Skelett schützt die lebenswichtigen Organe. Der Schädel schützt das Gehirn, der Brustkorb schützt Herz und Lunge, die Wirbelsäule schützt das Rückenmark. Das Skelett besteht aus über 200 Knochen. Wo zwei Knochen zusammentreffen, befinden sich Knorpelplatten, Bänder oder Sehnen. Manche Verbindungen sind nahezu starr, etwa die Verbindungen zwischen den einzelnen Schädelknochen, andere können sich frei bewegen, etwa Schulter oder Knie.

Die Muskeln sind an den Knochen befestigt. Sie ermöglichen uns die Bewegung. Im Körper befinden sich etwa 640 Muskeln, die nur durch regelmäßigen Gebrauch leistungsfähig bleiben. Wenn sich ein Mensch zu wenig bewegt, bilden sich die Muskeln zurück. Bei den meisten Menschen machen die Muskeln etwa die Hälfte des Körpergewichtes aus. Im Körper befinden sich zwei Arten von Muskeln: die willkürlichen Muskeln, die wir bewusst zum Gehen, Laufen, Sitzen oder Kauen einsetzen, und die unwillkürlichen Muskeln, etwa die Muskelhülle des Dickdarms, die wir nicht kontrollieren können. Durch Nervensignale aus dem Gehirn erhalten die Muskeln den Befehl zur Kontraktion, die wiederum eine Bewegung bewirkt. Muskelbewegungen erzeugen auch die Körperwärme und transportieren das Blut durch die Blutbahnen, um die Körperwärme zu verteilen.

Kräuter für den Bewegungsapparat

- **Reinigende Kräuter** wie Brennnessel unterstützen die Ausscheidung von Giftstoffen aus dem Muskelgewebe.
- **Entspannende Kräuter** wie Baldrian lockern Muskelverspannungen, vor allem, wenn Stress deren Ursache ist.
- **Entzündungshemmende Kräuter** wie Beinwell lindern Schwellungen, vor allem in den Gelenken.
- **Antirheumatische Kräuter** wie Schafgarbe lindern Rheumaschmerzen.
- **Harntreibende Kräuter** wie Löwenzahn regen die Nieren zur Ausscheidung von Giftstoffen an.
- **Durchblutungsfördernde Kräuter** wie Rosmarin verbessern die Versorgung der Muskeln mit Blut.
- **Knochenstärkende Kräuter** wie Schachtelhalm enthalten reichlich Kieselerde, die die Bildung von Knochensubstanz anregt.

Beschwerden des Bewegungsapparats

Anspannung und Stress sowie emotionale Belastungen, eine schlechte Haltung oder ungünstige Sitzgewohnheiten können zu Muskelverspannungen und Schmerzen in den Schultern und im Rücken führen. Eine ungesunde Ernährung führt zu einer allmählichen Einlagerung von Giftstoffen, die schmerzhafte Beschwerden wie Arthritis auslösen können. Schon kleine Veränderungen der Lebensgewohnheiten können hier viel bewirken.

Unten Massagen, vor allem bei akuten Schmerzen, müssen sehr behutsam ausgeführt werden.

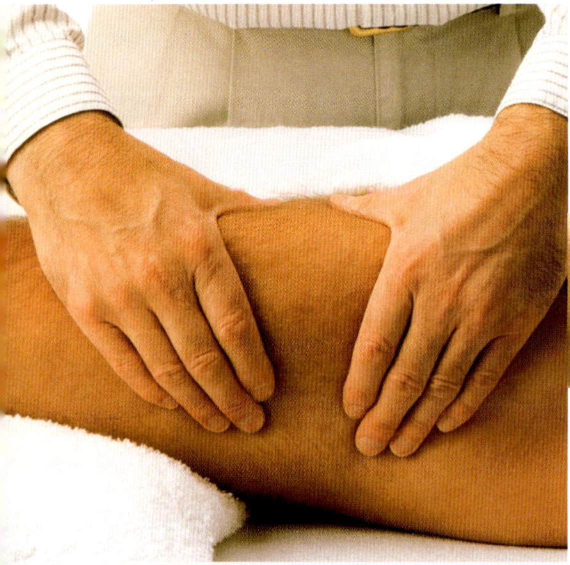

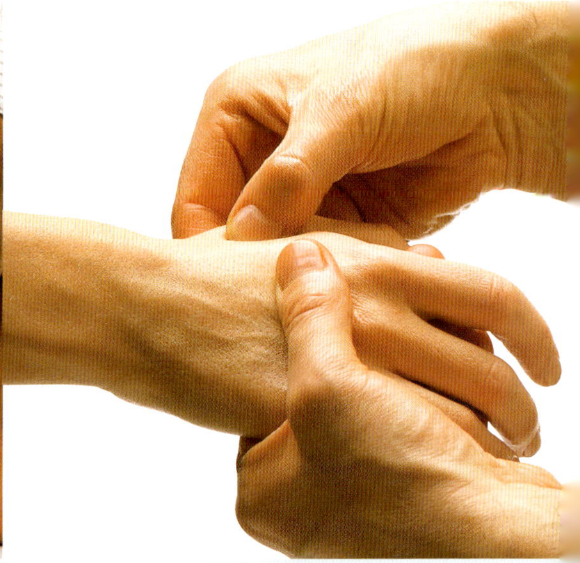

Muskelverspannungen und -schmerzen

Chronische Beschwerden, die unterschwellig ständig vorhanden sind und die Bewegungsfähigkeit nicht ernsthaft einschränken, kann man durchaus selbst behandeln. Trotzdem sollte man einen Spezialisten wie einen Osteopathen, Chiropraktiker oder Physiotherapeuten aufsuchen, um auszuschließen, dass eine Knochenfehlstellung die Ursache ist. Zur Selbstbehandlung eigenen sich vor allem Kräuteröle (s. Seite 130–131), die sanft in den betroffenen Körperteil einmassiert werden. Weil warmes Öl besonders angenehm und beruhigend wirkt, sollte man zum Anwärmen die Ölflasche in heißes Wasser stellen. Gute Kräuterkombinationen für Muskelöle sind Rosmarin und Ingwer (regen die Durchblutung an, verhindern Steifheit), Kamille und Lavendel (beruhigend, schmerzstillend, vor allem für abendliche Anwendung), Johanniskraut und Beinwell (lindern Schmerzen in Muskeln und Nerven). Versuchen Sie, emotionale Belastungen abzubauen. Achten Sie außerdem auf Ihre Haltung, vor allem am Arbeitsplatz, sowie auf ausreichend Bewegung. Strecken Sie betroffene Körperteile regelmäßig aus.

Akute Beschwerden, die etwa nach einem Unfall oder einer Verletzung auftreten können, müssen rasch behandelt werden. Lindernd bei Schmerzen und Schwellungen wirken vor allem kalte Umschläge mit entzündungshemmenden Kräutern wie Kamille, Beinwell, Arnika oder Ringelblume.

Arthritis

Die Wahl der geeigneten Kräuter hängt vom Typ der Arthritis ab, befragen Sie darum immer Ihren Arzt, ehe Sie selbst zu Kräutern greifen.

Osteoarthritis kann durch Verletzungen verursacht werden, ist aber meist eine normale, altersbedingte Abnutzungserscheinung der Knochen und Gelenke, die Schmerzen, Steifheit und Muskelschmerzen nach sich zieht. Hier empfehlen sich Massagen mit durchblutungsfördernden Kräutern wie Ingwer und Pfefferminze oder Rosmarin und Eukalyptus. Ingweraufguss fördert auch als Getränk die Durchblutung wirkungsvoll.

Meist wird empfohlen, auf bestimmte Lebensmittel zu verzichten, durch die die Beschwerden verstärkt werden können, beispielsweise Nachtschattengewächse wie Auberginen, Tomaten, Kartoffeln und Paprika.

Rheumatische Arthritis ist eine entzündungsähnliche Reaktion auf eine Störung des Immunsystem. Der Körper greift seine eigenen Gewebe an, meist vorwiegend im Bereich der Gelenke, was zu Schwellungen und Verformungen führt. Die Betroffenen fühlen sich oft müde und abgeschlagen, zumal die Schwellungen unberechenbar auftreten können. Frauen sind dreimal stärker gefährdet als Männer. Bei schmerzhaften Symptomen verwendet man entzündungshemmende Kräuter wie Kamille sowohl zum Einreiben als auch innerlich als Aufguss (dreimal täglich). Durch entschlackende Kräuter wie Löwenzahn oder Schafgarbe wird die allmähliche Ausscheidung von Giftstoffen gefördert. Es wird empfohlen, auf Zitrusfrüchte, Stachelbeeren und andere säurehaltige Früchte sowie auf Essig zu verzichten, weil die Säuren die Symptome verstärken können.

Ingwer

Schafgarbe

Johanniskraut

Minze

Rechts Diese Pflanzen regen die Durchblutung an und lindern Muskelschmerzen.

Der Verdauungsapparat

Der Verdauungsapparat zieht sich wie ein langer Schlauch von etwa elf Metern Länge durch den Körper. Seine Innenwand besteht aus Schleimhaut, die Verdauungssekrete für die Aufnahme der Nährstoffe produziert. Unsere Nahrung enthält die Nährstoffe, die der Körper aufnehmen muss, um sich zu regenerieren, aber auch um die Energie für die täglichen Lebensabläufe zu gewinnen.

Wenn wir Nahrung zu uns nehmen, wird diese von den Zähnen zusammen mit Speichel zu einem Brei zerkleinert, der beim Schlucken in den Magen gelangt. Hier beginnt die eigentliche Verdauung. Im Dünndarm werden weitere Verdauungssekrete abgegeben, um Nährstoffe aufzuspalten. Die Leber produziert Gallenflüssigkeit, die Bauchspeicheldrüse Insulin. Beide sind wichtig für die Aufnahme der Nährstoffe in die Blutbahn. Durch den Dickdarm schließlich werden die nicht verwertbaren Reste wieder ausgeschieden.

Der Verdauungstrakt ist von einer Hülle aus unwillkürlichen Muskeln umgeben. Normalerweise nehmen wir die Kontraktionen dieser Muskeln nicht wahr. Sie werden jedoch vom vegetativen Nervensystem gesteuert, und dieses wiederum reagiert sensibel auf Stress. Viele Menschen stellen bei emotionaler Belastung eine Veränderung der Verdauungstätigkeit fest – beispielsweise Unregelmäßigkeit oder Verstopfung. Eine ganzheitliche Behandlung von Verdauungsbeschwerden setzt sich darum mit den eigentlichen Ursachen ebenso auseinander wie mit akuten Symptomen wie Verstopfung oder Durchfall.

Eine gesunde Verdauung geht einher mit einem regelmäßigen Rhythmus. Unser hektischer Alltag veranlasst uns aber häufig, Mahlzeiten auszulassen, in Eile oder unter emotionalem Druck zu essen. Wird Nahrung unzureichend gekaut, ist das Verdauungssystem mit konzentrierten Nährstoffen konfrontiert, die es nur schwer aufbrechen kann. Auch Stimulanzien wie Tee oder Kaffee sowie Zucker und industriell hergestellte Lebensmittel können die Verdauung belasten. Im Interesse einer langfristig gesunden Verdauung ist es wichtig, sich beim Essen Zeit zu lassen. Auch die alte Regel „Iss morgens wie ein König, mittags wie ein Bürger und abends wie ein Bettler“ hilft, die Verdauungsleistung sinnvoll über den Tag zu verteilen.

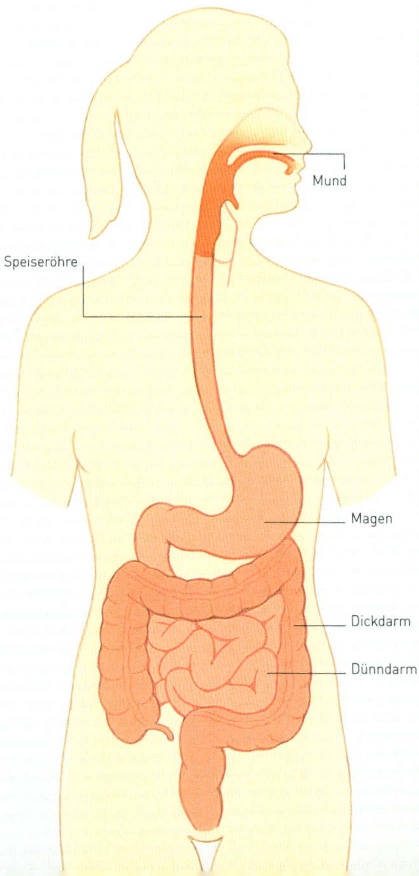

Links Der Verdauungstrakt zieht sich wie ein langer Schlauch durch den gesamten Rumpf.

Rechte Seite:
Links Eine ausgewogene Ernährung mit viel frischem Obst und Gemüse ist wichtig für die Verdauung.

Oben rechts Das Verdauungssystem arbeitet am effizientesten, wenn man entspannt und in Ruhe isst.

Heilkräuter für den Verdauungsapparat

- **Schleimbildende Kräuter** wie Beinwell beruhigen und schützen die empfindliche Schleimhaut.
- **Adstringierende** und **entzündungshemmende Kräuter** wie Himbeerblätter lindern Entzündungen.
- **Bitterkräuter** wie Löwenzahn und Kamille regen die Leber zu verstärkter Produktion von Gallenflüssigkeit an.
- **Karminative Kräuter** wie Zimt und Pfefferminze wirken lindernd bei Blähungen.
- **Krampflösende Kräuter** wie Zitronenmelisse beruhigen bei Schmerzen und Krämpfen.
- **Tonisierende Kräuter** wie Engelwurz fördern die Produktion von Verdauungssekreten.
- **Entspannende Kräuter** wie Lavendel wirken lindernd bei Verdauungsstörungen, die durch Stress verursacht werden.

Kräuter für die Verdauung

Kamille

Wichtig ist vor allem die Unterscheidung zwischen akuten und chronischen Beschwerden. Bei akuten Problemen wie Durchfall oder Erbrechen versucht der Organismus, eine unverträgliche Substanz möglichst schnell auszustoßen. In solchen Fällen ist eine reichliche Flüssigkeitsaufnahme notwendig. Halten die Symptome an, ist ein Arzt gefragt. Bei länger anhaltenden chronischen Beschwerden wie Verstopfung ist zu klären, ob die generelle Lebensführung oder Stress die Ursache sind.

Magenübersäuerung

Hierbei können verschiedene Beschwerden wie Aufstoßen, Völlegefühl und dumpfe Schmerzen nach den Mahlzeiten auftreten. Hilfreich sind Aufgüsse aus Pfefferminze, Fenchel oder Dill, deren wirksame ätherische Öle der Übersäuerung entgegenwirken und die Verdauung beruhigen. Ungünstige Essgewohnheiten wie hastiges Essen und ungenügendes Kauen können die Ursache sein.

Durchfall

Durchfall geht oft mit Übelkeit oder Erbrechen einher und wird häufig durch schädliche Mikororganismen im Verdauungstrakt ausgelöst. Bei akuten Symptomen ist vor allem reichliches Trinken wichtig, um die Dehydrierung des Körpers zu vermeiden. Ein Becher lauwarmes Wasser mit 1 TL Honig spendet zudem Energie. Aufgüsse aus Ingwerwurzel und Zimt (Pulver) lindern Krämpfe und Übelkeit. Kleine Mengen Biojoghurt helfen dabei, die nützliche Bakterienbesiedelung des Darms zu stärken. Wenn die Beschwerden länger als 6 Stunden anhalten, muss ein Arzt hinzugezogen werden.

Verstopfung

In diesem Fall ist der normale Verdauungsrhythmus durch einen bewegungsarmen Lebensstil, Stress oder Wassermangel gestört. Normalerweise entleert sich der Darm einmal täglich. Die oben genannten Faktoren können sich jedoch störend auswirken. Die Bewegungen der Darmmuskulatur werden behindert, sie können Völlegefühl, Bauchschmerzen und Rektalblutungen verursachen. Hilfreich sind Aufgüsse aus Fenchel oder Himbeerblättern. Bei stressbedingter Verstopfung ist Kamille oder Zitronenmelisse zu empfehlen. Achten Sie außerdem auf eine abwechslungsreiche Ernährung mit reichlich frischem Obst und Gemüse, ausreichend Wasser und Bewegung. (Hinweis: Bei Blutungen immer einen Arzt aufsuchen.)

Links Honig und Ingwer sind traditionelle Heilmittel bei krampfartigen Bauchschmerzen.

Rechts Diese Kräuter lindern Verdauungsbeschwerden und Blähungen.

Zimt

Beinwell

Reizdarm-Syndrom (IBS)

Typisch ist ein Wechsel zwischen Verstopfung und Durchfall, manchmal verbunden mit schleimigem Stuhl und Bauchschmerzen unterschiedlicher Stärke. Als Begleiterscheinungen können Übelkeit, Kopfschmerzen und Depressionen auftreten. Kräuter können dabei helfen, die Verdauungstätigkeit zu regulieren und krampfartige Schmerzen zu lindern. Besonders hilfreich ist ein Aufguss aus Pfefferminze. Es sind auch Kapseln mit Pfefferminzöl zum Einnehmen erhältlich. Pfefferminze wirkt krampflösend und beruhigt die Magen- und Darmschleimhaut. Auch Ingwer und Kamille sind empfehlenswert. Leinsamen (2 TL täglich), etwa auf das Frühstücksmüsli gestreut, beruhigen den Darm und binden überschüssige Verdauungssekrete.

Stärkung der Leber

Die Leber ist die Chemiefabrik des Körpers und speichert außerdem wertvolle Nährstoffe. Vor allem aber ist sie der wichtigste Teil des körpereigenen Entgiftungssystems. Die traditionelle Kräuterheilkunde empfiehlt Kräuter wie Brennnessel und Löwenzahn zur Stärkung der Lebertätigkeit. Ein Aufguss aus den jungen Blättern wirkt entschlackend und reguliert die Leberfunktion.

Löwenzahn

Engelwurz

Himbeerblatt

Das Atmungssystem

Das Atmungssystem entzieht der Atemluft den Sauerstoff, den wir zum Leben brauchen. Die richtige Atmung ist entscheidend für den reibungslosen Ablauf der Körperfunktionen, aber auch für die emotionale Ausgewogenheit. Viele Beschwerden des Atemsystems lassen sich durch bewusstes – langsames und regelmäßiges – Atmen lindern. Um dies zu lernen, können Meditationsformen hilfreich sein.

Rechts oben Yoga und Meditation können helfen, die Atmung zu stabilisieren und Stress abzubauen.

Rechts unten Regelmäßige Bewegung und eine tiefe Atmung halten die Lunge gesund.

Alle Körperzellen brauchen Sauerstoff. Wir können relativ lange ohne feste Nahrung leben, einige Tage auf Wasser verzichten – aber nur wenige Minuten auf Sauerstoff. Beim Einatmen heben die Muskeln zwischen den Rippen den Brustkorb und drücken das Zwerchfell nach unten. Die Luft gelangt durch Mund und Nase in die Lungen. Beim Ausatmen entspannen sich Brustmuskulatur und Zwerchfell, die Lungen ziehen sich zusammen und geben Kohlendioxid an die Umgebungsluft ab. Die Lungen enthalten zahllose winzige Bläschen, die Alveolen. Sie leiten Sauerstoffatome in die Blutbahn und Kohlendioxidatome heraus.

Nase, Mund, Rachen, Kehlkopf sowie die Nebenhöhlen im Kopf bilden die oberen Atemwege. Die unteren Atemwege bestehen aus Luftröhre, Bronchien, Lungenflügeln und Zwerchfell. Alle Bereiche des Atemsystems sind mit Schleimhaut ausgekleidet, die für ständige Befeuchtung sorgt.

Ein Mensch im Ruhezustand macht etwa 15 Atemzüge pro Minute. Bei Bewegung brauchen die Muskeln mehr Sauerstoff, die Atmung beschleunigt sich. Durch regelmäßige Bewegung, tiefe Atmung und vor allem Disziplinen wie Tai Chi oder Yoga wird ein regelmäßiger Atemrhythmus gefördert, der für Gesundheit und Wohlbefinden wichtig ist und auch Stresssymptome verhindern hilft. Studien haben ergeben, dass Asthmatiker durch regelmäßiges Singen ihre Lungenkapazität vergrößern und so das Anfallrisiko reduzieren können.

Viele Atemwegsbeschwerden wie Husten und Schnupfen werden durch Mikroorganismen verursacht, die wir einatmen. Ist das Immunsystem geschwächt, steigt das Erkrankungsrisiko.

Links Durch das Atmungssystem gelangt Luftsauerstoff in den Körper.

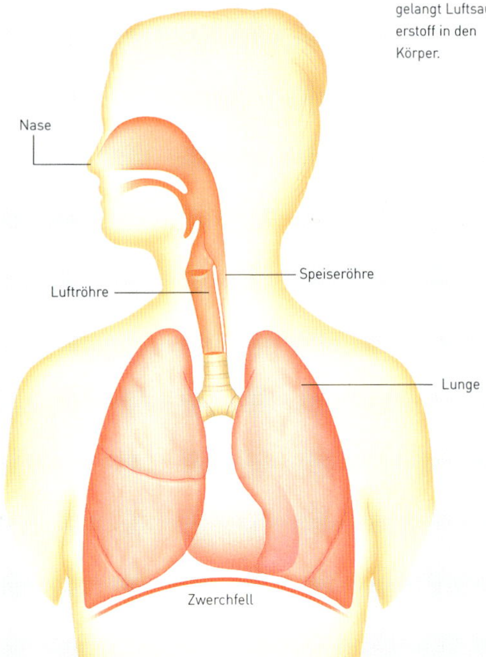

Kräuter für die Atmung

- **Schleimregulierende Kräuter** wie Salbei und Schafgarbe wirken lindernd bei übermäßiger Schleimbildung.

- **Antibakterielle Kräuter** wie Echinacea und Knoblauch bekämpfen Erkältungsbakterien. Knoblauch wirkt auch gegen Viren.

- **Antiseptische Kräuter** wie Eukalyptus und Rosmarin enthalten starke ätherische Öle, die Infektionen bekämpfen.

- **Krampflösende Kräuter** wie Kamille und Rotklee beruhigen trockenen Reizhusten.

- **Schweißtreibende Kräuter** wie Holunder und Pfefferminze fördern die Ausscheidung von Giftstoffen über die Haut und unterstützen die Bekämpfung von Viruserkrankungen.

- **Schleimlösende Kräuter** wie Knoblauch und Thymian erleichtern das Abhusten von Schleim.

Kräuter für die Atmung

Mit Beschwerden der Atemwege hat fast jeder gelegentlich zu kämpfen, vor allem in den Wintermonaten. Für die oberen und die unteren Atemwege empfehlen sich unterschiedliche Kräuter und Zubereitungen. Bei Fortschreiten einer Atemwegsinfektion müssen die Behandlungsweisen den veränderten Symptomen angepasst werden.

Wer häufig an Erkältungen, Husten oder Verschleimung leidet, sollte erwägen, schleimbildende Lebensmittel weitgehend zu vermeiden. Zu diesen gehören einerseits die Milchprodukte – vor allem Kuhmilch und Käse – sowie Weizen, Hafer und Gerste. Bei hartnäckigem Katarrh kann es auch sinnvoll sein, auf andere schleimende Lebensmittel wie Bananen und Kartoffeln zu verzichten und stattdessen verschiedenes Obst und Gemüse, Reis und Hülsenfrüchte sowie Ziegen- oder Sojamilch zu wählen.

Beschwerden der oberen Atemwege

Erkältung

Verursacher von Schnupfen, Kopf- und Halsschmerzen sind verschiedene Viren. Holunderbeersirup lindert Halsschmerzen und stärkt das Immunsystem, ähnliche Wirkung hat ein heißer Aufguss aus getrocknetem Zimt und frischem Ingwer mit etwas Zitrone und Honig. Wirkungsvoll ist auch ein Erkältungstee aus gleichen Teilen Schafgarbe, Holunderblüten und Pfefferminze, der 4–6-mal täglich getrunken wird.

Katarrh

Ein gewisser Schleimbelag ist wichtig, um die inneren Atemwege feucht zu halten. Eine überhöhte Schleimproduktion ist jedoch unangenehm. Aufgüsse aus Kamille, Pfefferminze oder Holunderblüten regulieren die Schleimhautfunktion und unterstützen die Entgiftung. Eine Dampfinhalation mit 2 Tropfen Eukalyptusöl und 3 Tropfen Rosmarinöl löst hartnäckigen, zähen Schleim.

Sinusitis

Eine Infektion der Nasennebenhöhlen kann starke Schmerzen im Gesicht verursachen. Echinaceatinktur sowie ein Aufguss aus Pfefferminze und Thymian stärken das Immunsystem und lindern die Entzündung. Beruhigend wirkt auch eine Dampfinhalation mit 4 Tropfen Lavendelöl. Um das Immunsystem wirkungsvoll zu stärken, integrieren Sie in Ihre Mahlzeiten täglich zwei rohe Knoblauchzehen.

Beschwerden der unteren Atemwege

Trockener Reizhusten

Infektionen der Nase, der Ohren und der Nebenhöhlen können sich bis zum Rachen ausbreiten. Honig ist für seine lindernde und antiseptische Wirkung bekannt. Lindernd wirkt auch ein Aufguss aus frischem Beinwell mit 2 TL Honig und einer frischen Zitronenscheibe.

Husten mit Auswurf

Auf diese Weise versucht der Körper selbst, überschüssigen Schleim auszustoßen. Ein schmerzhafter Husten tief in der Brust kann ein Anzeichen für eine Infektion sein, gegen die ein Aufguss aus Thymian und Salbei wirkt. Regelmäßige Dampfinhalationen mit Teebaumöl (4 Tropfen auf 500 ml kochendes Wasser) lösen den Schleim und stärken das Immunsystem. Bei anhaltenden Beschwerden muss ein Arzt konsultiert werden.

Rechts Diese Kräuter unterstützen die Funktion der Atemwege und stärken das Immunsystem.

getrockneter Salbei
Knoblauch
Salbei
Thymian
Holunderblüten
Echinacea (roter Sonnenhut)
Lavendel
Rotklee

Das Immunsystem

Das Immunsystem schützt den Körper vor Angriffen durch Mikroorganismen wie Bakterien, Viren, Pilzen und Parasiten. Wir sind im Alltag ständig von solchen Organismen umgeben, atmen sie ein und berühren sie.

Weil uns die täglichen Angriffe durch die verschiedenen, ständig vorhandenen Erreger nicht krank machen, nehmen wir die wichtige Funktion des Immunsystems meist gar nicht wahr. Aufmerksam werden wir erst bei Beschwerden – sie zeigen, dass das Immunsystem schwer arbeitet oder sogar überfordert ist.

Im Knochenmark werden die wichtigsten Zellen der Immunabwehr gebildet: die Lymphozyten. Sie konzentrieren sich in bestimmten Bereichen des Körpers, etwa der Thymusdrüse, in der Milz und den Rachenmandeln, und sie zirkulieren auch im Blutkreiskauf. Ihre Aufgabe ist die Zerstörung von Giftstoffen und Mikroben. Bei einer Infektion produziert der Körper außerdem verstärkt weiße Blutköperchen gegen schädliche Eindringlinge.

Die Immunabwehr beruht außerdem auf der Produktion von Antikörpern, die bereits bekannte schädliche Organismen neutralisieren. Diese „erworbene Immunität" ist typisch für die so genannten Kinderkrankheiten. Hat der Körper einmal Antikörper gebildet, ist eine erneute Erkrankung nahezu ausgeschlossen.

Allergien sind Überreaktionen des Immunsystems. Spezielle Zellen der Schleimhäute erzeugen einen besonderen Antikörpertyp, die so genannten Immunglobuline. Ein wiederholter Kontakt kann zu Überreaktionen der Immunglobuline führen. Dadurch wird die Produktion von Histamin ausgelöst, das eine Reizung der Kontaktstelle auslöst, meist verbunden mit Juckreiz, Niesen, tränenden Augen, Schwellung oder Kopfschmerzen. Ist der Körper einmal sensibilisiert, tritt diese Reaktion immer wieder auf, sodass man nur den Auslöser meiden kann. Bei bestimmten Funktionsstörungen greift das Immunsystem sogar das körpereigene Gewebe an. Ein Beispiel für solche Autoimmunerkrankungen ist die rheumatische Arthritis, eine Entzündung der Gelenke.

Das Immunsystem wird durch Stimmungen und den Energiehaushalt beeinflusst. Bei Stress, emotionaler Belastung oder Erschöpfung wird die Produktion von Abwehrzellen reduziert, der Körper ist folglich anfälliger für Infekte. Eine ganzheitliche Behandlung mit Kräutern wird darum immer auf die Stärkung des Immunsystems abzielen.

Rechte Seite:
Oben Fieber und Schüttelfrost sind typisch für eine Infektion des Immunsystems.

Unten Körperliche, geistige und seelische Ausgeglichenheit sind wichtig für ein stabiles Immunsystem.

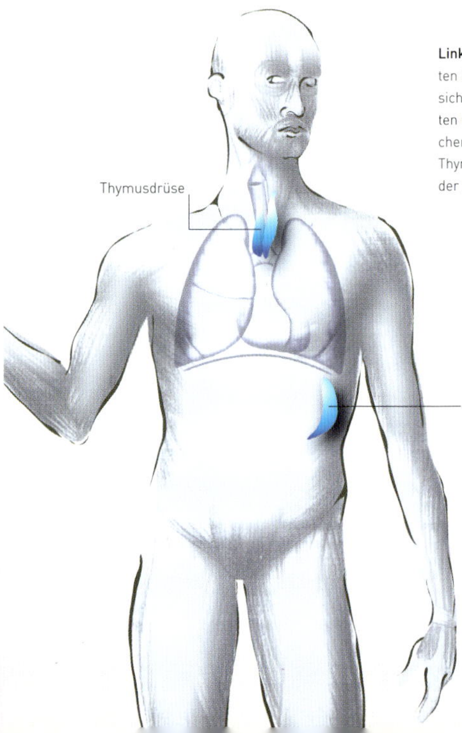

Links Lymphozyten konzentrieren sich in bestimmten Körperbereichen, etwa der Thymusdrüse und der Milz.

Kräuter zur Stärkung des Immunsystems

- **Abwehrstärkende Kräuter** wie Echinacea und Rotklee zur Entgiftung des Blutes und zur Erneuerung von Gewebe.
- **Keimtötende Kräuter** wie Knoblauch und Thymian vernichten Krankheitserreger.
- **Entzündungshemmende Kräuter** wie Ringelblume und Aloe vera lindern Hautreizungen.
- **Harntreibende Kräuter** wie Brennnessel und Löwenzahn fördern die Ausscheidung von Giften.
- **Stärkende Kräuter** wie Ingwer und Rosmarin kräftigen den Organismus bei längeren Erkrankungen.
- **Beruhigende Kräuter** wie Zitronenmelisse und Lavendel lindern nervöse Beschwerden.

Kräuter für das Immunsystem

Wenn das Immunsystem geschwächt ist, braucht der Körper vor allem Ruhe. Bei einer Infektion fühlt man sich schlapp und müde – der Körper verlangt Schonung. Leider werden solche Zeichen heute oft ignoriert. Der Körper gerät unter starken Druck, der noch zunimmt, wenn man ihn mit frei verkäuflichen, koffeinhaltigen Medikamenten aufputscht, die kurzfristig Energie zu spenden scheinen, letztlich aber eine zusätzliche Belastung darstellen. Wer sich stattdessen Ruhe gönnt, wird die Erkrankung schneller überwinden und sich eher erholen.

Echinacea

Fieber

Fieber ist eine Abwehrreaktion auf eine Infektion durch Viren oder Bakterien. Der Organismus erhöht seine Temperatur, um die Mikroorganismen abzutöten. Kräuter können den Organismus bei Fieber unterstützen, vor allem die bekannte Kombination aus Schafgarbe, Holunderblüten und Pfefferminze hat sich bewährt. Holunderblüten regen die Schweißbildung an und fördern so das Ausschwitzen von Giften. Dazu kann Echinaceatinktur zur Bekämpfung von Mikroben eingenommen werden. Wenn der Appetit zurückkehrt, sollte man mit reichlich Knoblauch würzen, um das Immunsystem zu stärken. Linderung schaffen auch Umschläge mit kühlem Kamillenaufguss. Wenn die Temperatur längere Zeit über 39 °C (bei Erwachsenen über 40 °C) bleibt, das Fieber länger als 48 Stunden anhält oder die Temperatur plötzlich unter 35 °C fällt, sollte ein Arzt gerufen werden.

Grippe

Typisch für diese Virusinfektion sind Gliederschmerzen, Schüttelfrost und Abgeschlagenheit. Eine Grippeinfektion dauert etwa 7–10 Tage, konsequente Bettruhe ist empfehlenswert. Der Appetit ist schwach, reichliches Trinken jedoch sehr wichtig. Kräutertees mit Honig und frischer Zitrone spenden dem Körper Energie. Ein Aufguss aus frischer Ingwerwurzel wärmt und unterstützt das Immunsystem. Ähnlich wirken andere Gewürze wie Muskatnuss und Kardamom, die auch mit Ingwer gemischt werden können. Auch bei Grippe wird die Einnahme von Echinaceatinktur dreimal täglich empfohlen. Kehrt der Appetit zurück, sollte das Immunsystem durch zwei rohe Knoblauchzehen täglich gestärkt werden.

Chronische Immunschwächen

Wird das Immunsystem über einen längeren Zeitraum überfordert, kann sich eine so genannte postvirale Erschöpfung einstellen. In diesem Fall ist es sinnvoll, einen Arzt oder Heilpraktiker zu konsultieren. Durch Aufgüsse beruhigender Kräuter wie Majoran, Lavendel oder Zitronenmelisse kann man die Regeneration des Körpers jedoch unterstützen. Echinaceatinktur fördert den Aufbau der Immunabwehr, während Hafertinktur bei chronischen Stressbeschwerden wirksam ist. Aufgüsse blutreinigender Kräuter wie Ringelblume, Brennnessel oder Rotklee unterstützen die Reinigung und Entgiftung des Blutes und des Lymphsystems.

Nach einer schweren Erkrankung sollte man reichlich Obst und Gemüse essen und täglich mindestens sechs große Gläser stilles Mineralwasser trinken. Yoga oder Meditation können dabei helfen, Stress zu reduzieren. Spaziergänge an der frischen Luft sind hilfreich, um körperliche Kraft wiederzugewinnen. Ätherische Öle wie Zitrone und Orange (3 Tropfen in der Duftlampe oder im Verdampfer) hellen die Stimmung auf.

Rechts Diese Kräuter lindern Stress und stärken das Immunsystem.

Rosmarin
Ringelblume
Zitronenverbene
Aloe vera
Ingwer
Brennnessel

Die Haut

Der gesamte Körper ist von Haut umgeben, in der sich zahlreiche Blutgefäße und Nervenenden befinden. Die Haut lässt uns unsere Umwelt fühlen. Die Schweißdrüsen der Haut dienen zur Regulierung der Körpertemperatur – an einem ganz normalen Tag geben wir etwa 600 ml Schweiß ab, bei körperlicher Anstrengung wesentlich mehr. Darum sollte man täglich mindestens 2,5 Liter trinken. Wegen ihrer wichtigen Rolle für die Entgiftung des Körpers wird die Haut manchmal auch als „dritte Niere" bezeichnet.

Anatomie der Haut

Die äußerste Hautschicht, die **Epidermis,** besteht aus mehreren Zellschichten, die Keratin enthalten. Keratin findet man auch in Haaren und Nägeln. Durch die ständige Reibung der Kleidung werden die abgestorbenen Zellen abgetragen und durch neue Zellen ersetzt, die in den unteren Epidermisschichten gebildet werden.

Darunter liegt die **Dermis** mit einem Geflecht aus feinen Blutgefäßen, Nervenenden, Haarfollikeln, Schweißdrüsen und den Talgdrüsen, deren Sekret die Haut weich und geschmeidig hält. Auch Muskelfasern befinden sich in dieser Hautschicht. In den Achseln und im Lendenbereich liegen außerdem spezielle, hormongesteuerte Drüsen, die männliche und weibliche Geruchsstoffe abgeben.

Unter der Dermis liegt eine **Fettschicht,** die der Wärmeisolierung des Körpers dient.

Die Gesundheit der Haut hängt weniger von dem ab, was man äußerlich aufträgt, als vielmehr von dem, was man dem Körper innerlich zuführt. Damit sie glatt und geschmeidig bleibt, muss man vor allem ausreichend trinken. Auch der mäßige Verzehr von hochwertigen Pflanzenölen, etwa Sonnenblumenöl, natives Olivenöl oder Nachtkerzenöl, verhindert die Austrocknung. Frisches Obst und Gemüse liefert die nötigen Vitamine für die Regeneration und Neubildung von Hautzellen. Rauchen schädigt beträchtlich die Kollagenfasern, die die Haut elastisch halten. Eine träge Verdauung, ein Mangel an Schlaf, Bewegung und frischer Luft lassen die Haut ebenfalls fahl und blass aussehen. Die Haut rötet sich bei Erregung und wird bei Angst oder Erschrecken blass – sie ist also auch ein Spiegel der Emotionen. Das liegt daran, dass im Embryonenstadium Haut und Nervensystem gemeinsam ausgebildet werden. Hautprobleme lassen sich durch äußerliche Behandlung allein nicht beheben. Es ist wichtig, zugleich auch Aspekte wie Ernährung und Stress zu betrachten, denn nur eine ganzheitliche Behandlung verspricht langfristig Erfolg. Dennoch braucht man etwas Geduld, denn die Erfolge sind nicht sofort sichtbar.

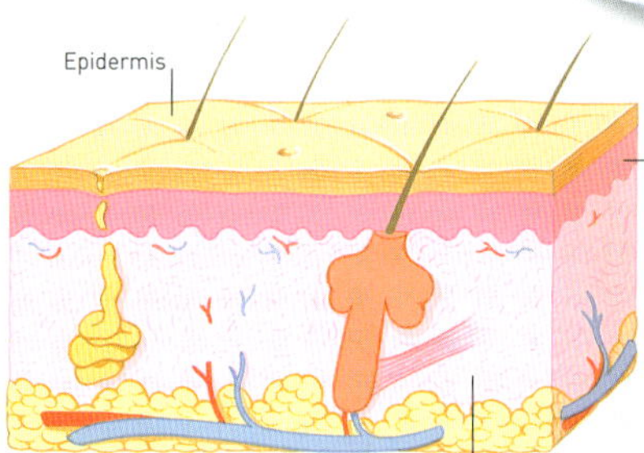

Links Die Haut besteht aus drei Hauptschichten, die gemeinsam für den Schutz des Körpers sorgen.

Oben Reichlich Wasser ist wichtig für eine glatte Haut.

Rechte Seite:
Links Frisches Obst und Gemüse versorgt die Haut mit den notwendigen Vitaminen und Mineralien.

Oben rechts Schöne Haut verlangt eine vernünftige Ernährung, ausreichend Schlaf und sorgfältige Pflege.

Kräuter zur Behandlung von Hautproblemen

- **Entschlackende Kräuter** wie Rotklee und Brennnessel fördern die Reinigung und Entgiftung des Organismus.
- **Beruhigende Kräuter** wie Römische und Echte Kamille, Schafgarbe und Ringelblume wirken lindernd bei Juckreiz, Rötungen und Nesselausschlag.
- **Entzündungshemmende Kräuter** wie Kamille und Beinwell lindern Reizungen.
- **Lavendel und Myrte** regen gesundes Zellwachstum an.
- **Harntreibende Kräuter** wie Schafgarbe und Brennnessel fördern die Ausscheidung von Giftstoffen.
- **Hormonausgleichende Kräuter** wie Fenchel, Mönchspfeffer und Muskatellersalbei regulieren hormonelle Schwankungen, die zu Hautunreinheiten führen können.
- **Beruhigende Kräuter** wie Zitronenmelisse und Majoran wirken Stress entgegen.
- **Wundheilende Kräuter** wie Schachtelhalm und Hafer fördern die Heilung von Verletzungen.

Kräuter für die Haut

Zur Reinigung gereizter Haut empfehlen sich starke Kräuteraufgüsse (s. Seite 132–133), anschließend können Salben und Einreibungen (s. Seite 130–131) zur Förderung der Regeneration verwendet werden. Bedenken Sie, dass neben der äußerlichen Behandlung auch Ernährung und Lebensweise eine Rolle spielen.

Oben Zur Linderung von Hautreizungen empfehlen sich Kräuteröle.

Rechts Diese Kräuter eignen sich zur Behandlung gereizter und entzündeter Haut.

Schnitte und kleine Wunden

Ein starker Aufguss aus Schachtelhalm und Schafgarbe wirkt antiseptisch und stillt die Blutung. Vor der Anwendung einer Salbe muss die Wunde sauber sein. Tritt eine Entzündung auf, lässt sie sich oft durch heiße Kompressen mit antiseptischen Kräutern wie Thymian oder Knoblauch lindern. Salben mit Zusätzen von Ringelblume, Beinwell oder Johanniskraut unterstützen die Heilung der Wunde. Bei einer Unfallverletzung hilft Lavendel doppelt, weil er auch die Nerven beruhigt.

Akne

Rote Pickel mit gelben Köpfen bilden sich hauptsächlich im Gesicht, am Hals, auf Schultern und Rücken. Verstopfte und entzündete Talgdrüsen sind häufig Folge hormoneller Veränderungen, schlechter Ernährung oder unzulänglicher Entgiftung des Körpers. Zur Reinigung der betroffenen Hautbereiche eignen sich Kräuter wie Löwenzahn und Kamille. Zaubernuss *(Hamamelis)* stärkt die Widerstandskräfte der Haut gegen Infektionen. Salben und Cremes mit Rotklee und Ringelblume oder mit ätherischen Ölen wie Lavendel oder Teebaum können die Infektionsgefahr reduzieren und das Abheilung beschleunigen.

Furunkel

Hierbei handelt es sich um eine lokale Bakterieninfektion, die zu einer Schwellung führt. Heiße Thymiankompressen bekämpfen die Entzündung, Kamille wirkt beruhigend. Salben mit Beinwell und Ringelblume fördern die Heilung. Eine ungesunde Ernährung kann Furunkel begünstigen.

Ekzeme

Ekzeme stehen in enger Beziehung zur Gefühlslage, bei emotionaler Belastung verschlimmern sie sich meist. Die Haut – oft in Hautfalten – rötet sich und bildet Bläschen oder Quaddeln, die aufbrechen und nässen können. Die Epidermis verdickt sich, die Haut fühlt sich trocken und schuppig an. Akute Reizungen können durch kühle Umschläge mit Kamillenaufguss beruhigt werden. Zur Förderung der Heilung eignen sich Salben mit beruhigenden Kräutern wie Lavendel und Borretsch oder Rotklee und Ringelblume. Am besten trägt man die Salben abends auf, damit sie über Nacht einwirken können. Menschen mit Neigung zu Ekzemen sind oft allergisch gegen Milchprodukte, auf die sie zumindest vorübergehend verzichten sollten. Auch Zitrusfrüchte, Tomaten und Zucker können die Ekzemneigung verstärken.

Schuppenflechte

Es gibt verschiedene Formen der Schuppenflechte, besonders verbreitet ist jedoch die Form, bei der große Bereiche der unteren Epidermis schneller als nötig erneuert werden, sodass sich die Oberhaut schuppt und flächige Rötungen und Reizungen entstehen. Besonders häufig treten die Reizungen an Ellenbogen und Knien auf. Gelegentlich kann die Schuppenflechte auch zu örtlich begrenzter Arthritis führen. Pflegende Öle mit Lavendelblüten und Beinwell wirken lindernd, auch beruhigende Kräuter wie Ringelblume und Rotklee sind hilfreich. Aufgüsse aus Zitronenmelisse oder Zitronenverbene wirken entspannend und lindern Stressbeschwerden, die die Symptome auslösen können.

Majoran
Brennnessel
Ringelblume
Beinwell
Kamille
Rotklee
Zaubernuss

Kräuter für die Hautpflege

Kräuter eignen sich sehr gut für die sanfte, natürliche Hautpflege, weil sie frei von Chemikalien sind. Die meisten kommerziellen Hautpflegemittel enthalten eine Reihe von künstlichen Farb- oder Konservierungsstoffen. Viele Kräuter haben wegen ihrer reinigenden und pflegenden Wirkung eine lange Tradition als Hautpflegemittel, allerdings müssen die Präparate frisch zubereitet werden, um optimal wirken zu können.

Reinigungsmilch mit Beinwell und Löwenzahn

Junge Löwenzahnblätter erleichtern die Tiefenreinigung der Haut, während Beinwell beruhigend wirkt. Bereiten Sie einen starken Aufguss aus 12 TL gehackten, jungen Löwenzahnblättern und 2 TL gehackten, jungen Beinwellblättern mit 250 ml kochendem Wasser zu. 2 Stunden ziehen lassen, dann abgießen. 200 ml Aufguss in einer Schüssel mit 200 ml Vollmilch verrühren, in eine Flasche füllen und im Kühlschrank aufbewahren. Vor Gebrauch schütteln. Die Milch hält sich im Kühlschrank eine Woche und sollte danach nicht mehr verwendet werden.

Jojoba-Kakaobutter-Creme mit Lavendel und Myrte

Diese leichte, nährende Creme eignet sich für alle Hauttypen. Einen Aufguss aus 1 TL frischen Lavendelblüten und 1 TL frischen Myrteblüten mit 250 ml kochendem Wasser herstellen, 15 Minuten ziehen lassen und abgießen. 4 EL Aufguss in eine feuerfeste Form geben und 30 g Kakaobutter zufügen. Die Mischung im Wasserbad erhitzen, bis sich die Kakaobutter auflöst. Dabei ständig rühren. 4 EL Jojobaöl abmessen und unter ständigem Rühren tröpfchenweise zugeben. Die Mischung vom Herd nehmen und weiter rühren, bis sie abkühlt und eindickt. In ein dunkles Glas mit Schraubdeckel (120 ml) geben. Die Creme hält sich im Kühlschrank 3–4 Wochen und sollte danach nicht mehr verwendet werden.

Hafer-Honig-Maske mit Kamille

Der Hafer hat einen sanften Peeling-Effekt, während Honig die Haut glatt und geschmeidig macht. Ein Kamillenaufguss wirkt entzündungshemmend und beruhigend. Die Maske eignet sich für alle Hauttypen. Einen schwachen Aufguss aus Kamille herstellen (1 TL getrocknete oder 2 TL frische Kräuter auf 250 ml kochendes Wasser) und 15 Minuten ziehen lassen. In einer kleinen Schüssel 4 EL feines Hafermehl mit 3 EL Kamillenaufguss und 2 TL Honig zu einer Paste verrühren. Auf die gereinigte Haut auftragen, 20 Minuten einwirken lassen, dann mit warmem Wasser abspülen. Nach dem Abtrocknen fühlt sich die Haut ganz weich an. Die Maske wird nur frisch verwertet, eventuelle Reste wegwerfen.

Kräuter-Gesichtswasser

Schwache Kräuteraufgüsse eignen sich sehr gut als Gesichtswasser. Man übergießt 2 TL frische oder 1 TL getrocknete Kräuter mit 250 ml kochendem Wasser. 15 Minuten ziehen lassen, dann durch ein Sieb gießen. Den Aufguss in eine Glasflasche füllen und in den Kühlschrank stellen. Innerhalb von 3–4 Tagen verbrauchen.

Einige Beispiele:

Fettige Haut	Rosmarin- und Myrtenblätter
Trockene Haut	Lavendel- und Kamillenblüten
Reife Haut	Ringelblumenblüten und Zitronenmelissenblätter
Akne	Rotkleeblüten und Beinwellblätter

Das weibliche Fortpflanzungssystem

Seit Jahrhunderten setzen Frauen Kräuter bei hormonell bedingten Beschwerden ein. Generationen von Frauen haben das traditionelle Wissen über Kräuter zur Linderung von Menstruationsbeschwerden oder zur Erleichterung der Geburt an ihre Töchter und Enkelinnen weitergegeben. Die moderne Wissenschaft hat nachgewiesen, dass bestimmte Pflanzen Steroide enthalten, die den weiblichen Hormonen ähnlich sind und darum den Hormonhaushalt und den Monatszyklus stabilisieren können.

Rechts oben Schon seit Jahrhunderten nutzen Frauen Kräuter zur Regulierung des Hormonhaushalts.

Rechts unten Einige Kräuter können in der Schwangerschaft zur gezielten Unterstützung des Organismus eingesetzt werden.

Die weiblichen Fortpflanzungsorgane

- Die **Eierstöcke** (Ovarien) sind zwei Organe von der Größe einer Nuss. Sie bestehen aus zahlreichen kleinen Segmenten, den Follikeln, die jeweils ein Ei enthalten. Bei Frauen im gebärfähigen Alter reift etwa alle 28 Tage ein Ei heran, gleichzeitig produzieren die Eierstöcke die Hormone Östrogen und Progesteron.
- Die **Eileiter** bilden die Verbindung zwischen Eierstöcken und Gebärmutter.
- Die **Gebärmutter** ist ein Organ von Form und Größe einer Birne. Der Gebärmutterhals mündet in die Vagina. Die Gebärmutterwand hat eine Stärke von etwa 2,5 cm und ist mit einer Schleimhaut ausgekleidet, die im Laufe eines Monatszyklus zunehmend dicker wird und schließlich während der Menstruation abgestoßen wird.
- Die **Brüste** bestehen aus einem Fett- und Fasergewebe. In ihnen wird Muttermilch gebildet.

Der Menstruationszyklus steht in Beziehung zum Mond. Die meisten Frauen haben 13 Blutungen pro Jahr, die dem Rhythmus der Mondphasen folgen. Der Zyklus beginnt mit dem ersten Tag der Blutung. Um den 14. bis 16. Tag hat sich die Gebärmutterschleimhaut aufgebaut, und der Eisprung findet statt. Wird das Ei nicht befruchtet, baut sich die Gebärmutterschleimhaut langsam ab und wird bei der folgenden Blutung ausgestoßen. Wird das Ei hingegen befruchtet, verdickt sich die Gebärmutterwand weiter, sodass das Ei sich einnisten und der Embryo sich entwickeln kann.

Während der Menopause finden hormonelle Veränderungen statt, der Menstruationszyklus verlängert sich oder verändert sich anderweitig, bis die Blutungen schließlich völlig ausbleiben. Typische Begleiterscheinungen dieser Phase sind Stimmungsschwankungen, Hitzewallungen oder nächtliche Schweißausbrüche. Diese Beschwerden lassen sich mit Kräutern sehr gut lindern.

Unten Beschwerden des weiblichen Fortpflanzungssystems lassen sich durch Bäder und Massagen am besten lindern.

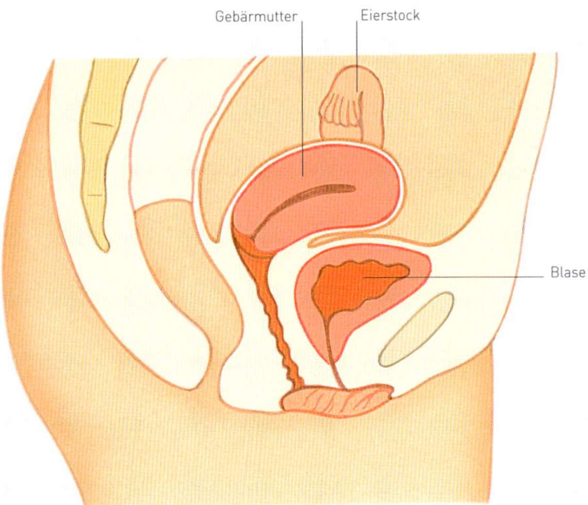

Kräuter bei Beschwerden der weiblichen Fortpflanzungsorgane

- **Adstringierende Kräuter** wie Schafgarbe und Brennnessel können starke Menstruationsblutungen dämpfen.
- **Krampflösende Kräuter** wie Lavendel und Kamille wirken beruhigend bei Menstruationsschmerzen.
- Zimt und Ingwer werden bei **unregelmäßigem Zyklus** zum Auslösen der Menstruationsblutung empfohlen. (Hinweis: Diese Mittel sollten auf keinen Fall während der Schwangerschaft verwendet werden!)
- Mönchspfeffer und Salbei enthalten so genannte Phytohormone, die sich **ausgleichend** auf den weiblichen Hormonhaushalt auswirken.
- **Nervenstärkende** Kräuter wie Johanniskraut und Zitronenmelisse sind hilfreich bei hormonell bedingten Stimmungsschwankungen.
- Frauenmantel und Himbeerblätter werden traditionell zur **Stärkung** der weiblichen Fortpflanzungsorgane verwendet. Vorsicht: Himbeerblätter wirken wehenauslösend!

Kräuter für die weiblichen Fortpflanzungsorgane

Kräuter können bei Beschwerden der weiblichen Fortpflanzungsorgane auf verschiedene Weise eingesetzt werden. Hilfreich sind sanfte Ölmassagen des Bauchs, Kräuteraufgüsse und Tinkturen. Eine gesunde Ernährung sowie viel Wasser sorgt für eine gute Nährstoffversorgung des Beckenbereichs und für eine geregelte Verdauung. Bei Zyklusunregelmäßigkeiten und Menstruationsbeschwerden kann auch vorübergehend Vitamin E oder Nachtkerzenöl als Ergänzungspräparat eingenommen werden.

Himbeerblatt

Prämenstruelles Syndrom (PMS)

Unter diesem Begriff werden verschiedene Symptome zusammengefasst, die für die letzte Zyklusphase typisch sind: Stimmungsschwankungen, Gewichtszunahme, Kopfschmerzen oder ein aufgeblähter Bauch. Hilfreich ist die Einnahme von Mönchspfeffertinktur (15 Topfen in Wasser auf nüchternen Magen über 4–6 Monate). Aufgüsse aus Frauenmantel und Ringelblume bringen in der letzten Zykluswoche Linderung, auch Salate mit entgiftenden Kräutern wie Löwenzahn und Brunnenkresse wirken unterstützend.

Unregelmäßige Blutungen

Bei Unregelmäßigkeiten in Rhythmus oder Stärke der Blutungen sind meist hormonelle Schwankungen, Funktionsschwäche der Thymusdrüse oder Faktoren der Lebensführung die Ursache. Bei plötzlichen Veränderungen des Menstruationsrhythmus oder Ausbleiben der Blutungen muss ein Arzt konsultiert werden. Unterstützend können Aufgüsse aus Frauenmantel und Schafgarbe wirken, ebenso Mönchspfeffertinktur, jeweils über einen Zeitraum von 3–4 Monaten eingenommen.

Menstruationsschmerzen

Manche Frauen leiden während der ersten 48 Stunden der Blutungen an heftigen, krampfartigen Schmerzen, die Blutung selbst ist stark und das Blut hellrot. Ebenso häufig treten dumpfe Schmerzen 2–3 Tage vor der Menstruation auf, in diesem Fall tritt dunkles, klumpiges Blut aus. Beide Beschwerdetypen gehen auf eine ungenügende Durchblutung des Beckenbereichs sowie einen hohen Prostaglandinspiegel zurück. Prostaglandin ist eine hormonähnliche Substanz, die Muskelkontraktionen auslöst. Die Prostaglandinproduktion kann durch sechsmonatige Einnahme von Nachtkerzenöl reguliert werden, zusätzlich sollte über mindestens 2–3 Monate zweimal täglich ein Aufguss aus gleichen Teilen Schafgarbe, Rosmarin und Frauenmantel getrunken werden.

Bei Anspannung oder Erschöpfung ist ein Aufguss aus Zitronenmelisse hilfreich. Auch abendliche Bauchmassagen mit einem Kräuteröl mit Lavendel und Majoranblättern können in der letzten Zykluswoche Linderung verschaffen.

Beschwerden in der Menopause

Typisch sind Kopfschmerzen, Hitzewallungen, Herzrasen, Stimmungsschwankungen, Schlafstörungen, reduzierte sexuelle Lust sowie ein insgesamt sinkender Hormonspiegel. Zu den Kräutern mit östrogenähnlicher Wirkung zählen Mönchspfeffer (Tinktur, siehe oben) sowie Aufgüsse aus Muskatellersalbei und Fenchel. Schafgarbenaufguss reguliert den Kreislauf und kann nächtlichen Schweißausbrüchen und Hitzewallungen vorbeugen. Besprechen Sie die Anwendung von Kräutern mit Ihrem Arzt oder Heilpraktiker.

Rechts Diese Kräuter wirken regulierend auf den Hormonhaushalt und stärken das Nervensystem.

Schafgarbe
Johanniskraut
Mönchspfeffer
Frauenmantel
Zitronenmelisse
Brunnenkresse

Das männliche Fortpflanzungssystem

Die komplikationslose Funktion des männlichen Fortpflanzungssystems hängt stark von der körperlichen und seelischen Ausgeglichenheit ab. In unserer modernen Leistungsgesellschaft kann der ständige Druck viel Energie rauben und auch das Selbstwertgefühl aus dem Lot bringen. Bei Problemen des männlichen Fortpflanzungssystems ist es daher wichtig, ganzheitlich vorzugehen, Stressfaktoren zu erkennen und Wege zum Aufbau neuer Energie und Vitalität zu suchen.

Die männlichen Fortpflanzungsorgane

- Die **Hoden** produzieren Spermien sowie das Hormon Testosteron, das für Wachstum von Muskeln und Knochen sowie für die sexuelle Entwicklung verantwortlich ist.
- Der **Hodensack** ist im Inneren in zwei Hälften geteilt, in jeder befindet sich ein Hoden. Er liegt außerhalb des Körpers, weil die Körpertemperatur zur Entwicklung der Spermien zu hoch ist. Von den Hoden führt je ein Samenleiter zum Penis.
- Der **Penis** ist das männliche Sexualorgan, durch das Sperma (Spermien in einer Flüssigkeit) und Urin aus dem Körper gelangen. Er enthält Schwellkörper, die für die Vergrößerung und Versteifung des Penis bei sexueller Erregung sorgen.
- Die **Prostata** (Vorsteherdrüse) hat etwa die Größe einer Walnuss. Sie liegt unterhalb der Blase und produziert ein Sekret, dass bei der Ejakulation mit den Spermien ausgestoßen wird. Sie wächst erst während der hormonellen Umstellung in der Pubertät auf ihre volle Größe heran. Bei Männern über 50 kann sie sich vergrößern und Beschwerden beim Wasserlassen verursachen.

Bei Beschwerden der männlichen Fortpflanzungsorgane kann durch Veränderungen der Lebensführung die Produktion von Spermien angeregt werden. Auch auf emotionale Belastungen und Ängste sollte geachtet werden. Ein gutes Gleichgewicht zwischen Arbeit und Freizeit ist wichtig, ebenso wie abwechslungsreiche Beschäftigungen, die Raum für geistiges Wachstum und Kreativität bieten, und körperliche Bewegung. Es reicht nicht, auf den nächsten Urlaub zu warten. Ist der Stress zu groß, sind Sie womöglich zu erschöpft, um ihn zu genießen.

Fruchtbarkeitsprobleme haben bei Männern und Frauen ähnliche Ursachen: Stress, Rauchen, ungesunde Ernährung und Alkohol können sich auf die Spermienproduktion auswirken. Wer sich Kinder wünscht, sollte seine Rauch- und Trinkgewohnheiten kritisch betrachten und bewusst viel frisches Obst und Gemüse in seine Ernährung aufnehmen. Nüsse und Samen liefern reichlich Zink, B-Vitamine und Vitamin E, die den männlichen Hormonhaushalt stabilisieren können.

Rechts oben Zu starkes berufliches Engagement kann sich auf die Hormonproduktion auswirken.

Rechts unten Entspannende Kräuter helfen bei Stress und emotionaler Belastung.

Unten Das männliche Fortpflanzungssystem reagiert sehr sensibel auf Stress.

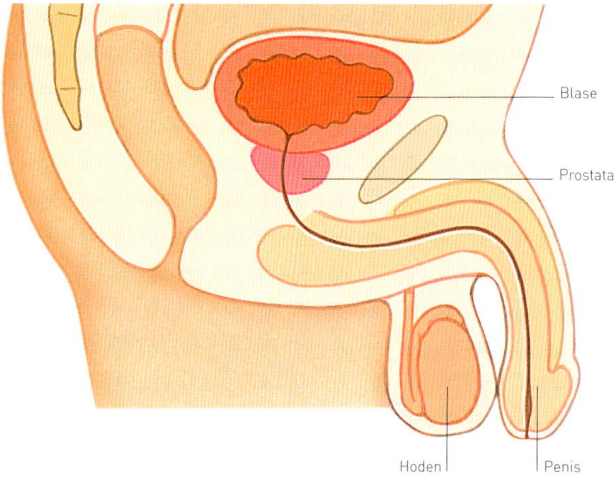

Kräuter bei Beschwerden des männlichen Fortpflanzungssystems

- **Stärkende Kräuter** wie Borretsch und Sellerie unterstützen bei Erschöpfung und Antriebsschwäche.
- **Antiseptische Kräuter** wie Thymian und Ringelblume helfen bei der Bekämpfung von Infektionen.
- **Schleimbildende Kräuter** wie Beinwell und Aloe vera beruhigen gereizte Schleimhäute.
- **Harntreibende Kräuter** wie Schachtelhalm und Schafgarbe fördern die Entgiftung.
- **Tonisierende Kräuter** wie Ginseng und Ingwer kräftigen die Sexualorgane.

Kräuter für das männliche Fortpflanzungssystem

Oben Krebse und andere Meeresfrüchte enthalten viel Zink, der die Produktion männlicher Sexualhormone anregt.

Rechts Diese Kräuter beruhigen, entschlacken und kräftigen das männliche Fortpflanzungssystem.

Das männliche Fortpflanzungssystem kann durch verschiedene Kräuteranwendungen unterstützt werden. Wirkungsvoll sind Tees, entspannende Bäder und Massagen. Über die Ernährung regen frischer Ingwer, schwarzer Pfeffer und Knoblauch die Durchblutung an, während Meeresfrüchte reichlich Mineralien wie Zink enthalten, die die Produktion männlicher Hormone anregen.

Impotenz

Physisch äußert sich Impotenz durch ausbleibende oder nicht dauerhafte Erektion. Die Ursachen liegen häufig auf emotionaler Ebene: Stress, Sorgen, Erschöpfung oder Unfähigkeit zur Entspannung. Die Ernährung kann zum Aufbau der Vitalität beitragen, die ein wesentlicher Faktor zur Überwindung des Problems ist. Stärkende Kräuter wie Ingwer, Ginseng und Brennnessel, als Ergänzungspräparat eingenommen oder als Aufguss getrunken, sind hilfreich. Bei Depressionen und Ängsten hat sich auch Johanniskraut bewährt. Entspannende Massagen mit Lavendel- oder Sandelholzöl (s. Seite 140–141) verbessern die Qualität des Schlafs und sorgen so dafür, dass man sich tagsüber frischer und vitaler fühlt.

Prostata-Vergrößerung

Dieses Problem betrifft jeden dritten Mann über 50. Durch hormonelle Veränderungen in diesem Alter kann sich die Prostata vergrößern, sodass sie Druck auf die Blase ausübt und häufigen Harndrang verursacht. Der reduzierte Urinfluss führt aber dazu, dass sich die Blase nie ganz entleert. Täglich 2–3 Tassen Tee aus adstringierenden und stärkenden Kräutern wie Schachtelhalm und Brennnessel können den Urinfluss regulieren, in jedem Fall sollten die Beschwerden aber mit dem Arzt besprochen werden. Kürbis- und Sonnenblumenkerne enthalten reichlich essenzielle Fettsäuren und können die Beschwerden ebenfalls lindern.

Prostatitis

Diese bakterielle Infektion der Vorsteherdrüse bedarf ärztlicher Behandlung, weil sie mit Fieber, Schmerzen im unteren Rücken und Brennen beim Wasserlassen einhergeht. Aufgüsse aus antiseptischen Kräutern wie Thymian, entzündungshemmenden Kräutern wie Kamille oder harntreibenden Kräutern wie Holunderblüten und Salbei (2–3 Tassen täglich) lindern Schmerzen und Fieber und können in akuten Fällen zusätzlich zu Medikamenten getrunken werden. Echinaceatinktur stärkt das Immunsystem.

Hinweis: Bei ungewöhnlicher Schwellung oder Schmerzen im Unterleib unbedingt einen Arzt konsultieren.

Trinken Sie sich gesund

Bei Blasenbeschwerden hilft Saft aus frischen Karotten, Sellerie und Gurke. Das Gemüse wird roh mit einem elektrischen Entsafter verarbeitet. Für ca. 250 ml Saft brauchen Sie 2–3 große Karotten, 3–4 Stangen Sellerie oder 1 große Salatgurke. Alle Zutaten schälen, würfeln und entsaften. Den fertigen Saft im Verhältnis 1:1 mit kaltem Mineralwasser verdünnen. Alle drei Gemüsesorten liefern wertvolle Vitamine, senken aber vor allem den Säuregehalt des Urins und wirken dadurch lindernd. 3–4 große Gläser täglich trinken.

Ginseng
Borretsch
Ringelblume
Schachtelhalm
Thymian
Aloe vera
Ingwer

Das Nervensystem

Mutterkraut

Das Nervensystem ist ein komplexes Kommunikationsnetzwerk, das elektrische Signale vom Gehirn zu allen Körperteilen und zurück transportiert. So kann der Körper auf äußere und innere Veränderungen reagieren. Das Nervensystem sendet auch Stresssignale ans Gehirn, sodass die innere Chemie des Körpers den jeweiligen Anforderungen angepasst werden kann.

Bestandteile des Nervensystems

• Das **Gehirn,** von den Schädelknochen geschützt, ist das Schaltzentrum des Systems. Es ist von der Hirnhaut umgeben und besteht aus drei Hauptteilen.

Das *Großhirn* ist in eine rechte und eine linke Hälfte geteilt. Es besteht aus den „grauen Zellen". Es steuert die bewusste Bewegung, verarbeitet die Signale des Tastsinns und ist auch der Sitz von Intelligenz, Gedächtnis und Sinnesreizen.

Das *Kleinhirn* liegt unter dem Großhirn. Es ist kleiner und ist hauptsächlich für Gleichgewicht und Muskelkoordination zuständig.

Der *Hirnstamm* bildet die Verbindung zwischen Rückenmark und Gehirn. Er reguliert Herzschlag, Atmung und Verdauung – also die lebenswichtigen Körperfunktionen.

Die *Hirnanhangdrüse* liegt unterhalb des Gehirns. Sie ist für die Regulierung des Hormonhaushalts zuständig.

• Das **Rückenmark** verläuft im Inneren der Wirbelsäule durch die Wirbel hindurch. Von knochigen Vorsprüngen der Wirbel zweigen Nerven ab, die in alle Körperteile führen und sich immer weiter verzweigen, bis in die äußersten Zehen- und Fingerspitzen.

• **Nerven** sind Faserbündel, die Sinnesreize ans Gehirn übermitteln und Impulse des Gehirns (z. B. für eine Muskelbewegung) in alle Körperteile leiten. Jede Nervenzelle hat ein Empfangselement, das man Dendrit nennt, sowie ein Sendeelement, das als Axon bezeichnet wird. Neben dem System aus *sensorischen* und *motorischen Nerven*, dessen Aktivität wir bewusst wahrnehmen, verfügt der Körper noch über ein vegetatives Nervensystem, das aus zwei Nerventypen besteht. Der Typ *Sympathicus* spricht auf Erregung an und löst den so genannten Kampf- und Fluchtreflex aus – letztlich eine verstärkte Blutversorgung der Muskeln durch den neurochemischen Stoff Adrenalin. Der Typ *Parasympathicus* ist mit dem Verdauungssystem und anderen inneren Organen verbunden. Mithilfe des Stoffes Nor-Adrenalin verlangsamt er Körpervorgänge und unterstützt so die Regeneration. Wäre der Körper ständig in Kampf- und Fluchtbereitschaft, wäre er bald überfordert – folglich ist ein gesunder Ausgleich durch ausreichende Entspannung wichtig.

Rechte Seite: Oben rechts Kräuter mit entspannender Wirkung helfen dem Nervensystem, sich zu regenerieren.

Links Eine ausgewogene, gesunde Ernährung liefert ausreichend Energie und sorgt für Wohlbefinden.

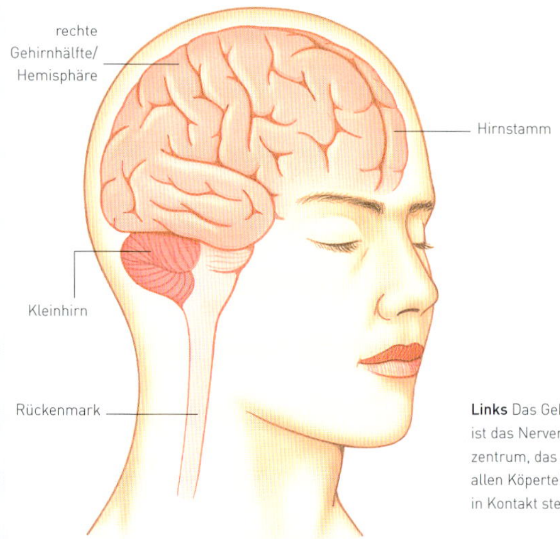

Links Das Gehirn ist das Nervenzentrum, das mit allen Köperteilen in Kontakt steht.

Kräuter zur Stärkung des Nervensystems

- **Aufbauende Kräuter** wie Hafer und Borretsch stärken das Nervensystem.
- **Beruhigende Kräuter** wie Kamille und Zitronenmelisse fördern die Entspannung und den Schlaf.
- **Anregende Kräuter** wie Rosmarin und Pfefferminze wirken anregend bei Antriebslosigkeit und Konzentrationsschwäche. (Die Entspannung ist allerdings meist wichtiger, weil die meisten Menschen ohnehin überreizt sind.)

Kräuter für das Nervensystem

Der moderne Lebensstil sorgt dafür, dass das Nervensystem viel zu häufig auf Kampf- und Fluchtbereitschaft schaltet. Sorgen, hohe Anforderungen, Termindruck, Hetze, übereilt eingenommene oder ganz ausgelassene Mahlzeiten sowie eine ständige Reizüberflutung aller Sinne stellt eine tägliche, hohe Anforderung an den Organismus dar. Ein gewisses Maß an Stress ist durchaus gesund, bei zu hoher Belastung geraten jedoch Gefühlsleben und Immunsystem schnell aus dem Gleichgewicht.

Kräuter oder andere Naturheilmittel bewirken gar nichts, sofern nicht der Lebensstil insgesamt verändert wird. Es wäre schon ein Anfang, sich Zeit für die Mahlzeiten zu lassen (und zwar nicht vor dem Fernseher) und das Abendessen einige Stunden vor dem Schlafengehen einzuplanen. Reichlich Vitamin B und C aus Vollkornprodukten, frischem Obst und Gemüse geben Kraft. Es kann auch sinnvoll sein, zweimal täglich 15 Minuten für Yoga, Meditation oder autogenes Training in den Alltag einzubauen, um dem Körper bewusst Zeit zur Regeneration zu geben.

Kopfschmerzen

Schmerzen im Bereich von Stirn und Augen sind oft ein Anzeichen für Stress oder Übermüdung der Augen. Lindernd wirken Kräutertees aus Pfefferminze und Kamille. Bei akuten Schmerzen kann ätherisches Lavendelöl (1–2 Tropfen) direkt auf die Stirn gegeben werden. Hilfreich sind auch warme Stirnkompressen mit Pfefferminze und Lavendel sowie Löwenzahntee zur Förderung der Leberfunktion. Bei häufigen Kopfschmerzen sollten Sie mit Ihrem Arzt sprechen. Manchmal sind Kopfschmerzen aber auch nur Folge einer beginnenden Fehlsichtigkeit – da hilft der Gang zum Optiker.

Migräne

Als Migräne bezeichnet man starke, einseitige Kopfschmerzen, die bis ins Gesicht ausstrahlen und Sehstörungen und Übelkeit auslösen können. Mutterkraut ist ein bewährtes Gegenmittel, das auch in Form von Kapseln erhältlich ist. Die altmodischere, aber ebenso wirkungsvolle Methode besteht darin, frische Mutterkrautblätter auf dem Butterbrot zu essen. Kräutertees aus Pfefferminze und Baldrian lindern Schmerzen und Übelkeit. Die Ursachen für Migräne liegen oft in der Ernährung begründet. Typische Auslöser sind Käse, Schokolade, Rotwein oder viel Zucker. Ein gutes Stressmanagement mit Bädern und Entspannungsübungen ist sehr hilfreich. Bei anhaltenden Beschwerden wenden Sie sich an Ihren Arzt.

Antriebsschwäche

Dauerstress zehrt an den Energiereserven. Passionsblume als Ergänzungspräparat oder Tinktur stärkt das Nervensystem, während Johanniskraut und Borretsch bei Ängsten und Depressionen empfohlen werden. Ein entspannendes Bad mit Hafer, Majoran und Myrte hilft nach einem langen, anstrengenden Tag bei der Entspannung.

Schlafstörungen

Eine häufige Ursache ist die Unfähigkeit zum Entspannen und Abschalten. Auch schwere Mahlzeiten am späteren Abend sollte man unbedingt vermeiden. Kräutertee aus Lavendel und Passionsblumen erleichtert die abendliche Entspannung. Auf schwarzen oder grünen Tee oder Kaffee sollte man hingegen verzichten, weil sie das Nervensystem stimulieren.

Rechts Dem Nervensystem tun Kräuter gut, die Schmerzen lindern und beruhigend wirken.

Mutterkraut
Borretsch
Hafer
Pfefferminze
Rosmarin
Zitronenmelisse

Erste Hilfe mit Kräutern

Es gibt eine Reihe von Kräutern, die sich bestens für die schnelle Hilfe bei kleinen Unfällen und Verletzungen eignen. Die Wirkung tritt bei sofortiger Anwendung rasch ein, und Kräuter können auch für Kinder bedenkenlos verwendet werden. Bei Schocksymptomen, schweren Verbrennungen, starken Blutungen oder Atembeschwerden sollte jedoch immer ein Arzt konsultiert werden.

Aloe vera Das Gel aus den Blättern der Aloe-Pflanze wirkt sehr beruhigend und kühlend. Es kann bei kleinen Verbrennungen, Sonnenbrand, Juckreiz und Ausschlag so oft wie nötig angewendet werden. Man bekommt es in Bioläden und Reformhäusern.

Arnika Diese Verwandte der Ringelblume setzt man am besten homöopathisch ein, entweder in Form von Tabletten oder Kügelchen (Globuli) oder als Creme oder Salbe. Innerlich eingenommen oder sofort auf eine Verletzung aufgetragen lindert Arnika Schwellungen, Blutergüsse und Schmerzen. Man kann die Globuli auch vor Operationen einnehmen, um Wundbeschwerden zu vermeiden.

Augentrost Ein schwacher Aufguss aus den Blüten und Blättern eignet sich für beruhigende Kompressen bei gereizten und juckenden Augen.

Echinacea Echinaceatinktur sollte in keiner Hausapotheke fehlen. Sie eignet sich zur antiseptischen Wundreinigung (30 Tropfen auf 200 ml Wasser) und stärkt das Immunsystem. Man kann sie im Winter auch zur Vorbeugung gegen Erkältungen einnehmen.

Kamille Ein Aufguss aus Kamille ergibt eine gute Wasch- und Reinigungslösung für das Gesicht, eignet sich auch für kühlende Kompressen auf gereizter, juckender Haut und ist als milder Tee bei Anspannung und Schlafstörungen bewährt.

Lavendel Das ätherische Öl ist ein bewährtes Mittel zur Behandlung von Verbrennungen, Schnitt- und Schürfwunden, Insektenstichen und Kopfschmerzen (2–3 Tropfen auf einen Wattebausch geben und direkt auf die betroffene Stelle streichen).

Notfalltropfen Diese Kombination aus fünf Bachblüten-Essenzen eignet sich zur risikolosen Behandlung von Schock und Angstzuständen. (4 Tropfen unter die Zunge träufeln oder 4–6 Tropfen in 200 ml Wasser schluckweise trinken.)

Ringelblume Die frischen und getrockneten Blüten gehören zu den wichtigsten Heilkräutern. Ringelblumensalbe aus der Apotheke ist sehr wirkungsvoll, man kann aber aus selbst gezogenen Pflanzen auch Salben und Öle selbst herstellen (s. Seite 130–131). Ein starker Aufguss aus den Blüten eignet sich gut zum Säubern von Schürf- und Schnittwunden sowie für kühlende Kompressen bei Sonnenbrand, kleineren Verbrennungen und Ekzemen.

Schachtelhalm Ein starker Aufguss wird zum Reinigen von tiefen Schnittwunden und zum Stillen von Blutungen verwendet. Er eignet sich auch für Kompressen.

Teebaum Teebaumöl hat antiseptische und desinfizierende Wirkung. 2–3 Tropfen auf einen Wattebausch geben und direkt auf Insektenstiche, Pickel, Furunkel, Warzen, Herpes oder Pilzinfektionen auftragen. Zum Inhalieren bei Erkältung, Husten und Grippe 4 Tropfen auf 500 ml kochendes Wasser geben.

Pflanzen-Verzeichnis

Das Pflanzenverzeichnis

Dieses Kapitel enthält „Porträts" von 70 Kräutern und Blütenpflanzen, die leicht zu kultivieren und zur kulinarischen und medizinischen Verwendung besonders geeignet sind. Die Porträts beschreiben Eigenschaften, Wirkung und Anwendung der Pflanzen und sind folgendermaßen aufgebaut:

Botanischer Name

Dies ist der lateinische Name der Pflanzenart. Dieser Name (der jeweils vor dem deutschen Pflanzennamen erscheint) hilft Ihnen, die Pflanze beim Kauf – ob für den Garten oder zum medizinischen Gebrauch – eindeutig zu identifizieren.

Botanische Familie

Alle Pflanzen werden in Familiengruppen mit bestimmten gemeinsamen Eigenschaften eingeordnet. (Dieser Name steht hinter dem deutschen Namen der Pflanze.) Hier einige Beispiele:

- *Asteraceae:* Diese Familie der Korbblütler umfasst hunderte von Arten mit Blütenkörbchen oder -köpfchen, wie z. B. Gänseblümchen, Ringelblume, Arnika und Sonnenblume.
- *Lamiaceae:* Dieser Familie der Lippenblütler gehören alle mediterranen Duftkräuter an, so z. B. Rosmarin, Thymian, Lavendel und Pfefferminze – alle mit lanzettförmigen Blättern.
- *Apiaceae:* Pflanzenfamilie der Doldengewächse mit abgeflachten, schirmähnlichen Blütenständen aus vielen kleinen Einzelblüten. Zu ihr gehören Fenchel, Dill und Engelwurz.

Zu verwendende Pflanzenteile

Gibt an, welche Teile der Pflanze für kulinarische oder medizinische Zwecke verwendet werden, z. B. Blätter, Wurzeln, Rinde, Blüten oder Samen.

Geschichte

Informationen zu Herkunft und Historie der Pflanzen, ihrer traditionellen medizinischen Verwendung und volkstümlichen Überlieferungen.

Beschreibung und Kultivierung

Hinweise zum Anbau der Pflanze, zu optimalen Boden- und Standortbedingungen, Vermehrungsmethoden, Ernte und Lagerung.

Wirkstoffe

Auflistung der wissenschaftlich nachgewiesenen, medizinisch wirksamen Inhaltsstoffe der Pflanze und ihrer Wirkungen.

Warnhinweise

Informationen über mögliche Nebenwirkungen und Gegenanzeigen, die die Anwendung einer Pflanze verbieten, etwa in der Schwangerschaft.

Kulinarische Verwendung

Übliche Verwendung der Pflanze zur Zubereitung von Speisen und Getränken.

Medizinische Verwendung

Einsatz der Pflanze zur Förderung von Gesundheit und Wohlbefinden und zur Behandlung bestimmter Symptome, ggf. Angaben zur Zubereitung und Anwendung der Kräuterheilmittel.

Rechte Seite

Oben Frische Basilikumblätter eignen sich zur Behandlung von Insektenbissen und -stichen.

Mitte Borretschblüten sind ergiebige Pflanzenöllieferanten.

Unten Schnittlauch verleiht Käsegerichten und Eierspeisen ein zartes Zwiebelaroma.

Weitere Hinweise

Die Kräuter sind nach ihren lateinischen Namen alphabetisch sortiert. Im Register finden Sie Verweise auf Erwähnungen der Pflanzen unter ihrem deutschen Namen. Anhand der Informationen des Kräuterverzeichnisses können Sie auch Pflanzen zur Anlage eines Gartens auswählen (s. Seite 24–41).

Duft- und Heilkräuter sind eine attraktive Bereicherung für Ihre Beete, aber Sie werden im Garten keine ausreichenden Mengen ziehen können, um ätherische Öle, wie z.B. Lavendelöl, zu gewinnen. Wenn Sie ätherische Öle verwenden wollen, sollten Sie diese im Bioladen, im Reformhaus oder in der Apotheke beziehen. (Es gibt große Qualitätsunterschiede, die Einfluss auf die Heilkraft der Präparate haben.) Dies sind auch gute Adressen für solche Kräuterheilmittel, die am besten in Form von Fertigpräparaten eingenommen werden.

Achillea millefolium Schafgarbe (Tausendblatt) Asteraceae

Früher wurde die im Volksmund auch als Bauchweh-, Achilles-, Frauen- oder Grillenkraut bekannte Schafgarbe dank ihrer adstringierenden Wirkung vor allem zur Wundheilung eingesetzt. Im 17. Jahrhundert schrieb Culpeper, sie „... stillet heftigen Blutfluss und ist trefflich für die gülden Adern [Hämorrhoiden]; ein Tee, aus den Blättern gemacht, ist häufig zu trinken. Eine Salbe, aus den Blättern bereitet, heilet, darauf gelegt, alle Geschwüre und eitrigen Wunden, so da stark nässen."

Beschreibung und Kultivierung

Bis zu 30 cm hohe Staude mit fein geteilten, fedrigen, graugrünen Blättern. Sie trägt an hohen Stängeln flache Büschel kleiner Blüten in Cremeweiß und Rosa, die im Juli am wirkstoffreichsten sind. Sie verbreitet sich durch kriechende Wurzeln oder Selbstaussaat und gedeiht gut auf feuchtem Boden in der Sonne oder im Halbschatten. Man zieht sie am besten im Kübel. Ziersorten mit roten oder gelben Blüten sind medizinisch wirkungslos.

Zu verwendende Pflanzenteile

Blütenstände

Wirkstoffe

In den Blütenständen ätherisches Öl, in dem sich bei der Destillation Azulen bildet, welches das Öl blau färbt, außerdem Alkaloide, Saponine, Aminosäuren, Salicylsäure und Zucker, die schmerzstillend, entzündungshemmend, adstringierend, schweißtreibend und magenstärkend wirken.

Warnhinweise

Langfristige Überdosierung kann zu Kopfschmerzen und Empfindlichkeit der Haut gegen Sonnenbestrahlung führen.

Kulinarische Verwendung

keine

Medizinische Verwendung

Ein einfacher Aufguss hilft bei Erkältungen und grippalen Infekten, am besten in Kombination mit gleichen Anteilen von Pfefferminze und Holunderblüten. Schafgarbe fördert die Schweißbildung und wirkt fiebersenkend. Der abgekühlte Aufguss reinigt und desinfiziert Schnitt- und Schürfwunden und wirkt blutstillend. Als Badezusatz oder Salbe kann Schafgarbe dank des Azulens und der Salicylsäure (Wirkstoff des Aspirins) Rheumaschmerzen lindern. Eine Breipackung aus den frischen Blättern fördert die Wundheilung.

Alchemilla xanthochlora Frauenmantel Rosaceae

Den Namen „Frauenmantel“ oder „Marienmantel“ erhielt die schon seit dem Mittelalter mit der Gottesmutter assoziierte Pflanze im 16. Jahrhundert von dem Botaniker Hieronymus Tragus – wohl der Form ihrer Blätter wegen. Der botanische Name *alchemilla* geht auf das arabische Wort *alkemelych* (Alchimie) zurück. Den makellosen Tauperlen, die sich auf ihren Blättern bilden, wurden magische Kräfte zugeschrieben.

Beschreibung und Kultivierung

Krautige Staude von bis zu 50 cm Höhe mit verzweigten, behaarten Stängeln und samtigen Blättern mit gezähntem Rand. Vom Juni bis zum September trägt sie eine Fülle winziger gelber Blüten. Sie gedeiht auf den meisten Böden und ist in freier Natur in Gebirgsregionen, Hanglagen und sogar auf Felssimsen anzutreffen. Sie bevorzugt volle Sonne, verträgt aber auch etwas Schatten. Blüten und Blätter erntet man am besten im Juni oder Juli, um sie zur Verwendung im Winter sorgfältig zu trocknen und dunkel aufzubewahren.

Zu verwendende Pflanzenteile

Blüten und Blätter

Wirkstoffe

Gerbstoffe (Tannine), ätherische Öle, Saponine, Bitterstoffe und Salicylsäure, die ihr adstringierende, harntreibende, krampflösende, menstruationsfördernde und entzündungshemmende Wirkung verleihen.

Warnhinweise

Nicht während der Schwangerschaft verwenden.

Kulinarische Verwendung

Früher verzehrte man die Wurzeln als Gemüse.

Medizinische Verwendung

Ein einfacher Aufguss hilft gegen Ende des Zyklus gegen PMS und Menstruationskrämpfe, ist aber auch bei Durchfall, Magenkrämpfen und Verdauungsbeschwerden hilfreich. Als Fertigpräparat kann das Kraut zur Harmonisierung des Menstruationszyklus und zur Linderung von Wechseljahrsbeschwerden beitragen. Ein starker Aufguss wirkt, äußerlich angewendet, blutstillend, wundreinigend, lindernd bei wunder Haut und Insektenstichen. Als Salbe fördert das Kraut die Wundheilung. In Mitteleuropa wird die Tinktur des Krauts gegen Schlafstörungen eingesetzt.

Allium sativum Knoblauch Alliaceae

Der ursprünglich aus Indien und Zentralasien stammende Knoblauch wird heute überall auf der Welt angebaut. Nach Mitteleuropa und England gelangte er vermutlich mit den Römern. Der griechische Geschichtsschreiber Herodot berichtet, schon die Bauarbeiter der ägyptischen Pyramiden hätten ihn in großen Mengen verzehrt. Der Name „Knoblauch" geht auf das Althochdeutsche zurück und bedeutet „gespaltener Lauch".

Beschreibung und Kultivierung

Ausdauernde Pflanze mit einer in viele „Zehen" unterteilten Zwiebel, langen, dunkelgrünen Blättern und grünlich weißen Blüten. Zehen im Herbst an einem sonnigen Standort in nährstoffreichen Boden pflanzen; Zwiebeln im folgenden Sommer ausgraben und vor dem Einlagern trocknen.

Zu verwendende Pflanzenteile

Knoblauchzehen

Wirkstoffe

Ätherisches Öl, welches Alliin enthält, aus dem beim Schneiden oder Zerdrücken der Zehen der Wirkstoff Allicin und andere Schwefelverbindungen entstehen, die antibakteriell, antimikrobiell und antiviral wirken. Vitamin A und C, Aminosäuren.

Warnhinweise

Der Verzehr von mehr als zwei rohen Knoblauchzehen am Tag kann Durchfall verursachen.

Kulinarische Verwendung

In der europäischen, orientalischen, indischen und asiatischen Küche sehr beliebt als Würzmittel u.a. für Fleisch- und Gemüseeintöpfe, Knoblauchbrot, Knoblauchbutter, Saucen und Suppen.

Medizinische Verwendung

Zwei rohe, zerdrückte Knoblauchzehen täglich auf Brot mit Butter oder in Kartoffelpüree sind ein wirksames antivirales Mittel bei Erkältungen und Grippe. Wer den Geschmack nicht mag, kann auf Fertigpräparate zurückgreifen. Sehr empfehlenswert ist Knoblauch in den Wintermonaten gegen Grippe, Husten, Atemwegsinfekte, Bronchitis und allgemeine Immunschwäche. Zudem hilft er als Ernährungsbestandteil oder Fertigpräparat bei Bluthochdruck, hohem Cholesterinspiegel und als blutverdünnendes Mittel bei Herz-Kreislauf-Leiden. Bei schwerwiegenden Problemen fragen Sie Ihren Arzt um Rat.

Allium schoenoprasum Schnittlauch Alliaceae

Der Schnittlauch ist der kleinste Vertreter der Gattung Lauch und eng verwandt mit Knoblauch, Porree und Zwiebel. Er ist in Europa heimisch und hier von den nördlichen Breiten bis hinunter nach Korsika und Griechenland anzutreffen. Nach Deutschland kam er wohl mit den Römern. Das lateinische Wort *schoenus* bedeutet „Binse“, was sich auf das grasähnliche Aussehen der Schnittlauchblätter bezieht.

Beschreibung und Kultivierung
Ausdauernde, winterharte Zwiebelpflanze mit ca. 30 cm hohen dünnen, aromatischen Blättern. Im Frühsommer trägt sie kugelige, rosarote Blüten, die für Bienen und Schwebfliegen sehr attraktiv sind. Wenn die Pflanze gut angewachsen ist, kann sie durch Teilung der Zwiebelbüschel im zeitigen Frühjahr oder Herbst vermehrt werden. Die Blätter können bis zu den ersten Frösten laufend zur Verwendung in der Küche geschnitten werden. Der Schnittlauch ist ein ideales Kraut für Küchengarten oder -beet, lässt sich aber auch im Topf ziehen. Er gedeiht in den meisten Böden, muss aber regelmäßig gewässert und gedüngt werden.

Zu verwendende Pflanzenteile
Blätter

Wirkstoffe
Ätherisches Öl mit Schwefelverbindungen, das verdauungsstärkend und -anregend wirkt.

Warnhinweise
keine

Kulinarische Verwendung
Schnittlauch ist ein klassisches Gewürz für Eierspeisen und Käsegerichte, wie z. B. Omeletts. Er schmeckt auch köstlich zu Kartoffelpüree oder in zerlassener Butter an neuen Kartoffeln. Er verleiht Suppen, Saucen und Dressings ein zartes Zwiebelaroma und passt zu vielen Blattsalaten. Besonders delikat ist er auch in Gurken- oder Tomatensalat.

Medizinische Verwendung
Der Schnittlauch findet zwar keine systematische medizinische Verwendung, wirkt aber wie andere Lauchpflanzen durch seine Schwefelverbindungen günstig auf Kreislauf und Verdauung.

Aloe vera Aloe Vera Aloaceae

Die Aloe war schon dem Griechen Dioskurides, einem der Begründer der Kräuterheilkunde, um 78 n. Chr. bekannt. In mitteleuropäischen Medizinbüchern wird sie ab dem 10. Jahrhundert erwähnt; man nimmt an, dass sie den Weg zu uns über Handelswege von Ägypten und Afrika fand. Im 17. Jahrhundert wurden aus Ost- und Südafrika stammende Aloen auf die Westindischen Inseln gebracht, wo sie heute noch in großem Umfang kultiviert und in der jamaikanischen Naturheilkunde verwendet werden.

Beschreibung und Kultivierung

Die stammlose Sukkulente besteht aus dicken, fleischigen Blättern mit Zellen, die einen dickflüssigen Saft enthalten, der beim Anschneiden der Blätter heraustropft. Sie wird 60–100 cm hoch und blüht nur selten. Aloen müssen drei Jahre lang wachsen, bevor man den Saft abzapfen kann. In nördlichen Klimazonen müssen sie im Wintergarten in Kübeln mit gutem Wasserabzug bei einer Mindesttemperatur von 5 °C stehen.

Zu verwendende Pflanzenteile

Blätter

Wirkstoffe

Der Saft enthält entzündungshemmende Saponine, antimikrobielle Anthrachinone, Vitamin C und E, Salicylsäure und Mineralstoffe.

Warnhinweise

Es gibt keine Gegenanzeigen für die äußerliche Anwendung des Safts auf der Haut; er sollte jedoch während der Schwangerschaft und Stillzeit nicht oral eingenommen werden. Er darf nur zur Behandlung völlig sauberer, nicht infizierter Wunden verwendet werden.

Kulinarische Verwendung

keine

Medizinische Verwendung

Auf die Haut aufgetragen, wirkt Aloe-Vera-Saft lindernd bei Sonnenbrand, Juckreiz, Ausschlag, Verbrennungen, Schnittverletzungen, Ekzemen, Schuppenflechte, Gürtelrose und Hautentzündungen. Er wird oft mit Gurkensaft gemischt; in dieser Form getrunken, unterstützt er Immunsystem und Verdauung und hilft bei Leiden wie Reizdarmsyndrom, Kolitis und Morbus Crohn. Man bekommt ihn in Reformhäusern als Gel oder Saft. In der Karibik bricht man die frischen Blätter auf und trägt den Saft direkt auf die Haut auf.

Anethum graveolens Dill Apiaceae

Schon der griechische Kräuterarzt Dioskurides schrieb im 1. Jahrhundert n. Chr. über *anethon,* womit er vermutlich den Dill meinte. Er wird seit dem frühen Mittelalter als Heilmittel verwendet; der Name ist vom altnordischen *dilla* (= beruhigen) hergeleitet, wohl wegen seiner wohltuenden Wirkung auf die Verdauung. Er diente auch zur Abwehr von Hexenzauber. Culpeper schreibt über ihn: „... jedenfalls stärket er das Hirn ... der Samen ist bräuchlicher denn das Kraut und besser, rohe und üble Säfte zu verdauen ..."

Beschreibung und Kultivierung

Dill hat Ähnlichkeit mit Fenchel, ist aber einjährig und niedriger. Er trägt an einem einzelnen, bis 1 m hohen Stängel fedrige, duftende Blätter, Dolden winziger, gelber Blüten und flache, ovale Samen. Man kann ihn im späten Frühjahr aus Samen ziehen; er benötigt nährstoffreichen, durchlässigen Boden und viel Feuchtigkeit. In ausreichender Entfernung von Fenchel pflanzen, um eine Kreuzbestäubung zu vermeiden. Blätter frisch verwenden; Samen im Spätsommer ernten.

Zu verwendende Pflanzenteile

Blätter und Samen

Wirkstoffe

Ätherisches Öl mit hohem Gehalt an Carven und Limonen, sowie Fettöl, Gerbstoffe (Tannine) und Schleimstoffe. Das ätherische Öl wird durch Wasserdampfdestillation gewonnen und in der Pharmaindustrie verwendet. Dill hat verdauungsfördernde und krampflösende sowie leicht beruhigende Wirkung.

Warnhinweise

keine

Kulinarische Verwendung

Die frischen Blätter verleihen Suppen, Saucen und Fischgerichten ein zartes Anisaroma; sie werden auch an Essiggemüse gegeben. Außerdem passen sie gut zu Gurkensalat, Eier- und Käsespeisen.

Medizinische Verwendung

Der einfache Aufguss der Blätter ist mit seiner äußerst sanften Wirkung auf die Verdauung auch für Kinder ab fünf Jahren geeignet. Er hilft bei stressbedingten Verdauungsbeschwerden, Magenkrämpfen und Blähungen und lindert Verstopfung. In der indischen Medizin werden die gemahlenen Samen gegen Durchfall eingesetzt; frische Samen kaut man gegen Mundgeruch.

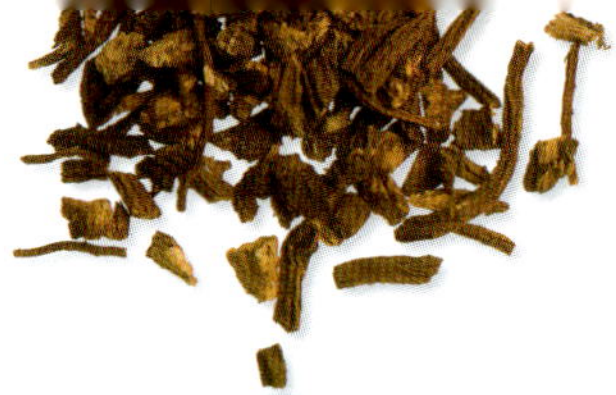

Angelica archangelica Engelwurz Apiaceae

Die Engelwurz wurde seit Urzeiten als blutreinigendes und vor Ansteckungen schützendes Kraut geschätzt. Man assoziierte sie mit den Erzengeln Michael und Gabriel. Während der Pestepidemie in London im 17. Jahrhundert kaute man ihre Wurzeln als Schutz gegen die Ansteckungsgefahr. In der traditionellen Kräuterheilkunde dient sie zur Entschlackung und Entgiftung.

Beschreibung und Kultivierung
Die duftende Engelwurz wird auf feuchtem, fruchtbarem Boden in voller Sonne 1,2–2,5 m hoch. Sie hat hohle Stängel, große, blassgrüne Blätter und gerundete, gelbgrüne Blütendolden, gefolgt von flachen Samen. Man kann sie im August aussäen oder im Herbst durch Wurzelteilung vermehren. Wurzeln im Herbst des ersten Jahres ernten, abwaschen und trocknen. Blätter und Stängel im Juni ernten. Samenstände im Spätsommer ernten und an einem warmen, trockenen Ort auf Küchentüchern ausbreiten; abfallende Samen vollständig trocknen lassen.

Zu verwendende Pflanzenteile
Wurzeln, Blätter, Samen und Stängel

Wirkstoffe
Die Wurzeln und Samen enthalten ätherisches Öl, Glykoside, organische Säuren, Bitterstoffe, Gerbstoffe (Tannine) und Zucker, die der Pflanze verdauungsfördernde, krampf- und schleimlösende Wirkung verleihen.

Warnhinweise
Kann eine UV-Überempfindlichkeit der Haut auslösen, weshalb bei medizinischer Verwendung übermäßige Sonnenbestrahlung zu vermeiden ist. Nicht während der Schwangerschaft einnehmen (kann Gebärmutterkontraktionen auslösen).

Kulinarische Verwendung
Die jungen Stängel können in Zucker kandiert werden; Samen und Wurzeln dienen zur Herstellung von Likören (z. B. Bénédictine, Cointreau).

Medizinische Verwendung
Ein Aufguss hilft bei Husten und Schnupfen und kann Fieber senken; außerdem lindert er Krämpfe der Verdauungsorgane nach zu schwerem Essen. Als Badezusatz können die frischen oder getrockneten Wurzeln rheumatische Schmerzen lindern.

Anthriscus cerefolium Kerbel Apiaceae

Im Mittelalter schätzte man den Kerbel als wertvolles Heilkraut zur Reinigung von Nieren und Leber. Außerdem wurde er für Augenspülungen verwendet. Er ist eine wichtige Zutat der traditionellen französischen Kräutermischungen für *bouquets garnis* oder *fines herbes* und heute eher als Küchen- denn als Heilkraut bekannt. Man findet dieses Kraut auch in freier Natur, da es aber mehrere giftige Arten gibt, die ihm ähneln, sollte man lieber Samen im Fachhandel erwerben, um es selbst zu ziehen.

Beschreibung und Kultivierung

Der Kerbel ist eine winterharte, einjährige Pflanze von 30–60 cm Wuchshöhe mit leuchtend grünen, fein geteilten Blättern. Im Frühsommer trägt er flache Dolden winziger, weißer Blüten. Er bevorzugt leichten, feuchten Boden und einen sonnigen Standort und lässt sich im Garten, im Topf oder auf der Fensterbank leicht aus Samen ziehen. Um einen möglichst üppigen Blattwuchs anzuregen, kann man die Blütentriebe abschneiden.

Zu verwendende Pflanzenteile

frische Blätter

Wirkstoffe

aromatisches ätherisches Öl mit verdauungsfördernder Wirkung

Warnhinweise

keine

Kulinarische Verwendung

Frische Kerbelblätter finden in der französischen Küche Verwendung in Suppen, Würzbutter, Saucen, Dressings und besonders auch in Omeletts und anderen Eierspeisen; auch zu Huhn passen sie sehr gut. Man sollte sie erst gegen Ende der Garzeit zugeben oder als Garnierung verwenden, da sie bei starker Erhitzung rasch ihr Aroma verlieren. Ihr Geschmack ist etwas anisartiger als der von Petersilie; die beiden Kräuter ergänzen sich im Aroma gut und können z. B. mit vielen Blattsalaten kombiniert werden.

Medizinische Verwendung

keine

Armoracia rusticana Meerrettich Brassicaceae

Der seit der Antike bekannte Meerrettich war auf dem europäischen Festland seit dem Mittelalter als Heilmittel und Küchengewürz gebräuchlich, doch aus den Schriften des britischen Kräuterkundlers John Gerard geht hervor, dass er in Großbritannien noch im 16. Jahrhundert nur als Gewürz angesehen wird. Er bemerkt auch, dass „der gestampfte und mit etwas Essig verrührte Meerrettich bei den Deutschen für Saucen zu Fischgerichten und bei Speisen, die wir mit Senf essen", sich allgemeiner Beliebtheit erfreut.

Beschreibung und Kultivierung

Ausdauernde Pflanze mit tief reichender, fleischiger Pfahlwurzel und großen, dicken Blättern, die der Stängelbasis entspringen. Im Sommer trägt der Meerrettich Rispen kleiner, weißer Blüten. Er bevorzugt feuchten Boden und wuchert stark. Die Wurzeln im Herbst ausgraben und frisch verwenden; Blätter die ganze Saison hindurch ernten.

Zu verwendende Pflanzenteile

Blätter und Wurzeln

Wirkstoffe

Ätherisches Öl mit Senfglykosiden, Harz, Enzyme und Vitamin C; verdauungsanregende, abführende und schleimlösende Wirkung.

Warnhinweise

Nicht für Personen mit empfindlicher oder zu Allergien neigender Haut. Bei Magengeschwüren ist vom Verzehr dringend abzuraten. Bei Schilddrüsenunterfunktion oder Einnahme von Thyroxin nicht medizinisch verwenden.

Kulinarische Verwendung

Mit Sahne und Essig zubereitete Meerrettichsauce wird traditionell zu Roastbeef und anderen Fleischsorten mit kräftigem Aroma sowie zu fettem Fisch gereicht, um die Verdauung zu unterstützen. Die jungen Blätter verleihen Blattsalaten ein pikantes Aroma.

Medizinische Verwendung

Meerrettich wirkt, ähnlich wie Senf, stark kreislaufanregend und antiseptisch. Aus der frischen Wurzel kann ein Sirup zubereitet werden, der bei Husten, Schnupfen und Atemwegsinfekten sowie als allgemeines Stärkungsmittel hilfreich ist. Ein Breiumschlag aus der geriebenen Wurzel kann rheumatische Schmerzen lindern; dabei sind jedoch die oben stehenden Warnhinweise zu beachten.

Artemisia dracunculus Estragon Asteraceae

Das französische „Estragon" ist vom lateinischen *dra cunculus* abgeleitet, was „kleiner Drache" bedeutet – vielleicht weil die gekrümmten Wurzeln an Schlangen erinnern und die Pflanze in dem Ruf stand, gegen alle Arten von Bissen und Giften zu helfen. Bereits aus dem zweiten Jahrtausend v. Chr. gibt es Hinweise auf seine Verwendung in China. Auch aus Arabien gibt es Quellen, allerdings erst im 12. Jahrhundert.

Beschreibung und Kultivierung

Ausdauerndes, bis zu 1 m hohes Kraut mit verzweigten Stängeln und duftenden, schmalen, grünen Blättern. Es trägt grünlich weiße Blüten, bildet aber im nördlichen Klima keine Samen: Die Vermehrung erfolgt durch Wurzelteilung oder im Frühjahr geschnittene Stecklinge. Es braucht feuchten, durchlässigen Boden und volle Sonne. Zweige an einem trockenen Tag unmittelbar vor der Blüte ernten und zum Trocknen aufhängen, später die Blättchen vorsichtig abzupfen. Dann auch Estragonzweige für Kräuteressig ernten.

Zu verwendende Pflanzenteile

Blütentriebe

Wirkstoffe

Außer Bitterstoffen und Gerbstoffen (Tannine) in den Blättern enthält das Kraut auch ein starkes ätherisches Öl mit sehr intensiven Aromastoffen, u. a. dem abtreibend wirkenden Estragol; entschlackende und leberstärkende Wirkung.

Warnhinweise

Aufgrund des Estragolgehalts während der Schwangerschaft medizinisch überhaupt nicht und kulinarisch nur sehr sparsam zu verwenden.

Kulinarische Verwendung

Estragon passt zu Eier-, Käse-, Fleisch- und Fischgerichten, Pasteten, Blattsalaten und Dressings und dient zur Aromatisierung von Essig, Ölen und Kräuterbutter sowie zur Verfeinerung von Wurzelgemüsen. Es ist ein klassisches Würzkraut der französischen Küche. Meist genügen 3–4 frische Blätter oder 1/2 TL getrockneter Estragon als Würze für ein Gericht.

Medizinische Verwendung

Ein einfacher Aufguss der frischen oder getrockneten Blätter dient als Mundspülung bei Zahnschmerzen, Zahnfleischentzündung oder Aphthen.

Avena sativa Hafer Poaceae

Im 12. Jahrhundert betrachtete die Äbtissin, Mystikerin und Ärztin Hildegard von Bingen Hafer als äußerst wertvolles Nahrungsmittel, gleich nach dem Dinkel *(Triticum spelta),* und empfahl seinen Verzehr in Form von Grütze oder Plätzchen, um in Zeiten der Schwäche oder Krankheit Kraftreserven aufzubauen. Im 16. Jahrhundert wurde laut Gerard in Nordengland viel mit Hafer gebacken, insbesondere „Haferkuchen", in Schottland lange Zeit ein Grundnahrungsmittel. Im 17. Jahrhundert schreibt Culpeper: „Habermehl, mit Essig gesotten, vertreibt Flecken und Pusteln des Angesichts". Hafer wird seit langem zur Linderung von Hautreizungen eingesetzt.

Beschreibung und Kultivierung
Das bis zu 1,2 m hohe Gras trägt an hohlen, knotigen Stängeln Rispen kleiner Blüten, aus denen später die Samen werden, welche man zur Herstellung von Haferflocken und -mehl erntet. Für medizinische Zwecke sollte man möglichst biologisch angebauten Hafer verwenden, der keine Rückstände von Herbiziden und anderen Chemikalien enthält.

Zu verwendende Pflanzenteile
Samen (Hafermehl, -flocken)

Wirkstoffe
Saponine (reichhaltige Quelle), Alkaloide, Flavonoide, Stärke, Proteine, Fett, Mineralstoffe, u.a. Kieselsäure, Eisen, Kalzium, Kupfer, Magnesium und Zink, die ihm entschlackende, die Verdauung beruhigende, kräftigende, nervenberuhigende und appetitanregende Wirkung verleihen.

Warnhinweise
Bei Glutenunverträglichkeit nicht zu empfehlen.

Kulinarische Verwendung
Als Haferflocken im Müsli, Hafergrütze, in Kekse, Brot oder Kuchen eingebacken.

Medizinische Verwendung
50 g Hafermehl, in einem Musselinbeutel um den Wasserhahn gebunden, sind ein hautpflegender Badezusatz. Feines Hafermehl eignet sich auch gut für Gesichtsmasken gegen Hautunreinheiten (s. Seite 162–163). Ein einfacher Haferaufguss hilft gegen Halsschmerzen und lindert tief sitzenden Husten, kann aber auch als nervenstärkendes Mittel bei Stress, Unruhe und Angstgefühlen dienen. Eine mit dem Aufguss zubereitete heiße Kompresse hilft, die Entzündung aus Furunkeln und Abszessen zu ziehen, und lindert Juckreiz. Die Einnahme von Hafertinktur kann bei starkem Stress und Schlafstörungen hilfreich sein.

Borago officinalis Borretsch Boraginaceae

Schon der Kräuterkundler John Gerard berichtete von der stimmungsaufhellenden Wirkung dieses Wildkrauts: „Es macht den Menschen froh und lustig" und vertreibe „alle Traurigkeit, Mattigkeit und Schwermut". Im frühen 19. Jahrhundert verzehrte man die jungen Triebspitzen des Borretschs als Frühgemüse und die Blätter als Salat. Die kandierten Blüten dienten als Garnierung. Heute wird er kommerziell angebaut, um aus seinen Samen ein Öl mit ähnlicher Wirkung wie der des Nachtkerzenöls zu gewinnen, das für gesunde Haut und zur Regulierung des Hormonhaushalts eingenommen wird.

Beschreibung und Kultivierung
Der Borretsch ist ein Strauch, der in Wäldern und auf Brachen auch heute noch wild wächst und 60–90 cm Höhe erreicht. Er hat hohle, behaarte Stängel und Blätter und trägt blaue, sternförmige Blüten, die für Bienen sehr attraktiv sind. Die Samen im März in feuchten, aber durchlässigen Boden in voller Sonne aussäen; wenn er einmal richtig etabliert ist, sät er sich selbst aus.

Zu verwendende Pflanzenteile
Blüten, Blätter und das Öl der Samen

Wirkstoffe
Hoher Schleimstoffgehalt der Blätter sowie Gerbstoffe (Tannine), Saponine und Mineralstoffe, die ihm stärkende und beruhigende Wirkung verleihen; die Fettsäuren in den Samen helfen gegen Störungen des Hormonhaushalts.

Warnhinweise
keine

Kulinarische Verwendung
Die jungen Blätter haben ein gurkenähnliches Aroma und passen gut an Salate, Sommerbowlen oder Punsch. Die kandierten Blüten sind eine hübsche Garnierung für Kuchen; die frischen Blüten geben Salaten eine ungewöhnliche Farbnote.

Medizinische Verwendung
Ein einfacher Aufguss der frischen Blätter und Blüten kann fiebersenkend wirken und Verdauungsstörungen lindern. Ein starker Aufguss aus frischen Blüten und Blättern kann als entzündungshemmende Hautlotion, Mundspülung oder Gurgelmittel dienen. Die Einnahme von Borretschtinktur ist hilfreich bei chronischem Stress. Das Öl der Samen ist in Kapselform erhältlich – zur oralen Einnahme bei trockener Haut, zur Regulierung des Hormonhaushalts und zur Linderung von Wechseljahrbeschwerden.

Calendula officinalis Ringelblume Asteraceae

In Italien nennt man sie *fiore d'ogni mese* – „Blume für jeden Monat" –, weil sie dort so ausdauernd das ganze Jahr hindurch blüht. Früher glaubte man, der Anblick der goldgelben Blüten stärke die Sehkraft, und bereitete aus ihnen Augenspülungen. Ein Kräuterbuch des 18. Jahrhunderts empfiehlt die Ringelblume gegen Gelbsucht, Kopf- und Zahnschmerzen und zur Herzstärkung.

Beschreibung und Kultivierung
Bis 50 cm hohe, einjährige Pflanze mit behaarten, leicht klebrigen Blättern, die vom späten Frühjahr bis zum Frühherbst orangefarbene Blüten trägt. Für medizinische Zwecke ist es wichtig, genau diese Art zu verwenden. Sie lässt sich an sonnigen oder halbschattigen Standorten auf fast allen Böden leicht ziehen. Welke Blüten ausputzen. Die Pflanze sät sich selbst aus.

Zu verwendende Pflanzenteile
Blüten

Wirkstoffe
Saponine, Flavonoide, Bitterstoffe, Schleimstoffe, Harz und ätherisches Öl; entschlackende, antiseptische, adstringierende, schweißtreibende, verdauungsfördernde, harntreibende, wundheilende und blutreinigende Wirkung.

Warnhinweise
In der Schwangerschaft nicht oral einnehmen.

Kulinarische Verwendung
Die frischen oder getrockneten Blütenblätter färben Reis, süße Brötchen und Kuchen, insbesondere Käsekuchen.

Medizinische Verwendung
Ein einfacher Aufguss aus Blüten hilft dem Körper, Giftstoffe auszuschwitzen, z. B. bei Grippe, und wirkt beruhigend auf den Verdauungsapparat. Dank der Saponine und Flavonoide eignet sich die Ringelblume als Salbe für Besenreiser, Krampfadern und Hämorrhoiden; sanft in die Beine einmassiert, lindert sie Schweregefühl und Krämpfe. Durch ihre leicht östrogene Wirkung hilft sie, als Aufguss oder Tinktur eingenommen, gegen PMS und Zyklusunregelmäßigkeiten. Auf der Haut angewendet, wirkt die Ringelblume blutstillend, wundreinigend und -heilend, infektionsverhütend und fördert die Gewebeneubildung.

Calluna vulgaris Heidekraut (Besenheide) Ericaceae

Das wilde Heidekraut dient in der Kräuterheilkunde schon lange als Beruhigungsmittel und zur Entgiftung der Nieren und Harnwege. Es ist in Mittel- und Nordeuropa, Nordafrika und im Osten Nordamerikas heimisch. *Calluna* stammt aus dem Griechischen und bedeutet „reinigen", was sich auf ihre entgiftende Wirkung bezieht. Aus den Blüten wurde zeitweise ein orangegelbes Textilfärbemittel gewonnen.

Beschreibung und Kultivierung

Robuster, bis zu 60 cm hoher Strauch mit winzigen, dreieckigen, sich überlappenden Blättern und schlanken, rosavioletten Blütentrauben vom Juli bis zum September. Zu medizinischen Zwecken verwendet man nur die Wildform. Sie wächst in Sumpf-, Moor- und Heidegebieten sowie an Berghängen. Sie lässt sich aus Samen ziehen und benötigt sehr feuchten, sauren Boden in voller Sonne. Blüten im Spätsommer ernten und entweder frisch verwenden oder in Büscheln kopfüber zum Trocknen aufhängen und dann zur winterlichen Verwendung verwahren. Heidekraut lockt nützliche Insekten in den Garten. Heideblütenhonig ist äußerst delikat.

Zu verwendende Pflanzenteile

frische Blütentriebe

Wirkstoffe

Die Blütentriebe enthalten Glykoside, Arbutin (für seine harntreibende Wirkung bekannt), Gerbstoffe (Tannine), Zitronensäure und Harz; entzündungshemmend, entgiftend und beruhigend.

Warnhinweise

keine

Kulinarische Verwendung

keine

Medizinische Verwendung

Als Badezusatz zur Linderung von rheumatischen Schmerzen und Durchblutungsstörungen und zur Bereitung von Salben, mit denen man die Gelenke oder andere betroffene Bereiche massiert. Zweimal täglich als Aufguss eingenommen, wirkt es harntreibend und harnwegdesinfizierend bei Wassereinlagerung, Arthritis, Blasen- und Prostataentzündungen. Für ein beruhigendes und muskelentspannendes Kräuterbad mit Lavendel und Majoran kombinieren.

Centaurea cyanus Kornblume Asteraceae

Der Name *centaurea* bezieht sich auf den Zentauren Cheiron, halb Mensch, halb Pferd, der als Heilgott der griechischen Mythologie die Menschen in der Heilwirkung der Pflanzen unterwies. *Cyanus* bedeutet „blau". Wie der deutsche Name vermuten lässt, war diese Blume einst in Getreidefeldern weit verbreitet, aus denen der Einsatz chemischer Herbizide sie jedoch inzwischen vertrieben hat. In der Vergangenheit gewann man aus den Blüten blauen Farbstoff und Tinte.

Beschreibung und Kultivierung
Ihre blauen, sternförmigen Blüten machen die einjährige, bis 80 cm hohe Pflanze mit kräftigen Stängeln und fedrigem Laub zu einer Zierde für jedes Gartenbeet. Die leuchtend blauen Blütenköpfchen mit violetter Mitte werden an langen Stängeln getragen, die über das Getreide hinausragten. Man kann sie leicht aus Samen ziehen, die im späten Frühjahr nach den letzten Frösten direkt ins Freiland gesät werden; auch im Kübel gedeiht sie gut. Sie braucht durchlässigen Boden und volle Sonne. Die Blüten können frisch oder getrocknet verwendet werden.

Zu verwendende Pflanzenteile
Blüten

Wirkstoffe
Die Blüten enthalten blaue Pigmente, Saponine, Schleimstoffe und Gerbstoffe (Tannine), die der Pflanze harntreibende, entschlackende und entzündungshemmende Wirkung verleihen.

Warnhinweise
keine

Kulinarische Verwendung
keine

Medizinische Verwendung
Ein starker Aufguss der Blüten dient als Waschung oder Spülung bei müden Augen oder Gerstenkörnern und als Mundspülung gegen Aphthen. Zu gleichen Teilen mit Pfefferminze und Kamille gemischt, wirkt der Aufguss wohltuend bei Verdauungsstörungen und Verstopfung. In Kräutermischungen fürs Badewasser wirken die Blüten hautreinigend und -beruhigend.

Cinnamomum zeylanicum Zimt Lauraceae

Der Zimt wird bereits in der Bibel als Duft- und Räucherstoff beschrieben und ist seitdem auch als Heilmittel und Küchengewürz in Gebrauch. In Asien ist er ein traditionelles Heilmittel für Atemwege, Immunsystem und Verdauungsapparat und bei Menstruationsbeschwerden. Er stammt aus Sri Lanka, dessen Gewürzhandel im 16. Jahrhundert von den Portugiesen und im 17. von den Holländern monopolisiert wurde. Außerdem gedeiht er in Südindien und Malaysia und wird heute auch in der Karibik angebaut.

Beschreibung und Kultivierung

Der Zimtbaum wird bis zu 9 m hoch und hat braune, papierartige Rinde, derbe, glänzend grüne Blätter, cremeweiße Blüten und ovale, blaue Beeren. Er braucht sandigen Boden und tropisches Klima mit reichlich Regen, heißer Sonne und einer Mindesttemperatur von 15 °C. Zimt ist die getrocknete Innenrinde der jungen Zweige. Die Bäume werden bis knapp über dem Boden zurückgeschnitten, um den Neuaustrieb zu fördern.

Zu verwendende Pflanzenteile

Innenrinde

Wirkstoffe

Durch Destillation gewonnenes ätherisches Öl mit Eugenol (gewürznelkenähnliches Aroma) und anderen medizinisch wirksamen Aromastoffen wie Pinen und Cineol; wärmende, antiseptische und verdauungsstärkende Wirkung.

Warnhinweise

Das ätherische Öl sollte nicht auf empfindlicher oder zu Allergien neigender Haut angewendet und von Asthmatikern nicht eingeatmet werden. Das Trockengewürz ist sehr mild und unbedenklich.

Kulinarische Verwendung

Zimtstangen und Zimtpulver haben ein intensives, süß-pikantes Aroma, das ausgezeichnet zu Apfel- und Birnenkompott sowie zu Glühwein passt. Auch an Kuchen und Keksen ist Zimt sehr schmackhaft.

Medizinische Verwendung

Ein einfacher Aufguss aus Zimtpulver oder -stangen mit einer Zitronenscheibe und 1 TL Honig hilft ausgezeichnet bei Halsschmerzen, Erkältung oder Grippe im Frühstadium; er kann auch Verdauungsbeschwerden nach zu üppigem Essen lindern. Das ätherische Öl wird für aromatherapeutische Massagen bei Muskelschmerzen und Verdauungsproblemen verwendet.

Coriandrum sativum Koriander Apiaceae

Samen dieser Pflanze fand man im Grab des Tutanchamun aus der Zeit um 1300 v. Chr. In Ägypten verwendet man die Samen und Blätter heute noch gern in Suppen und Brot. Die Bibel (2. Buch Mose, 16;31) vergleicht die weißen Koriandersamen mit dem himmlischen Manna. Im 1. Jahrhundert n. Chr. schrieb Plinius der Ältere über das *coriandrum,* die beste Qualität komme aus Ägypten. Die Chinesen glaubten, dass die Samen ein langes Leben verliehen, und nutzten die ganze Pflanze zur Behandlung von Hämorrhoiden, Übelkeit und Zahnschmerzen. Im Mittelalter wurden damit Flöhe und Läuse bekämpft.

Beschreibung und Kultivierung
Bis zu 60 cm hohe, einjährige Pflanze mit scharf riechenden, fein geteilten Blättern und Dolden kleiner, weißrosafarbener Blüten, gefolgt von gerillten Samen. Sie lässt sich im Frühling leicht aus Samen ziehen; benötigt durchlässigen, fruchtbaren Boden in voller Sonne. Blütentriebe abknipsen, um die Blatternte zu erhöhen. Samen am Ende des Sommers ernten.

Zu verwendende Pflanzenteile
Blätter und Samen

Wirkstoffe
Blätter und Samen enthalten Gerbstoffe (Tannine), Zucker und Vitamin C; die Samen sind besonders reich an ätherischem Öl, das durch Wasserdampfdestillation gewonnen wird. Koriander wirkt krampflösend und verdauungsstärkend.

Warnhinweise
keine

Kulinarische Verwendung
Die gehackten, frischen Blätter passen gut als Garnierung zu Currygerichten, Salaten oder Dressings. Mit den Samen würzt man Currygerichte, Essiggemüse, Chutneys, Brot und Kuchen. Eine einfache Currymischung: 30 g getrockneten Ingwer, 30 g Koriandersamen, 30 g Kardamomsamen, 1 TL Cayennepfeffer und 30 g Kurkumapulver mischen, in einem Mörser fein zerstoßen und in einem luftdicht verschlossenen Behälter aufbewahren.

Medizinische Verwendung
Medizinisch sind die Samen am wirksamsten; ein einfacher Aufguss lindert Magenkrämpfe und Blähungen, unterstützt die Verdauung fetter Speisen. Das ätherische Öl wird zur aromatherapeutischen Massage bei Muskelschmerzen und stressbedingten Verdauungsproblemen eingesetzt.

Cucumis sativus Gurke Cucurbitaceae

Gurken werden schon seit mindestens 3000 Jahren kultiviert. Die Römer genossen sie roh oder gekocht; Plinius der Ältere merkte an, dass Kaiser Tiberius bei keiner Mahlzeit auf sie verzichtete. In Ägypten waren sie beliebt als Nahrungs- und Heilmittel und ihrer kühlenden Wirkung wegen geschätzt. Zur Zeit der alten Griechen war die Gurke aber noch viel bitterer als heute, das ist der züchterischen Auslese zu verdanken. Gerard schrieb, sie kühlten „alle Arten von ... Pusteln, Rotfleckigkeit und dergleichen" – auch bei Akne wirken sie entzündungshemmend.

Beschreibung und Kultivierung
Die Gurke, die der gleichen Pflanzenfamilie angehört wie Zucchini, Melonen und Kürbisse, ist eine einjährige Kriechpflanze mit dreieckigen Blättern und gelben Blüten, gefolgt von den langen Früchten mit grüner Schale, wässerigem, weißlichem Fleisch und fast farblosen Kernen. Sie kann aus Samen gezogen werden und braucht fruchtbaren, feuchten Boden sowie reichlich Wasser und Luftfeuchtigkeit. Kleine Gurkensorten kann man im Kübel ziehen.

Zu verwendende Pflanzenteile
die ganze Frucht

Wirkstoffe
Die Gurke besteht zu 97 Prozent aus Wasser, was ihr eine feuchtigkeitsspendende und kühlende Wirkung verleiht. Außerdem enthält sie Vitamin C, B-Vitamine, Kalzium, Phosphor und Eisen.

Warnhinweis
keine

Kulinarische Verwendung
Rohe Gurke ist köstlich in Salaten oder mit Naturjoghurt gemischt als „entschärfende" Beigabe zu Currys. Frischer Gurkensaft, mit frischem Sellerie-, Karotten- und Apfelsaft gemischt, ist ein nährstoffreiches Stärkungsgetränk. Ein halbes Glas Saftmischung mit Mineralwasser auffüllen.

Medizinische Verwendung
Frische Gurkenscheiben wirken lindernd bei Sonnenbrand, Schnittverletzungen oder Hautreizungen und sind eine Wohltat für müde, gerötete Augen. Früher verwendete man Gurkenseife, -creme und -lotion, um die Haut zu bleichen und zu glätten. Ein bewährtes Rezept: 125 ml frischen Gurkensaft mit 125 ml Glyzerin und etwas Rosenwasser mischen und zweimal täglich zur Hautreinigung und -pflege anwenden. Im Kühlschrank aufbewahren.

Curcuma longa Kurkuma (Gelbwurzel) Zingiberaceae

Die Kurkuma ist in ihrer Heimat Indien ein unentbehrliches Küchengewürz und Heilmittel. In der ayurvedischen Medizin dient sie als blutreinigendes, entzündungshemmendes und antiparasitäres Mittel. Neuere wissenschaftliche Untersuchungen bestätigen ihre günstige Wirkung auf den Darmtrakt: Vielleicht sind die niedrigen Darmkrebsraten in Indien der Beliebtheit dieses Gewürzes zu verdanken. Die ayurvedische Heilkunde nutzt es auch zur Behandlung von Verdauungs- und Hautproblemen, Wunden und Hautabschürfungen. Ferner wird es anstelle des teureren Safrans als gelber Farbstoff verwendet.

Beschreibung und Kultivierung

Die enge Verwandte des Ingwers ist eine bis 1,2 m hohe, mehrjährige Pflanze mit paarig angeordneten, glänzenden, lanzettförmigen Blättern und dichten Ähren gelber Blüten. Das Gewürz gewinnt man aus der gelben, fleischigen Knollenwurzel, die gekocht, getrocknet und dann zermahlen wird. Die Pflanze benötigt durchlässigen, feuchten, nährstoffreichen Boden, hohe Luftfeuchtigkeit und eine Mindesttemperatur von 7 °C. Man kann sie im Kübel im Gewächshaus oder Wintergarten ziehen, wenn man darauf achtet, die Blätter immer feucht zu halten. Die Vermehrung erfolgt durch Wurzelteilung.

Zu verwendende Pflanzenteile

Wurzel

Wirkstoffe

Das ätherische Öl der Wurzeln ist reich an Turmeron und anderen Aromastoffen und hat entschlackende, harntreibende, entzündungswidrige, antiparasitäre und möglicherweise tumorhemmende Wirkung. Der Duft ist moschusartig und bittersüß.

Warnhinweise

keine

Kulinarische Verwendung

In indischen Currymischungen für Fleisch- und Gemüsegerichte und zur Gelbfärbung von Reis.

Medizinische Verwendung

Ein Aufguss aus 1/2 TL Kurkumapulver in 200 ml Milch hilft gegen Darmparasiten, Durchfall und träge Verdauung, aber auch gegen Husten, Erkältung oder Halsschmerzen. In Indien wird Kurkuma wegen seines hohen Eisengehalts auch als Stärkungsmittel bei Anämie eingesetzt. Mit etwas Kichererbsenmehl und Wasser zu einer Paste vermischtes Kurkumapulver wird auf Schnittverletzungen und Wunden aufgetragen.

Cymbopogon citratus Zitronengras Pocaceae

Das duftende Zitronengras wird in Indien und China im großen Stil angebaut, wo man es medizinisch zur Fiebersenkung, vor allem bei Malaria, und zur Behandlung von Stress-Symptomen verwendet. Auf Inseln wie Sri Lanka und den Seychellen wird es in Tropengärten kultiviert. Im Westen ist es erst in jüngerer Zeit bekannt geworden – dank der zunehmenden Beliebtheit thailändischer und indischer Gerichte, denen frisches Zitronengras eine aparte und delikate Geschmacksnote verleiht. Oft findet man auch die englische Bezeichnung *lemon grass*.

Beschreibung und Kultivierung

Das in bis zu 1,5 m hohen Büscheln wachsende Gras hat schmale, stark nach Zitrone duftende Blätter. Es ist eine empfindliche Pflanze, die sich jedoch leicht in Kübeln im Gewächshaus ziehen lässt, solange die Temperatur nicht unter 7 °C fällt. Sie braucht feuchten, durchlässigen, nährstoffreichen Boden und hohe Luftfeuchtigkeit (die Halme regelmäßig mit Wasser einsprühen).

Zu verwendende Pflanzenteile

Blätter (Gras)

Wirkstoffe

Ätherisches Öl mit hohem Gehalt an Citral, Limonen und anderen zitronenähnlichen Aromastoffen. Das ätherische Öl dient zur Herstellung von Parfümen. In der Aromatherapie krampflösende, hautrötende und verdauungsstärkende Wirkung.

Warnhinweise

Das ätherische Öl nicht auf empfindlicher oder zu Allergien neigender Haut und nicht bei Kindern anwenden.

Kulinarische Verwendung

Die frischen, gehackten Halme dienen in der asiatischen Küche als Gewürz.

Medizinische Verwendung

Das ätherische Öl dient zur aromatherapeutischen Massage des Bauchs bei Verdauungsbeschwerden und Magenkrämpfen bzw. der Muskeln bei Schmerzen, Verletzungen oder schlechter Durchblutung. Mit Lavendel und Rosmarin ist es ein gutes Tonikum für überanstrengte Gliedmaßen und zur Sportmassage (3 Tr. Rosmarin-, 3 Tr. Lavendel- und 2 Tr. Zitronengrasöl auf 20 ml pflanzliches Trägeröl). Mit Patschuliöl ist Zitronengrasöl ein wirksames Insektenschutzmittel zur äußerlichen Anwendung (2 Tr. Zitronengrasöl und 6 Tr. Patschuliöl auf 20 ml pflanzliches Trägeröl).

Daucus carota Karotte Apiaceae

Dieses Gemüse fand schon in den Schriften des Römers Plinius des Älteren im 1. Jahrhundert n. Chr. Erwähnung und taucht ab dem 2. Jahrhundert n. Chr. auch in Kochbüchern auf. Es wird in Europa kultiviert, solange man sich erinnern kann. Ursprünglich waren die Karotten weiß und hatten ein scharfes Aroma; erst die lange Kultivierung brachte die süßeren, orangefarbenen Exemplare hervor, die wir heute kennen. Wilde Möhren sind medizinisch wirksamer, man kann aber auch Kraut und Samen der Gartenmöhre (subsp. *sativus*) verwenden.

Beschreibung und Kultivierung

Das zweijährige, bis zu 1 m hohe Kraut trägt fein gefiederte Blätter und dichte Dolden aus weiß-rosafarbenen Blüten, aus denen sich flache Samen entwickeln, und hat dicke, weiße oder orangefarbene Pfahlwurzeln. Es braucht sandigen, durchlässigen Boden und volle Sonne. Die Blätter und den oberen Teil der Pflanze kann man im späten Frühjahr ernten, um daraus Aufgüsse zu bereiten; die Samen werden am Ende des Sommers geerntet und getrocknet.

Zu verwendende Pflanzenteile

Blätter, Samen und Wurzeln

Wirkstoffe

In Blättern und Samen: ätherisches Öl und Alkaloide mit krampflösender und verdauungsstärkender Wirkung. In der Wurzel: Nährstoffe wie Vitamin C, Karotin, Zucker und Mineralstoffe.

Warnhinweise

keine

Kulinarische Verwendung

Karotten sind ein beliebtes Gemüse, das man roh oder gegart verzehren kann. Frischer Karottensaft strotzt vor Vitamin C und Provitamin A sowie Mineralstoffen; zu gleichen Teilen mit frischem Apfelsaft gemischt, ist er ein ausgezeichnetes, allgemeines Stärkungsmittel.

Medizinische Verwendung

Ein einfacher Aufguss der Blätter, Stängel und Blüten unterstützt die allgemeine Entgiftung des Organismus, insbesondere bei Wassereinlagerungen, Blasen- oder Prostataentzündung. Empfohlen wird je eine kleine Tasse (125 ml) morgens und abends. Ein Aufguss der Samen (1 TL auf 200 ml Wasser) wirkt ausgezeichnet gegen Verdauungsbeschwerden, Völlegefühl und Blähungen.

Echinacea purpurea Echinacea (roter Sonnenhut) Asteraceae

Der Rote Sonnenhut stammt aus Nordamerika, wo ihn die Ureinwohner zur Behandlung von Wunden, Schlangenbissen, Zahnschmerzen und als allgemeines Desinfektionsmittel verwendeten. Die frühen europäischen Siedler übernahmen die Heilpflanze und setzten sie zur Abwehr ansteckender Krankheiten ein. Moderne Studien bestätigen die immunstärkende Wirkung der Pflanze, die in der Pflanzenheilkunde als antivirales Mittel verwendet wird.

Beschreibung und Kultivierung
Bis zu 1,2 m hohe Staude mit dicker Rhizomwurzel und spitzen, lanzettförmigen Blättern, die rosarote Blütenköpfchen mit goldgelbem Mittelkegel trägt (es gibt auch blassrosafarben und weiß blühende Arten). Sie wächst wild auf Wiesen und Grassteppen und benötigt durchlässigen, nährstoffreichen Boden in Sonne oder Halbschatten. Das Ausputzen fördert die Entwicklung neuer Blüten. Die Pflanze im Frühjahr aussäen oder durch Wurzelteilung vermehren.

Zu verwendende Pflanzenteile
die getrockneten und pulverisierten Wurzeln

Wirkstoffe
Die Wurzeln enthalten Inulin, Polysaccharide, ätherisches Öl, Harz, Pflanzensterole und Fettsäuren. Echinacea stärkt erwiesenermaßen die Körperabwehr gegen Infektionen.

Warnhinweise
Kann allergische Reaktionen hervorrufen.

Kulinarische Verwendung
keine

Medizinische Verwendung
Die immunstärkende Echinacea ist ein wichtiges Mittel zur Behandlung von Erkältungen, Grippe und chronischen Beschwerden wie Drüsenfieber oder postviraler Erschöpfung. Sie regt die Produktion weißer Blutkörperchen an, die Infektionen bekämpfen, und wird deshalb auch als unterstützendes Mittel bei HIV/AIDS eingesetzt. Man nimmt sie am besten in Form von Kapseln oder Tinkturen ein. Eine Abkochung der frischen Wurzeln kann als Salbe oder direkt auf saubere und desinfizierte Schnitte oder Wunden aufgetragen werden. In kleinen Mengen kann man Echinacea über einen längeren Zeitraum zur Blutreinigung einnehmen, jedoch nur unter Aufsicht eines Therapeuten.

Elettaria cardamomum Kardamom Zingiberaceae

In Indien, dem Herkunftsland der Pflanze, nennt man sie *elattari.* In der ayurvedischen Medizin wird sie seit Jahrhunderten zur Stärkung der Atemwege, Anregung des Kreislaufs und Unterstützung der Nebennieren eingesetzt. Als *Kardamomom* ist sie seit der griechischen Antike bekannt; im 1. Jahrhundert n. Chr. nahm Dioskurides sie in seine „Materia medica" auf, die viele exotische Gewürze enthielt.

Beschreibung und Kultivierung
Der Kardamom ist ein Verwandter des Ingwers. Aus der fleischigen Rhizomwurzel sprießen lange Stängel mit lanzettförmigen Blättern, die 2–3 m hoch werden können. Die kleinen, gelb-violetten Blüten wachsen an grundständigen Sprossen. Aus ihnen bilden sich später kleine grüne Kapseln, die glänzend schwarze, aromatische Samen enthalten. Kardamom gedeiht im Gewächshaus bei über 18 °C auf durchlässigem, fruchtbarem Boden im Halbschatten. Er kann durch Samen oder Wurzelteilung vermehrt werden. Das Gewürz ist – in Form ganzer Kapseln oder gemahlen – ein wichtiges Exportgut Ostasiens.

Zu verwendende Pflanzenteile
Samen

Wirkstoffe
Ätherisches Öl, Schleimstoffe und Harz; krampflösende, erwärmende, kreislaufanregende und verdauungsstärkende Wirkung.

Warnhinweise
keine

Kulinarische Verwendung
Kardamom dient in der indischen Küche als Gewürz, oft in Kombination mit Ingwer, Koriander, Pfeffer und Kreuzkümmel. Er wird auch als würziger Tee getrunken und zur Aromatisierung indischer Eiscremes und Süßspeisen verwendet.

Medizinische Verwendung
In der ayurvedischen Medizin wird der Kardamomaufguss gegen Erkältung, Grippe, Husten und Nebenhöhlenentzündungen eingesetzt. 1 TL Samenkapseln in 250 ml Milch gekocht ergeben einen beruhigenden Schlaftrunk. Ätherisches Kardamomöl dient zur aromatherapeutischen Massage bei Atemwegsbeschwerden, schlechter Durchblutung sowie zur Stärkung des Immunsystems.

Equisetum arvense Schachtelhalm (Zinnkraut) Equisetaceae

Die Schachtelhalmgewächse sind eine eigene, mit den Farnen verwandte Pflanzenfamilie. Im Karbonzeitalter waren die Vorfahren dieser Pflanzen so groß wie Palmen; sie sind seit mindestens 200 Millionen Jahren auf der Welt. Diese Art wächst wild auf Brachland, in Wäldern und auf Feuchtwiesen und wird meist als Unkraut betrachtet; dabei besitzt sie wertvolle Heilwirkungen. Im 17. Jahrhundert schrieb Culpeper über ihre wundheilenden Eigenschaften: „Sie zieht frische Wunden zusammen ... der Saft oder das gebrannte Wasser nützen für Entzündungen, Pusteln oder rote Striemen ..."

Beschreibung und Kultivierung
Robuste, bis zu 50 cm hohe Staude. Sie trägt an braunen Stängeln zapfenähnliche Sporangienstände, die Sporen freisetzen; diese Fortpflanzungsmethode ähnelt der der Farne. Die vielen grünen Stängel sind steril. Der Ackerschachtelhalm gedeiht am besten bei ausreichender Feuchtigkeit in Sonne oder Halbschatten. Er kann durch Wurzelteilung vermehrt werden, doch wenn er sich im Garten erst einmal etabliert hat, wird man ihn nie wieder los. Besser erntet man ihn im Juni oder Juli in freier Natur, in ausreichender Entfernung von Verkehrswegen, und trocknet ihn für die Verwendung im Winter.

Zu verwendende Pflanzenteile
frische oder getrocknete Stängel

Wirkstoffe
große Mengen Kieselsäure (bis zu 70%), Saponine, Alkaloide, Flavonoide und Mineralstoffe, die ihm harntreibende, nährende und adstringierende Wirkung verleihen.

Warnhinweise
Auf empfindlicher, zu Allergien neigender Haut mit Vorsicht verwenden.

Kulinarische Verwendung
keine

Medizinische Verwendung
Ein einfacher Aufguss hilft, zweimal täglich eingenommen, gegen Antriebsschwäche und Anämie sowie auch bei glanzloser Haut und sprödem, stumpfem Haar. Der Aufguss kann auch zur Reinigung von Schnitten und Wunden, zur Förderung der Wundheilung, bei Atemwegsbeschwerden und bei Blasenentzündung, Prostataentzündung und anderen Infektionen des Harntrakts verwendet werden. Außerdem kann man aus dem Kraut eine hautheilende Salbe bereiten.

Eucalyptus globulus Eukalyptus Myrtaceae

Der Eukalyptus ist in Australien beheimatet, wo es rund 300 Arten gibt. Die Bäume können bis zu 100 m hoch werden. Als effiziente Wasserspeicherer überleben viele Arten selbst in der Wüste. In Nordafrika und Südeuropa wurden sie auch in Sumpfgebieten angepflanzt, um Land trocken zu legen und die Moskitopopulationen zu reduzieren. Ätherisches Eukalyptusöl wird schon seit dem 19. Jahrhundert in großem Umfang kommerziell produziert.

Beschreibung und Kultivierung

Der Eukalyptus ist ein hoher Baum mit weißlicher, sich abschälender Rinde. Das Holz duftet ebenso aromatisch wie die Blätter, die meist auf der Oberseite etwas dunkler und auf der Unterseite sehr blass sind. Sie enthalten ätherisches Öl. Der Eukalyptus trägt weißliche Blüten, gefolgt von runden Beeren. Die Bäume lassen sich in gemäßigten Regionen kultivieren, solange die Temperaturen nicht unter –5 °C fallen. Sie brauchen durchlässigen Boden, reichlich Feuchtigkeit und volle Sonne.

Zu verwendende Pflanzenteile

Blätter

Wirkstoffe

Ätherisches Öl in den Blättern, vorwiegend Cineol und Pinen; schleimlösende, antiseptische und wundheilende Wirkung.

Warnhinweise

Das ätherische Öl nicht auf empfindlicher oder zu Allergien neigender Haut anwenden. Den Aufguss der frischen Blätter auf empfindlicher Haut nur mit Vorsicht anwenden.

Kulinarische Verwendung

keine

Medizinische Verwendung

Ein starker Aufguss aus frischen Blättern ist nützlich zur Reinigung von Schnitt- und Schürfwunden. Ein Aufguss aus frischem Eukalyptus, Lavendel- und Rotkleeblüten kann zur Bereitung einer hautheilenden Salbe dienen. Ätherisches Eukalyptusöl eignet sich zur Inhalation bei Erkältung und Grippe (4 Tr. auf 500 ml kochendes Wasser). Je 4 Tr. Eukalyptus- und Lavendelöl auf 20 ml pflanzliches Trägeröl ergeben ein gutes Massageöl für schmerzende Muskeln oder kalte Hände und Füße und zum Einreiben der Brust bei Husten.

Eugenia caryophyllus Gewürznelke Myrtaceae

Die pikant duftenden Gewürznelken gelangten wohl ursprünglich durch persische und arabische Händler aus ihrer Heimat Indonesien nach Europa. Der botanische Name *caryophyllus* geht auf den römischen Geschichtsschreiber Plinius den Älteren zurück, der sie im 1. Jahrhundert n. Chr. als *caryophyllon* kannte. Im 16. Jahrhundert trug man sie in Duftkugeln am Körper, weil ihnen Abwehrkräfte gegen die Pest zugeschrieben wurden. Gemäß neuerer botanischer Forschung wird die Pflanze auch als *Syzygium aromaticum* bezeichnet.

Beschreibung und Kultivierung

Der bis 20 m hohe Gewürznelkenbaum hat graue Rinde und glänzend dunkelgrüne Blätter. Aus den duftenden, grünen Blütenknospen entwickeln sich dunkelrote Blüten. Die getrockneten Blütenknospen werden als Gewürz gehandelt. Der Baum muss mindestens sechs Jahre alt sein, bevor geerntet werden kann. Er braucht tropische Bedingungen: nährstoffreichen Boden, hohe Luftfeuchtigkeit und sehr warme Temperaturen.

Zu verwendende Pflanzenteile

unreife, getrocknete Blütenknospen

Wirkstoffe

Das aus den getrockneten Blütenknospen gewonnene ätherische Öl ist reich an Eugenol, einem Aromastoff mit stark antiseptischer, schleimlösender und antiviraler Wirkung.

Warnhinweise

Das ätherische Öl der Gewürznelke nicht auf Schleimhäuten oder auf empfindlicher oder zu Allergien neigender Haut anwenden. Die medizinische Verwendung ganzer Gewürznelken ist unbedenklich, sofern man nicht mehr als 5 oder 6 je Anwendung nimmt.

Kulinarische Verwendung

Zu Bratäpfeln, Fruchtkompott, Essiggemüse und Chutneys, zu Schinken- und anderen Schweinefleischgerichten; unentbehrlich im Glühwein.

Medizinische Verwendung

Ein Aufguss aus 5 Gewürznelken in 200 ml kochendem Wasser hilft gegen Magenschmerzen, Verdauungsbeschwerden, Blähungen und Übelkeit sowie bei Erkältung und Grippe. Zur Betäubung von Zahnschmerzen eine Gewürznelke 10 Minuten in 4 EL kochendem Wasser einweichen und dann darauf beißen. Die Flüssigkeit als Mundspülung zur Kräftigung des Zahnfleischs verwenden.

Euphrasia officinalis Augentrost Scrophulariaceae

Der Name *euphrasia* stammt aus dem Griechischen und ist von Euphrosyne, einer der drei Grazien, hergeleitet, die für ihr Lachen und ihren Frohsinn bekannt war. Man glaubt, dass die Pflanze diesen Namen erhielt, weil sie bei Augenleiden große Erleichterung brachte. Im 14. Jahrhundert war sie zur Wiederherstellung der Sehkraft geschätzt; im 16. Jahrhundert trank man Augentrosttee, -wein und -bier als Stärkungsmittel. Culpeper schrieb: „Augentrost inwendig genommen ... mehrere Tage in die Augen getropft, dienet zusammen wider alle Gebrechen der Augen, so das Gesicht trüben ... er stärket das schwache Hirn oder Gedächtnis."

Beschreibung und Kultivierung

Einjähriges, parasitisches Kraut, das sich mit Wurzelausläufern an die Wurzeln anderer Pflanzen, vor allem Gräser, heftet, um ihnen Nährstoffe zu entziehen. Man muss es daher zwischen Gras säen, wo es keinen dauerhaften Schaden anrichtet, da es im Herbst abstirbt. Der Augentrost hat runde, fein gezähnte Blätter und einen drahtigen, bis 30 cm hohen Stängel. Die anmutigen Blüten sind weißlich mit violetter Zeichnung um eine gelbe Mitte. Die Blütentriebe werden am besten im Juli oder August geerntet, wenn die Pflanze in voller Blüte steht. Triebe frisch verwenden oder sorgfältig trocknen und lagern.

Zu verwendende Pflanzenteile

Blütentriebe

Wirkstoffe

Glykoside, Gerbstoffe (Tannine), ätherisches Öl, Saponine und Harz, die ihm eine beruhigende, entzündungshemmende Wirkung verleihen.

Warnhinweise

keine

Kulinarische Verwendung

keine

Medizinische Verwendung

Ein einfacher Aufguss aus frischen Blütentrieben ist hilfreich bei Heuschnupfen und anderem allergischem Schnupfen. Er soll auch gegen normalen Schnupfen und andere Atemwegsinfekte helfen. Ein starker Aufguss ist wirksam bei Augenentzündungen, -reizungen, -ermüdung und -jucken; er kann als Augenwaschung oder als kühle Kompresse angewendet werden. Die Kräutertinktur kann als Augentropfmittel verwendet werden; es gibt auch homöopathische Augentrosttinkturen und -mittel gegen solche Beschwerden.

Foeniculum vulgare Fenchel Apiaceae

Im 12. Jahrhundert empfahl die Äbtissin, Ärztin und Mystikerin Hildegard von Bingen Fenchel in ihrer „Physica" vor allen anderen Kräutern bei müden Augen, Magenbeschwerden, Husten, laufender Nase, zur Herzstärkung, Hautverschönerung, gegen Mundgeruch und zur allgemeinen Entgiftung. Sie verwendete ihn als Aufguss oder kochte seine Samen in Rotwein. Schon im 1. Jahrhundert n. Chr. empfahl ihn Plinius der Ältere für 20 verschiedene Heilzwecke, u. a. – dank seiner harntreibenden Wirkung – zur Gewichtsabnahme.

Beschreibung und Kultivierung

Bis zu 2 m hohes, zweijähriges Kraut mit langen Stängeln und grasgrünem, fedrigem, duftendem Laub. Im Hochsommer trägt es gelbe Blütendolden, die Bienen und Schwebfliegen anziehen, später gefurchte, gelbgrüne Früchte. Man kann Fenchel aus Samen ziehen. Er braucht sandigen Boden und volle Sonne. Ggf. die Blütentriebe abschneiden, um den Blattaustrieb anzuregen. Die Früchte erntet man im September.

Zu verwendende Pflanzenteile

Blätter und Samen

Wirkstoffe

Die Samen enthalten ätherisches Öl (Gewinnung durch Wasserdampfdestillation), Fettöl, Proteine, Zucker und Schleimstoffe und haben krampflösende, entblähende, magenstärkende, harntreibende und den Milchfluss fördernde Wirkung.

Warnhinweise

Das ätherische Öl und die Samen in der Schwangerschaft weder oral einnehmen noch anderweitig verwenden. Als Küchengewürz unbedenklich.

Kulinarische Verwendung

Die Blätter verleihen fetten Fischgerichten ein kräftiges Anisaroma und sind eine aromatische Garnierung für Suppen, Fleisch- und Gemüseeintöpfe.

Medizinische Verwendung

Ein einfacher Aufguss der Samen hilft bei Magenschmerzen, Verdauungsbeschwerden, Blähungen und nach dem Verzehr schwerer Speisen. Er wirkt zudem harntreibend und vermindert Wassereinlagerungen. Er stimuliert die Milchbildung bei stillenden Müttern und kann Koliken bei Säuglingen lindern. Ein starker Aufguss der Samen dient als antiseptische Mundspülung und als Gurgelmittel bei Halsschmerzen.

Fragaria vesca Walderdbeere Rosaceae

Aus archäologischen Funden weiß man, dass Walderdbeeren mit zu den ersten von Menschen gesammelten Früchten gehören. Sie wurden von den Römern bereits um 200 v. Chr. kultiviert und galten den Germanen als Symbol der Sinnenfreude. Im Mittelalter wurden Walderdbeeren auf großen Flächen angebaut, doch die Züchtung großfruchtiger Sorten gelang erst, als man im 18. Jahrhundert auf aus Amerika eingeführte Arten wie die Scharlacherdbeere zurückgreifen konnte. Seitdem findet sich die Walderdbeere nur noch dort, wo ihr Name es vermuten lässt: im Wald.

Beschreibung und Kultivierung

Medizinisch verwendet man nur die Walderdbeere; die großfruchtige Gartenerdbeere ist eine Züchtung, deren Blätter keinen medizinischen Wert haben. *Fragaria vesca* ist eine ausdauernde Krautpflanze mit kurzem Rhizom und Rosetten dreizählig gefiederter Blätter, die sich durch lange Ausläufer auf Bodenniveau verbreitet. Die Blüten wachsen an langen Stängeln aus der Pflanzenbasis; der Blütenboden schwillt später zur Erdbeerfrucht an. Die Pflanze braucht fruchtbaren, durchlässigen Boden in voller Sonne oder im Halbschatten. Die Blätter werden im Hochsommer geerntet und getrocknet.

Zu verwendende Pflanzenteile

Blätter und Früchte

Wirkstoffe

In den Blättern vorwiegend Gerbstoffe (Tannine), Bitterstoffe, Vitamin C und ätherisches Öl, die ihnen adstringierende, harntreibende und stärkende Wirkung verleihen.

Warnhinweise

keine

Kulinarische Verwendung

Die Vitamin-C-haltigen Früchte schmecken mit Sahne oder werden zu Marmelade verarbeitet.

Medizinische Verwendung

Ein einfacher Aufguss der Blätter hilft bei Arthritis, Blasenentzündung, Verdauungsproblemen und Mundgeruch; außerdem wirkt er beruhigend auf die Nerven. Der abgekühlte Aufguss der Blätter kann als adstringierende, hautstraffende Lotion dienen; die Früchte können als Beigabe zu Gesichtspackungen oder Reinigungsmilch die Poren zusammenziehen und den Teint klären. Eine Packung aus zerdrückten Früchten wirkt kühlend bei leichten Verbrennungen oder Sonnenbrand.

Hamamelis virginiana Zaubernuss Hamamelidaceae

Die Pflanze, ein altes amerikanisches Volksmittel gegen Schwellungen, Blutergüsse, Muskelzerrungen und Augenreizungen, wurde ursprünglich in den feuchten Wäldern Virginias gesammelt, daher der zweite Teil des botanischen Namens. Der erste Teil, *hamamelis,* ist von den griechischen Wörtern *hama* (gleichzeitig) und *melis* (Frucht) abgeleitet, weil die neuen Blüten erscheinen, wenn die Früchte des Vorjahres reifen. Die Assoziation mit Zauberei rührt vielleicht von der Verwendung der jungen Triebe als Wünschelruten zur Wassersuche her.

Beschreibung und Kultivierung

Laub abwerfender Baum oder Strauch von bis zu 5 m Höhe mit glatter Rinde und wechselständigen, ovalen, tief geäderten Blättern. Büschel duftender, gelber Blüten im Februar oder März. Der Baum benötigt einigermaßen fruchtbaren, durchlässigen Boden und einen sonnig bis halbschattigen Standort. Zur Vermehrung am besten zunächst im Topf aussäen und später in den Garten auspflanzen. Zur Herstellung von destilliertem Zaubernusswasser werden die Zweige nach der Blüte geschnitten; Tinktur wird aus der Rinde gewonnen.

Zu verwendende Pflanzenteile

Blätter und Rinde

Wirkstoffe

Rinde und Blätter enthalten Kumaringlykoside, Saponine, Gerbstoffe (Tannine) und Bitterstoffe, die ihnen adstringierende, entzündungshemmende und antiseptische Wirkung verleihen.

Warnhinweise

keine

Kulinarische Verwendung

keine

Medizinische Verwendung

Zaubernuss-Salbe, die mit einem starken Aufguss der Blätter zubereitet wird, ist hilfreich bei Hämorrhoiden und Krampfadern. Destilliertes Zaubernusswasser wirkt adstringierend und reinigend bei erweiterten oder verstopften Poren, Mitessern und Akne, lindert Blutergüsse und ist ein Erste-Hilfe-Mittel bei Blutungen, Verbrennungen, Nasenbluten oder Augenreizungen; außerdem kann man es bei Krampfadern als Kompresse auflegen. Die als Fertigpräparat erhältliche Tinktur sollte nur unter ärztlicher Aufsicht verwendet werden. Ein einfacher Aufguss der Blätter zur Regulierung gestörter Darmtätigkeit.

Helianthus annuus Sonnenblume Asteraceae

Die Sonnenblume ist im Südwesten Nordamerikas und in Mexiko beheimatet, wo sie von den Ureinwohnern schon um 1000 v. Chr. kultiviert wurde. Im 16. Jahrhundert gelangte sie nach Europa, doch großflächig als Nutzpflanze angebaut wurde sie erst in Russland. Heute wird sie weltweit in vielen Ländern überall kultiviert, u. a. als Viehfutter und zur Gewinnung von Pflanzenöl aus ihren Samen. Der Name *helianthus* stammt aus dem Griechischen: von *helios* (Sonne) und *anthos* (Blume).

Beschreibung und Kultivierung
Bis zu 3 m hohe einjährige Pflanze mit großen, goldgelben Blütenköpfen, die bis zu 40 cm Durchmesser erreichen. Diese bestehen aus langen, gelben Zungenblüten um eine Mittelscheibe aus kleinen, braunen Röhrenblüten, welche die Samen hervorbringen. Eine Blume produziert im Durchschnitt rund 1000 schwarz-weiß gestreifte Sonnenblumenkerne. Sonnenblumen brauchen durchlässigen Boden in voller Sonne und müssen bei heißem Wetter regelmäßig gewässert werden.

Zu verwendende Pflanzenteile
Samen

Wirkstoffe
Die Samen sind bedeutende Lieferanten von Pflanzenöl, das ungesättigte Linol- und Ölsäuren enthält (bis zu 45 %), außerdem Palmitin- und Arachinsäure und Vitamin E. Diese Kombination pflegt die Haut und unterstützt die Neubildung der oberen Hautschichten; mit der Nahrung aufgenommen, kräftigt sie die Zellstruktur und senkt den Cholesterinspiegel.

Warnhinweise
keine

Kulinarische Verwendung
In Dressings, Mayonnaise, als leichtes Speiseöl; die Kerne können über Gerichte gestreut, ins Müsli gegeben oder in Brot eingebacken werden.

Medizinische Verwendung
Ausgezeichnet zur Bereitung von Kräuterölbalsam, da sich Sonnenblumenöl leicht in die Haut einmassieren lässt, ohne einen Fettfilm zu hinterlassen. In Kombination mit Kakaobutter erhält man eine hervorragende Salbe (s. Seite 130–131) zur Behandlung von trockener Haut und Ekzemen, die auch bei Hautschädigungen heilungsfördernd wirkt.

Hypericum perforatum Johanniskraut Clusiaceae

Dem Kraut wurde vielerlei Wirkung zugeschrieben: Im Mittelalter hängte man es in Türen und Fenster, um böse Geister zu vertreiben. Der Name *hypericum* kommt von einem griechischen Ausdruck, der „über einer Erscheinung" bedeutet, was auf seine übernatürlichen Kräfte verweist. Die Johanniter verwendeten es im Mittelalter, um die Schwertwunden der Kreuzritter zu kurieren. Es blüht um die Zeit des Johannisfestes am 24. Juni: An diesem Tag sammelte man die taufeuchten Blüten als empfängnisförderndes Mittel.

Beschreibung und Kultivierung

Winterharte, bis zu 60 cm hohe Staude mit aufrechten, teils verholzten Stängeln und paarweise gegenständigen, ovalen Blättern, in denen man winzige Öldrüsen erkennt. Die goldgelben Blüten bestehen aus fünf Blütenblättern. Die Pflanze braucht durchlässigen Boden in voller Sonne oder im Halbschatten und breitet sich rasch aus; man kann sie durch Wurzelteilung vermehren. Es gibt viele Ziersorten, zur medizinischen Verwendung benötigt man jedoch die Art *Hypericum perforatum*. Die Blütentriebe können ab Juli geerntet und frisch verwendet werden.

Zu verwendende Pflanzenteile

Blütentriebe

Wirkstoffe

Gerbstoffe (Tannine), Flavonoide, Glykoside, u. a. das rot pigmentierte Hypericin, ätherisches Öl und Harz; beruhigende, entzündungshemmende, antiseptische und adstringierende Wirkung.

Warnhinweise

Starke Sonnenbestrahlung nach medizinischer Anwendung des Krauts kann bei empfindlichen Menschen Hautallergien auslösen.

Kulinarische Verwendung

keine

Medizinische Verwendung

Der aus den frischen Blütentrieben zubereitete Kräuterölbalsam, der sich durch das Hypericin rot färbt, wird zur Schmerzlinderung bei Neuralgien, Ischiassyndrom, Verbrennungen, Wunden, Blutergüssen und Hämorrhoiden eingesetzt. Als Fertigpräparate erhältliche Johanniskrauttinkturen und -kapseln helfen bei leichter Depressionen und Stimmungsschwankungen, z. B. in der Menopause. Ein einfacher Aufguss frischer Blütentriebe lindert Menstruationskrämpfe.

Hyssopus officinalis Ysop Lamiaceae

Dioskurides nannte dieses Kraut im 1. Jahrhundert n. Chr. *hyssopus,* nach dem hebräischen *azob* (Heiliges Kraut), das zur Reinigung heiliger Stätten diente, doch ist nicht sicher, ob es sich um das in der Bibel (2. Buch Mose 12;22, 3. Buch Mose 14;4) erwähnte Kraut handelt. Hippokrates und Dioskurides empfahlen es bei Atemwegsbeschwerden, ebenso wie Culpeper im 17. Jahrhundert: „Es treibt zähen Schleim aus und dienet als Sirup genommen allen Leiden, welche von Kälte entspringen, oder Gebrechen der Brust und Lungen ..."

Beschreibung und Kultivierung

Der ausdauernde Halbstrauch ist halbimmergrün, d. h., er wirft bei starkem Frost mitunter sein Laub ab. Er wird bis 1 m hoch, hat an der Basis verholzende Stängel und kleine, dunkelgrüne Blätter. Er trägt vom Juni bis August Scheinähren blauviolettfarbener Blüten, die Bienen und Schmetterlinge anziehen. Das aus dem Mittelmeerraum stammende Kraut gedeiht am besten auf steinigem, trockenem Boden und braucht sehr viel Sonne. Im Frühjahr aussäen oder im Sommer Stecklingsvermehrung. Im zeitigen Frühjahr stark zurückschneiden, um den Wuchs einzudämmen.

Zu verwendende Pflanzenteile

frische oder getrocknete Blütentriebe

Wirkstoffe

Ätherisches Öl mit Pinen und Pinocamphon, Glykoside, Bitterstoffe und Gerbstoffe (Tannine); stärkende, schleimlösende, adstringierende, harntreibende und menstruationsfördernde Wirkung.

Warnhinweise

Ysop sollte von Epileptikern nicht eingenommen und in der Schwangerschaft gemieden werden.

Kulinarische Verwendung

keine

Medizinische Verwendung

Als Sirup oder einfacher Aufguss eingenommen, hilft Ysop bei Erkältungskrankheiten und Atemwegsinfekten durch seine schweißtreibende und schleimlösende Wirkung. Den Aufguss mit Honig süßen. Besonders gut wirkt er zusammen mit dem ebenfalls schleimlösenden Andorn. Die Verwendung frischer Blütentriebe als Badezusatz bei Rheuma. Der abgekühlte Aufguss kann für Augenwaschungen und zur Linderung von Insektenbissen und -stichen verwendet werden. Ysop ist auch als Fertigtinktur erhältlich.

Juniperus communis Wacholder Cupressaceae

Wacholderbeeren wurden schon seit biblischer Zeit als Schutz gegen alles Erdenkliche von Schlangen über Pest bis zu Gift eingesetzt. Wacholderzweige wurden als Räucherwerk verbrannt. Der Name des niederländischen Wacholderbranntweins, Genever, ist vom botanischen Namen der Pflanze abgeleitet. Culpeper schrieb: „Die Beeren sind gut dem Husten, kurzen Atem ... sie stärken das Hirn, kräftigen das Gesicht durch Stärkung der Nerven, sind gut für Schüttelfrost, Arthritis und Ischias und stärken die Glieder."

Beschreibung und Kultivierung
Bis zu 4 m hohe, strauchige, immergrüne Konifere mit rötlich braunen Zweigen und blaugrünen Nadeln. Die von den weiblichen Pflanzen getragenen Beeren bleiben über zwei Jahre lang grün, bevor sie ausreifen und sich blauschwarz verfärben; erst dann können sie geerntet werden. Wacholder braucht Sonne, reichlich Feuchtigkeit und gedeiht auf den meisten Böden, am besten jedoch auf kalkhaltigem Untergrund. In freier Natur findet man ihn am Waldrand und auf Heiden. Er kann aus Samen oder aus im Frühjahr geschnittenen Stecklingen gezogen werden.

Zu verwendende Pflanzenteile
reife Beeren

Wirkstoffe
In den Beeren: Harz, ätherisches Öl mit hohem Pinengehalt, Zucker, Gerbstoffe (Tannine), Flavonoide und Vitamin C; stark harntreibende, hautrötende, entblähende und antiseptische Wirkung.

Warnhinweise
Wacholderbeeren in der Schwangerschaft und bei Nierenleiden nicht medizinisch verwenden.

Kulinarische Verwendung
In Nordeuropa verzehrt man im Winter mitunter Marmelade mit Wacholderbeeren als Stärkungsmittel; außerdem dienen die Beeren als Würze für Braten, Rotkohl und Sauerkraut.

Medizinische Verwendung
Ein einfacher Aufguss der getrockneten und zerstoßenen Beeren hilft bei Rheuma, Arthritis oder Verdauungsträgheit. Ein starker Aufguss der Beeren kann als antiseptische Mundspülung fürs Zahnfleisch dienen. Das ätherische Öl wird zur aromatherapeutischen Massage und in Sportsalben gegen Muskelschmerzen, schlechte Durchblutung und Rheumaschmerzen angewendet.

Laurus nobilis Lorbeer Lauraceae

Der Lorbeer stammt ursprünglich aus Südeuropa und Nordafrika. Die Römer banden aus ihm Lorbeerkränze (corona triumphalis) für ihre siegreichen Feldherren und verwendeten ihn für Girlanden und Opfergaben. Lorbeerbäume wurden gezogen, um die Luft mit ihrem aromatischen Duft zu reinigen. Karl der Große empfahl den Lorbeeranbau in Deutschland, damit er als Arznei und Gewürz mehr verwendet werden sollte.

Beschreibung und Kultivierung
Lorbeerbäume lassen sich gut in Kübeln ziehen. Nährstoffreiche Erde und sonniger Standort. Als Kübelpflanzen werden sie bis 3 m, ansonsten bis zu 15 m hoch, weshalb man sie in kleinen Gärten eventuell stutzen muss. Die unteren Äste werden oft vollständig entfernt, sodass der Baum eine kugelförmige Krone entwickelt. Blätter zum Trocknen erntet man im Hochsommer, wenn ihr Gehalt an ätherischem Öl am höchsten und ihr Geschmack deshalb am intensivsten ist. Frische Blätter kann man das ganze Jahr hindurch ernten, da der Baum immergrün ist. Im Winter muss er vor Frost und kalten Winden geschützt werden.

Zu verwendende Pflanzenteile
Blätter

Wirkstoffe
Ätherisches Öl, Gerb- und Bitterstoffe, die ihm eine antimikrobielle und verdauungsanregende Wirkung verleihen.

Warnhinweise
keine

Kulinarische Verwendung
Lorbeer dient vor allem als Gewürz für Fleisch- und Gemüseeintöpfe, Bolognese-Sauce, Fischgerichte und Suppen. Durch lang andauerndes Köcheln bei niedriger Temperatur entfaltet sich das Aroma des ätherischen Öls besonders gut.

Medizinische Verwendung
Medizinisch kommt der Lorbeer seltener zum Einsatz, doch ein einfacher Aufguss der getrockneten oder frischen Blätter hilft bei Blähungen und Verdauungsbeschwerden sowie als antimikrobielles Mittel bei Grippe. Ein mit den getrockneten oder frischen Blättern zubereiteter Kräuterölbalsam ist wohltuend bei Muskelschmerzen und Prellungen.

Lavandula angustifolia Lavendel Lamiaceae

Der im südlichen Mittelmeerraum heimische Lavendel gelangte wohl mit den Römern nach Norden. Sein Name ist vom lateinischen *lavare* (waschen) abgeleitet. Im 16. Jahrhundert empfahl Gerard: „Denjenigen, so lahme Glieder haben, ist es sehr bequem, wenn man sie mit dem destillierten Wasser aus Lavendelblüten wäscht …“, und Culpeper schrieb später: „Er ist sonderlich gut für alles Weh von Haupt und Hirn … Krämpfe, Konvulsionen und Ohnmachten … auf Schläfen und Nasenlöcher getupft, lindert er Zittern und Leiden des Herzens …“

Beschreibung und Kultivierung
Es gibt mindestens 80 bekannte Arten und unzählige Zuchtformen. Medizinisch verwendet man den Echten Lavendel *(Lavandula angustifolia)*, in der pharmazeutischen Industrie auch die nach Medizin riechende Hybridform *Lavandula* x *intermedia*. Der Lavendel ist ein duftender, bis 1 m hoher, an der Basis verholzender Halbstrauch mit graugrünen Blättern, der im Hochsommer an langen Blütenstängeln Scheinähren violetter Blüten trägt. Im Spätsommer oder zeitigen Frühjahr stark zurückschneiden; Vermehrung durch Stecklinge. Die Blüten erntet man gegen Ende Juli. Braucht volle Sonne und sandigen Boden.

Zu verwendende Pflanzenteile
Blütentriebe

Wirkstoffe
Ätherisches Öl mit Linalylacetat und Gerbstoffe (Tannine) verleihen ihm krampflösende, beruhigende, hautrötende und stärkende Wirkung.

Warnhinweise
In der Schwangerschaft nur unter ärztlicher Aufsicht anwenden.

Kulinarische Verwendung
Lavendelblüten sind hübsch als Kuchendekoration und geben süßen Brötchen oder Gebäck ein ungewöhnliches Aroma.

Medizinische Verwendung
Ein einfacher Aufguss der Blüten und Stängel hilft bei Kopfschmerzen, Migräne, PMS, Stress, Unruhe und Schlafstörungen. Äußerlich dient der Aufguss als hautberuhigende Waschlotion. Mit Lavendelaufguss bereiteter Ölbalsam tut schmerzenden Muskeln gut und fördert zusammen mit Rosmarin die Durchblutung. Das ätherische Öl dient zur aromatherapeutischen Massage bei Muskelschmerzen und Stress.

Levisticum officinale Liebstöckel Apiaceae

Der auch als „Maggikraut“ bekannte Liebstöckel ist schon seit hunderten von Jahren als Gewürz und verdauungsstärkendes Mittel in Gebrauch. Culpeper schrieb im 17. Jahrhundert: „Er lindert alles inwendige Weh und Schmerzen, zerteilet die Winde im Leib und wehret Gift und Ansteckung ab. Eine Kochung des Krauts nützt wider Fieber und Schmerzen des Leibs und Gedärms, so da von Kälte kommen.“ Frühe Rezepte empfahlen die scharfen Liebstöckelsamen, wie Pfeffer zerstoßen, als Gewürz. Man gab sie auch ins Badewasser – als Rheumamittel und Aphrodisiakum. „Liebstöckel“ ist eine Verballhornung der lateinischen Herkunftsbezeichnung *ligusticum* (aus Ligurien stammend).

Beschreibung und Kultivierung
Sehr winterharte Staude mit tief reichenden, fleischigen Wurzeln und bis zu 3 m hohen Stängeln. Sie hat geteilte, glänzend grüne Blätter mit würzigem Aroma und trägt im Sommer Dolden gelblicher Blüten, gefolgt von kleinen Samen. Sie bevorzugt nährstoffreichen, feuchten Boden in voller Sonne oder im Halbschatten. Die Vermehrung erfolgt durch Aussaat oder Wurzelteilung im Herbst. Die Blätter können das Frühjahr und den Sommer hindurch frisch geerntet werden; im Herbst kann man die Wurzeln ausgraben und trocknen, um daraus Abkochungen zuzubereiten.

Zu verwendende Pflanzenteile
Blätter und Wurzeln

Wirkstoffe
Die Wurzeln frühestens nach drei Jahren ernten: Sie enthalten ätherisches Öl sowie Kumarine, Zucker, Ester und Harz, die ihnen magen- und leberstärkende, harntreibende, schleimlösende und antirheumatische Wirkung verleihen.

Warnhinweise
In der Schwangerschaft oder bei Nierenleiden nicht verwenden.

Kulinarische Verwendung
Junge Liebstöckelblätter eignen sich für Suppen und als Zugabe zu gemischten Blattsalaten; die Samen kann man in Brot einbacken.

Medizinische Verwendung
Ein einfacher Aufguss der Blätter hilft bei nervöser Erschöpfung, Rheuma und zur Verdauung üppiger Mahlzeiten. Die Abkochung oder Tinktur der Wurzeln ist wirksam bei Verdauungsbeschwerden, Koliken, Blähungen und Beschwerden der Harnwege, wie z. B. Blasenentzündung. Als Badezusatz kann ein starker Aufguss der Blätter die Haut reinigen und entschlacken.

Lippia citriodora/Aloysia triphylla Zitronenverbene Verbenaceae

Die Pflanze stammt ursprünglich aus Südamerika, insbesondere Peru und den Anden, wo sie heute noch für Tees, Waschlotionen und als Bestandteil von Naturkosmetika verwendet wird. Im 18. Jahrhundert gelangte sie nach Europa, wo sie im viktorianischen England eine äußerst geschätzte Zutat für Duftbeutelchen und -kissen wurde. In Frankreich wird „Verveine", das verwandte Eisenkraut, als beliebter Kräutertee in Cafés und Restaurants angeboten.

Beschreibung und Kultivierung

Laub abwerfender Strauch mit spitzen, stark nach Zitrone duftenden Blättern, die an der Unterseite Zellen mit ätherischem Öl tragen. In warmen Klimazonen rosaweiße Blütenrispen, in kühleren Breiten blüht sie nicht. Sie verträgt Temperaturen bis –5 °C, braucht aber einen geschützten, vollsonnigen Standort in durchlässigem Boden. In kälteren Regionen sollte man sie im Kübel ziehen und im Wintergarten überwintern. Die Blätter kann man den ganzen Sommer über ernten und für den Winter trocknen; sie bewahren ihren Duft lange. Zitronenverbene im Frühjahr stark zurückschneiden; Vermehrung durch Stecklinge.

Zu verwendende Pflanzenteile

Blätter

Wirkstoffe

Ätherisches Öl mit Citral, Geraniol und Nerol, die einen intensiven Zitronenduft und krampflösende, entblähende, verdauungs- und leberstärkende Wirkung haben.

Warnhinweise

keine

Kulinarische Verwendung

Ein oder zwei fein gehackte Blätter der Zitronenverbene verleihen gemischten Sommersalaten ein apartes Zitronenaroma.

Medizinische Verwendung

Als einfacher Aufguss bei Verdauungsbeschwerden, Blähungen, zur Leberunterstützung nach Verzehr fetter Speisen, bei Magenkrämpfen und verdauungsbedingter Migräne. Das mild wirkende, auch für Kinder geeignete Mittel lindert Stress und Unruhe und hilft bei Schlafstörungen. In Kombination mit frischer Pfefferminze oder Zitronenmelisse, frischem Zitronensaft und Honig ein wohltuendes Heiß- oder Kaltgetränk.

Marrubium vulgare Andorn Lamiaceae

Der Andorn wird schon seit römischer Zeit geschätzt; der botanische Name *marrubium* kommt vom hebräischen *marrob,* einem bitteren Kraut, das die Juden während des Passahfestes verwenden. Der Kräuterkundler Gerard empfahl: „Sirup, aus den grünen, frischen Blättern und Zucker bereitet, ist eine treffliche Arznei gegen den Husten und das Keuchen der Lungen ...“, und Culpeper schrieb: „... es hilft, zähen Schleim aus der Brust zu treiben ... und kalte Phlegma aus den Lungen der Alten, sonderlich jener, die engen und kurzen Atem haben.“

Beschreibung und Kultivierung
Büschelig wachsendes, mehrjähriges Kraut mit kurzer Wurzel, vierkantigen Stängeln und runzligen, gezähnten, behaarten, spitzen Blättern. Im Sommer erscheinen Büschel kleiner, weißer Blüten in den Blattachseln. Es hat einen sehr angenehmen, apfelähnlichen Duft. Andorn ist selbst auf magerem Boden leicht zu ziehen. Im Frühjahr aussäen oder durch Stecklinge oder Wurzelteilung vermehren. Blüten trägt er erst ab dem zweiten Jahr. Die Blüten, Stängel und Blätter können im Spätsommer geerntet und frisch oder getrocknet verwendet oder zu Sirup verarbeitet werden.

Zu verwendende Pflanzenteile
Blütentriebe

Wirkstoffe
Bitterstoffe, Alkohole, Alkaloide, Gerbstoffe (Tannine), Saponine und Harz, die ihm krampflösende, schleimlösende, beruhigende, leberstärkende und menstruationsfördernde Wirkung verleihen.

Warnhinweise
In der Schwangerschaft nicht zu empfehlen.

Kulinarische Verwendung
keine

Medizinische Verwendung
Ausgezeichnet gegen verschleimte Bronchien, Bronchitis oder Asthma. Am besten bereitet man aus dem frischen Kraut einen Sirup zur Verwendung während der Winterzeit; dieser ist ein angenehm schmeckendes und auch für Kinder gut verträgliches Heilmittel. Eine aus den Blättern bereitete Salbe unterstützt die Wundheilung; heiße Kompressen oder Packungen können bei entzündeter oder infizierter Haut heilsam wirken. Ein einfacher Aufguss des Krauts kann als Mittel gegen Erkältung und Grippe, bei Husten und Menstruationsstörungen getrunken werden.

Matricaria recutita und *Chamaemelum nobile* Kamille Asteraceae

Beide Arten der Kamille sind wichtige Heilkräuter. Der Name geht auf das griechische *chamaimelon* zurück, wörtlich „Erdapfel", was wohl damit zusammenhängt, dass das bodennah wachsende Kraut apfelähnlich duftet. Culpeper nannte die Kamille den „Pflanzendoktor", weil sie die allgemeine Gesundheit des ganzen Gartens fördere – vermutlich, indem sie nützliche Insekten anlockt.

Beschreibung und Kultivierung

Die Echte Kamille *(Matricaria recutita)* wird bis 60 cm hoch und hat fiederartig geteilte, duftende Blätter. Ihre Blüten bestehen aus weißen Zungenblüten um eine gelbe, gewölbte Mittelscheibe. Die Römische Kamille *(Chamaemelum nobile)* hat ähnliche Blätter, doch die Blüten wirken federiger und wachsen näher am Boden.

Zu verwendende Pflanzenteile

Blüten

Wirkstoffe

Beide Sorten enthalten ätherisches Öl. Die Echte Kamille enthält mehr Chamazulen, einen entzündungshemmenden Inhaltsstoff, der ihr Öl blau färbt, die Römische Kamille mehr Ester, die ihr ein intensiveres Aroma verleihen. Weitere wichtige Inhaltsstoffe in Blüten und Blättern sind Flavonoide, Fettsäuren, Aminosäuren, Bitterstoffe und Gerbstoffe (Tannine); entzündungshemmende, krampflösende und beruhigende Wirkung.

Warnhinweise

keine

Kulinarische Verwendung

Als erfrischender Tee unterstützt Kamille die Verdauung; als Fertigtee werden meist die Blüten der Echten Kamille angeboten.

Medizinische Verwendung

Ein starker Aufguss aus Blüten dient abgekühlt zur lindernden Waschung bei Hautreizungen, Nesselsucht, Ekzemen, Hitzeausschlag, Schnitten, Sonnenbrand. Innerlich hilft der Aufguss bei Verdauungsbeschwerden, Schlafstörungen, Stimmungsschwankungen und Reizbarkeit, und er beruhigt die Magen-Darm-Schleimhäute. Regt die Produktion der Verdauungssäfte an. Aromatherapeutische Anwendung mit Öl bei Haut- und Verdauungsproblemen.

Melissa officinalis Zitronenmelisse Lamiaceae

Das Kraut hieß im Volksmund auch „Honigblume" oder „Immenblume", weil es nützliche Insekten anzieht. „Melissa" ist vom griechischen Wort für „Biene" abgeleitet, und Melissenhonig ist tatsächlich besonders delikat. Im 1. Jahrhundert n. Chr. empfahlen der Römer Plinius der Ältere und der Grieche Dioskurides das Kraut zur Verlangsamung des Blutflusses und zur entzündungsfreien Wundheilung. Ein Arzneibuch aus dem 17. Jahrhundert rät: „Essenz der Melisse, allmorgendlich in Kanarienwein gereicht, erneuert die Jugend, stärkt das Hirn, benimmt die Mattigkeit und beugt der Kahlheit vor."

Beschreibung und Kultivierung
Starkwüchsige Staude, die alljährlich bis zum Boden abstirbt und aus der Wurzel neu austreibt. Sie trägt an vierkantigen, bis 1 m hohen Stängeln gezähnte, stark strukturierte, spitz zulaufende Blätter mit intensivem Zitronenduft. Die winzigen, weißen Blüten erscheinen im Spätsommer; Blütentriebe ggf. abknipsen, um den Blattertrag zu erhöhen. Die aromatischen Blätter am besten frisch verwenden. Melisse gedeiht auf den meisten Böden und sät sich selbst aus.

Zu verwendende Pflanzenteile
frische Blätter

Wirkstoffe
Ätherisches Öl (das Citral, Limonen und weitere süß duftende Aromastoffe enthält, wenn auch nur in geringen Mengen), Gerbstoffe (Tannine) und Flavonoide; krampflösende, beruhigende, antihistaminische und antiseptische Wirkung.

Warnhinweise
keine

Kulinarische Verwendung
Frisch gehackte Blätter passen zu Sommersalaten und geben frischen Apfelsinenscheiben eine zusätzliche Zitrusnote. Delikate Garnierung für Sommerbowlen, Saucen und Desserts.

Medizinische Verwendung
Ein einfacher Aufguss der frischen Blätter hilft bei verdauungsbedingten Kopfschmerzen, Verdauungsbeschwerden, stressbedingten Magenproblemen und Blähungen. Er beruhigt die Nerven und wirkt stresslindernd. Man kann Schnitt- und Schürfwunden, Insektenbisse und -stiche und Nesselausschlag darin baden; auch Heuschnupfensymptome soll er lindern. Das ätherische Öl dient zur aromatherapeutischen Massage bei Gürtelrose, Windpocken, Lippenherpes und Stress.

Mentha × piperita Pfefferminze Lamiaceae

Im 1. Jahrhundert n. Chr. schmückten sich die Römer bei ihren Festgelagen mit Kränzen aus Pfefferminze und würzten mit dem Kraut ihre Saucen. Beheimatet war sie ursprünglich im Fernen Osten, kam dann über Nordafrika und Südeuropa nach England. Eine erste Beschreibung erfolgte 1696 durch den britischen Biologen Ray. Er gab der Pflanze 1704 den Namen *Mentha palustris.* In Deutschland wurde die Pfefferminze durch britische Ärzte bekannt. Heute wächst sie fast überall auf der Welt, doch der größte Teil des ätherischen Öls kommt aus den USA.

Beschreibung und Kultivierung

Die Pfefferminze ist eine Kreuzung aus *Mentha aquatica* (Wasserminze) und *Mentha spicata* (Ährige bzw. Grüne Minze). Die stark wuchernde Pflanze mit kriechenden Wurzeln trägt an vierkantigen, rötlichen, bis zu 1 m hohen Stängeln lanzettförmige, leicht gezähnte, duftende Blätter und im Sommer lange Scheinähren rötlich violetter Blüten. Sie gedeiht gut auf Lehmboden, auch im Schatten. Da sie aggressiv wuchert, pflanzt man sie am besten in große, tief in die Erde versenkte Töpfe. Frische Blätter erntet man die ganze Saison über, Blätter zum Trocknen im Hochsommer.

Zu verwendende Pflanzenteile

Blätter

Wirkstoffe

Ätherisches Öl mit hohem Mentholgehalt, Bitterstoffe und Gerbstoffe (Tannine); verdauungsstärkende, krampflösende, schmerzlindernde, entblähende und schleimlösende Wirkung.

Warnhinweise

Kann Allergien auslösen. Brennt auf der Haut und rötet sie. Für Kinder nicht geeignet.

Kulinarische Verwendung

Die frischen Blätter als Garnierung für sommerliche Desserts, Punsch oder Sommergetränke.

Medizinische Verwendung

Ein einfacher Aufguss der Blätter lindert verdauungsbedingte Magenschmerzen. Pfefferminze kann mit Zitronenmelisse oder Zitronenverbene gegen Verdauungsbeschwerden oder mit Echter Kamille gegen stressbedingte Magenverstimmungen eingesetzt werden. Das Menthol wirkt schmerzlindernd; in der Aromatherapie dient das Öl zur Massage bei schlechter Durchblutung und Bauchdeckenverspannung.

Myrtus communis Myrte Myrtaceae

Der hübsche, süß duftende Strauch aus dem Mittelmeerraum war einst Aphrodite, der Göttin der Liebe, geweiht und wird traditionell als Heilmittel für Frauenleiden und als Naturkosmetikum genutzt. Die Myrte ist auch ein klassischer Bestandteil von Brautsträußen; nach der Hochzeit wurden Myrtenzweige am Haus des Brautpaares gepflanzt, um ihm Fruchtbarkeit und Glück zu bescheren. In der griechischen Antike verwendete man die getrockneten Beeren als Küchengewürz und als Haarfärbemittel.

Beschreibung und Kultivierung
Der reizende, immergrüne Duftstrauch wird bis zu 3 m hoch und hat kleine, ovale, spitze, glänzend dunkelgrüne Blätter. Er trägt im Juli/August wohlriechende, cremeweiße Blüten mit goldgelber Mitte und im Spätsommer kleine, blauschwarze Beeren. Er braucht leichten, durchlässigen, nährstoffreichen Boden und volle Sonne; verträgt im Schutz einer Mauer etwas Frost. Die Blätter sind das ganze Jahr über aromatisch, duften aber im Juli und August am intensivsten; sie lassen sich gut trocknen und bewahren ihr Aroma.

Zu verwendende Pflanzenteile
Blätter

Wirkstoffe
Das ätherische Öl der Blätter mit Kampfer-, Süß- und Zitrusaromen wirkt schleimlösend, antiseptisch, immunstärkend und entschlackend.

Warnhinweise
keine

Kulinarische Verwendung
Im Orient würzt man mit den Blättern und mit den Beeren mitunter herzhafte Fleischgerichte.

Medizinische Verwendung
Ein einfacher Aufguss wird im Mittelmeerraum als Morgentee getrunken, der stärkend auf Harntrakt und Fortpflanzungsorgane wirken soll. Der Myrteaufguss lässt sich gut mit Pfefferminze oder Melisse, frischen Zitronenscheiben und etwas Honig zu einem köstlichen Heiß- oder Kaltgetränk kombinieren. Der Aufguss hilft auch bei tief sitzendem Husten, Erkältungen, Halsschmerzen und Nebenhöhlenentzündungen. Die Blätter oder das ätherische Öl können zum Inhalieren verwendet werden (s. Seite 132–133). Ein starker Myrteaufguss als Badezusatz wirkt hautreinigend und deodorierend.

Ocimum basilicum Basilikum Lamiaceae

Schon der Kräuterkundler John Parkinson schrieb 1629: „Das gemeine Basilienkraut ist sonderlich dazu geeignet, Süß- oder Waschwasser zu bereiten, unter anderen süßen Kräutern ..." und „sein Geruch ist so vorzüglich, dass er einem Königspalast wohl anstünde". In indischen Gärten zieht man eine dem Gott Vischnu geweihte Form namens „tulsi" oder „Heiliges Basilienkraut", um Unglück abzuwehren.

Beschreibung und Kultivierung
Einjähriges Kraut, das etwa 20–60 cm hoch wird. Stängel und Blätter sind sehr aromatisch; das Abknipsen der Blütentriebe fördert die Blattentwicklung. Es gibt zahlreiche Sorten: 'Purple Ruffles' ist violett getönt mit gewürznelkenartigem Aroma, 'Genovese' kompakt mit besonders intensivem Aroma, 'Minimum' sehr kleinwüchsig und für kleine Töpfe geeignet; das starkwüchsige 'Crispum' hat gekräuselte Blätter. Die Samen in Töpfe mit feuchter, mäßig nährstoffreicher Erde in voller Sonne aussäen; in kälteren Regionen kann man das Kraut im Wintergarten ziehen.

Zu verwendende Pflanzenteile
frische oder getrocknete Blätter, ätherisches Öl

Wirkstoffe
Aromatisches ätherisches Öl, Gerbstoffe (Tannine), Glykoside und Saponine; antiseptische, magenstärkende, krampf- und schleimlösende Wirkung.

Warnhinweise
Das ätherische Öl nicht in der Schwangerschaft verwenden; der Verzehr der Blätter als Gewürz ist jedoch unbedenklich.

Kulinarische Verwendung
Unentbehrliches Gewürz in der italienischen Küche, insbesondere für Pesto, zu Mozzarella und Tomatensalat und auf Pizza.

Medizinische Verwendung
Ätherisches Basilikumöl hilft als Inhalation gegen verstopfte Nasennebenhöhlen (4 Tr. auf 500 ml kochendes Wasser). Ein einfacher Aufguss der frischen Blätter tut gut bei Verdauungsbeschwerden und Verstopfung; mit Honig und Zitrone zubereitet, lindert er Verschleimung. Mit den frischen Blättern kann man Insektenbisse und -stiche einreiben, um den Juckreiz zu lindern. Als Badezusatz beleben die frischen Blätter müde Muskeln.

Oenothera biennis Nachtkerze Onagraceae

Die aus Nordamerika stammende Pflanze wurde im 17. Jahrhundert nach Italien eingeführt und breitete sich von dort in ganz Europa aus. Früher verzehrte man die Blätter als Salat und die gekochten Wurzeln als Gemüse. Anfang der 1980er Jahre stellten Wissenschaftler fest, dass die Samen reich an Gamma-Linolensäure (GLA) sind, die eine ausgeprägte Wirkung auf den Prostaglandinspiegel (hormonähnliche Substanzen) und damit auf den Hormonhaushalt hat. Heute wird die Nachtkerze zur Gewinnung ihres Fettöls kommerziell angebaut.

Beschreibung und Kultivierung

Die aufrechte, zweijährige Pflanze wird bis 1,5 m hoch und hat eine dicke, gelbe Pfahlwurzel und eine Rosette grundständiger Blätter, aus der die Blütentriebe aufragen. Die schmalen Blätter sind dunkelgrün; die in Büscheln stehenden gelben Blüten öffnen sich gegen Abend, um Motten anzulocken. Später trägt die Pflanze flaumige Samenkapseln. Die winterharte Nachtkerze gedeiht auf den meisten Böden, bevorzugt aber sonnige, warme Standorte. Wenn sie einmal angegangen ist, sät sie sich großzügig selbst aus.

Zu verwendende Pflanzenteile

Samen (aus denen das Fettöl ausgepresst wird).

Wirkstoffe

Das Öl der Samen ist reich an Gamma-Linolensäure (GLA) und anderen Fettsäuren, die den Hormonhaushalt ausbalancieren und die Haut verjüngen.

Warnhinweise

keine

Kulinarische Verwendung

keine

Medizinische Verwendung

Das als Nahrungsergänzung in Kapseln eingenommene Öl hilft bei PMS, Menstruationsschmerzen, trockener Haut, Akne, Ekzemen und Wechseljahrsbeschwerden. Es muss mindestens drei Monate lang regelmäßig eingenommen werden, bevor sich die Wirkung einstellt, weil sich zunächst der GLA-Spiegel im Körper aufbauen muss, um die Prostaglandine wieder ins Gleichgewicht zu bringen. Klinische Untersuchungen haben ergeben, dass Nachtkerzenöl als Nahrungsergänzung auch positive Wirkung gegen Ekzeme (Neurodermitis) und Hyperaktivität bei Kindern zeigt.

Olea europea Olive (Ölbaum) Oleaceae

Oliven werden im Orient schon seit mindestens 3000 Jahren kultiviert. Im alten Ägypten waren die Olivenbauern vom Militärdienst befreit. Das Wort „Olive" ist vom lateinischen *oleum* (Öl) hergeleitet. Olivenöl brannte in den geweihten Lampen der Tempel, aus Olivenzweigen wurden Siegerkränze für die Athleten gewunden. Die Bibel erzählt, wie die von Noah nach der Sintflut ausgesandte Taube mit einem Olivenzweig im Schnabel zurückkehrte, was als göttliches Friedenszeichen gedeutet wird.

Beschreibung und Kultivierung

Immergrüner, bis zu 12 m hoher Baum mit hellgrauer Rinde, langen, glatten, lederartigen Blättern und cremeweißen Blüten, gefolgt von grünen Früchten – den Oliven –, die zu dunklem Violett heranreifen. Zur Ölpressung werden die Oliven noch grün geerntet, weil sie dann weniger Säure enthalten. Das Öl der ersten Pressung („extra vergine") hat das feinste Aroma und den höchsten Vitamin- und Mineralstoffgehalt. Die Bäume benötigen durchlässigen Boden und volle Sonne; sie sind zwar frosthart, tragen in nördlichem Klima aber keine Früchte.

Zu verwendende Pflanzen

Früchte (aus denen das Olivenöl gepresst wird)

Wirkstoffe

Hoher Gehalt an Vitamin E (Antioxidans) und Ölsäure, einer Omega-9-Fettsäure, die das schädliche Cholesterin im Blut senken kann.

Warnhinweise

keine

Kulinarische Verwendung

Das Öl ist in der mediterranen Küche unentbehrlich für Dressings, Saucen, in oder zu Brot, Pizza, Pasta, Mayonnaise sowie Fleisch und Fisch.

Medizinische Verwendung

In einer aktuellen klinischen Studie konnte bei Patienten mit Bluthochdruck, die über einen Zeitraum von 6 Monaten täglich 6–8 TL Olivenöl mit der Nahrung zu sich nahmen, die Dosierung der blutdrucksenkenden Medikamente halbiert werden. Bei älteren Menschen scheint dauerhafter Olivenölkonsum das Gedächtnis zu verbessern. Im Mittelmeerraum, wo Olivenöl ein wichtiger Nahrungsbestandteil ist, sind die Darmkrebsraten niedriger. Das Öl ist ein Haut- und Haartonikum und wird in Shampoos und Kosmetika verwendet.

Origanum majorana Majoran Lamiaceae

Der Name *origanum* ist vom griechischen Ausdruck *oros ganos* – „Freude des Berges" – abgeleitet. Majoran ist mit dem in der italienischen Küche populären Oregano (s. rechte Seite) verwandt. Der wahrscheilich aus dem vorderen Orient stammende Majoran wurde im Altertum bereits von den Ägyptern, Griechen und Römern als Heil- und Küchenkraut kultiviert. Bei den Griechen galt er zudem als Aphrodisiakum; sie opferten Majoran als „Weihrauch" zu Ehren der Aphrodite.

Beschreibung und Kultivierung

Bedingt winterharte Staude mit kleinen, ovalen, spitzen Blättern, die im Spätsommer kleine Büschel winziger, weißer bis rosafarbener Blüten trägt. Ausputzen erhöht die Blattproduktion. Braucht durchlässigen, feuchten und nährstoffreichen Boden in voller Sonne. Man zieht es am besten im Frühjahr aus Samen. Muss ab dem Spätherbst abgedeckt und vor Frost geschützt werden. Die Blätter können die ganze Wachstumssaison hindurch geerntet werden.

Zu verwendende Pflanzenteile

Blätter

Wirkstoffe

Ätherisches Öl und Gerbstoffe (Tannine), Bitterstoffe, Karotine und Vitamin C, die ihm eine magenstärkende, krampflösende und beruhigende Wirkung verleihen.

Warnhinweise

keine

Kulinarische Verwendung

Die frischen Blätter geben Nudelsaucen, Pizza, Kräuteressig, Kräuterölen und Kräuterbrot sowie Gerichten mit Huhn eine delikate Würznote.

Medizinische Verwendung

Ein einfacher Aufguss hilft bei Verdauungsbeschwerden und nach Genuss fetter Speisen, aber auch bei PMS und Menstruationskrämpfen. Ein starker Aufguss oder die frischen Blätter dienen als wohltuender Badezusatz bei Muskelschmerzen und Rheuma. Das ätherische Öl wird zur aromatherapeutischen Massage gegen Schmerzen, stressbedingte Magenbeschwerden, Menstruationsschmerzen, Unruhe und Schlafstörungen eingesetzt. In Kombination mit Lavendel eignet es sich gut zur Entspannungsmassage (5 Tr. Majoranöl und 5 Tr. Lavendelöl auf 20 ml Trägeröl).

Origanum vulgare Oregano (Dost) Lamiaceae

In der griechischen Antike wurde Oregano als Mittel gegen Rauschgiftwirkungen und Krämpfe und als Breipackung für tiefe Wunden eingesetzt. Die Römer glaubten, dass Oregano den Toten Freude bringe; deshalb pflanzten sie es häufig auf Gräber. Auch bei Hochzeiten galt es als Freudenbringer und wurde in Brautkränze eingearbeitet. Seines starken Aromas wegen wurde es im Mittelalter als Duftkraut dem Stroh beigemengt, das man in Innenräumen auf den Boden streute.

Beschreibung und Kultivierung
Buschige, bis zu 60 cm hohe Staude mit ovalen, spitzen, würzig duftenden Blättern. Im Spätsommer Büschel winziger, rosafarbener bis rotvioletter Blüten, die nützliche Insekten anziehen. Die Blätter enthalten mehr Thymol als die des Majorans und haben daher ein schärferes und intensiveres Aroma, vor allem, wenn das Kraut in voller Sonne gezogen wird. Es gedeiht auf durchlässigem, sandigem Boden – sogar in Küstennähe. Vermehrt wird es am besten durch Stecklinge. Blütentriebe im August oder September ernten und zur winterlichen Verwendung trocknen.

Zu verwendende Pflanzenteile
Blätter und Blüten

Wirkstoffe
Ätherisches Öl, das durch den Thymolgehalt ein starkes Kampferaroma hat, dazu Gerbstoffe (Tannine) und Bitterstoffe; die Blätter wirken krampflösend, magenstärkend, adstringierend, schleimlösend, beruhigend und entblähend.

Warnhinweise
In der Schwangerschaft nicht medizinisch verwenden; als Küchengewürz jedoch unbedenklich.

Kulinarische Verwendung
herzhaftes Würzkraut für Pizza und andere italienische Gerichte sowie gemischte Blattsalate.

Medizinische Verwendung
Der Aufguss der frischen Blätter hilft bei Kopfschmerzen, Menstruationskrämpfen, Schlafstörungen und nach Genuss fetter Speisen. Die Blätter sind ein lindernder Badezusatz bei Rheuma und schmerzenden Muskeln; Kräuterölbalsam mit Oregano und Lavendel ist gut zur Massage steifer Gliedmaßen. In starkem Aufguss getränkte heiße Kompressen wirken reinigend und abschwellend bei Schnitten und Wunden.

Passiflora incarnata Passionsblume Passifloraceae

Diese prachtvolle Blume erhielt ihren Namen, weil sie die frühen Missionare an die Kreuzigung (Passion) Christi erinnerte: Ihr faszinierender Innenaufbau hatte in ihren Augen Ähnlichkeit mit Nägeln und Dornenkrone. Der zweite Teil des Namens, *incarnata* (Fleisch geworden), gemahnt an die Menschwerdung Christi. Die in Nord- und Südamerika heimische Pflanze gedeiht auch in Gärten kühlerer Klimazonen, sofern sie ein geschütztes Plätzchen erhält. Schon die amerikanischen Ureinwohner setzen sie zur Nervenberuhigung ein.

Beschreibung und Kultivierung

Winterharte, ausdauernde Kletterpflanze, deren kräftige, holzige Triebe unbeschnitten bis zu 8 m lang werden können. Sie hat tief gelappte Blätter und heftet sich mit Ranken an ihre Stütze. Ihre Blüten sind blassrosafarben oder gelblich mit einem Strahlenkranz in Violett und Weiß. Sie braucht durchlässigen, sandigen Boden und einen sehr sonnigen Standort an einer Kletterhilfe. In sehr kalten Regionen benötigt sie Frostschutz. Vermehrung im Spätsommer durch Stecklinge, Mutterpflanze am besten in Gärtnereien kaufen.

Zu verwendende Pflanzenteile

Blüten und Stängel

Wirkstoffe

Verschiedene Alkaloide, Flavonoide, Zucker und Pflanzengummi, die der Pflanze leicht beruhigende und entspannende Wirkung verleihen.

Warnhinweise

Nicht anwenden, wenn Sie gleichzeitig pharmazeutische Beruhigungsmittel einnehmen.

Kulinarische Verwendung

keine

Medizinische Verwendung

Ein einfacher Aufguss der frischen Blüten und Blätter hilft bei Schlafstörungen, nervöser Überlastung und Erschöpfung, nervös bedingten Verdauungsbeschwerden und PMS. Durch ihren Alkaloidgehalt wirkt die Passionsblume entspannend auf das Nervensystem, macht dabei aber nicht süchtig. Sie kann auch zur Blutdrucksenkung eingenommen werden, sollte zu diesem Zweck aber nur unter ärztlicher Aufsicht angewendet werden. Passionsblume ist u. a. als Fertigtinktur, in Form homöopathischer Mittel und als Bestandteil fertig angebotener Entspannungsteemischungen erhältlich.

Petroselinum crispum Petersilie Apiaceae

Die aus dem Mittelmeerraum stammende Petersilie wird heute in vielen Unterarten kultiviert. Den Namen *petroselinum* erhielt sie im 1. Jahrhundert n. Chr. von Dioskurides; er setzt sich aus den griechischen Wörtern *petros* (Fels) und *selinon* (Sellerie) zusammen. Sie war der Göttin Persephone, der Herrin der Unterwelt, geweiht; deshalb schmückte man auch Gräber mit Petersilienkränzen. Im 16. Jahrhundert schrieb Gerard über die Petersilie: „Sie ist köstlich von Geschmack und dem Magen angenehm" und behauptete, sie könne Gifte unschädlich machen – vielleicht wegen ihres kräftigen Aromas, das sogar Knoblauch neutralisieren kann.

Beschreibung und Kultivierung
Zweijährige, bis zu 60 cm hohe Pflanze mit kräftigem Wurzelstock und dreieckigen, dreifach gefiederten, an den Spitzen gekräuselten Blättern. Im zweiten Jahr trägt sie gelbe Blütendolden, gefolgt von ovalen Samenkapseln, die sichelförmige Samen enthalten. Benötigt fruchtbaren, feuchten, aber durchlässigen Boden und einen im Tagesverlauf teils sonnigen, teils schattigen Standort; ggf. kann man sie auch im Topf ziehen. Die Vermehrung erfolgt durch Aussaat im späten Frühjahr. Es gibt auch eine glattblättrige Sorte.

Zu verwendende Pflanzenteile
Blätter und Samen

Wirkstoffe
In den medizinisch wirksamen Samen: ätherisches Öl (bis zu 7%), Flavonoide, Glykoside, Vitamin A und C sowie Mineralstoffe, die ihnen stark harntreibende, menstruationsfördernde, entblähende und magenstärkende Wirkung verleihen. Die Blätter sind reich an Vitamin C und Eisen.

Warnhinweise
Samen in der Schwangerschaft und bei Nierenleiden nicht medizinisch anwenden. Die Verwendung als Küchengewürz ist unbedenklich.

Kulinarische Verwendung
Für Suppen, Saucen, Eierspeisen und Käsegerichte, Dressings, Fleisch- und Fischgerichte.

Medizinische Verwendung
Ein einfacher Aufguss der Blätter ist eine ausgezeichnete Hilfe bei Verdauungsbeschwerden, besonders nach Genuss fettreicher Speisen, sowie bei Wassereinlagerung und Arthritis; er regt den Appetit an und verbessert die Nährstoffaufnahme. Die in der professionellen Kräuterheilkunde verwendeten Samen sind wegen ihrer möglichen Nebenwirkungen zur Selbstmedikation ungeeignet.

Piper nigrum Schwarzer Pfeffer Piperaceae

Im 5. Jahrhundert n. Chr. wurden mehrere hundert Pfund Pfefferkörner als Lösegeld gezahlt, um die Belagerung einer Stadt wie Rom aufzuheben; sie waren damals so wertvoll wie Gold. Im Mittelalter standen den Europäern dank der Handelsverbindungen mit Indien und später Malaysia größere Mengen Pfeffer zur Verfügung. Durch ihre Pfeffergeschäfte in der Renaissance wurden die Gewürzhandelshäuser in Süddeutschland reich und mächtig, allen voran die einflussreichen Dynastien der Familien Welser und Fugger aus Augsburg.

Beschreibung und Kultivierung

Kletterpflanze, die unbeschnitten über 8 m Höhe erreicht. Sie hat einen kräftigen, verholzten Stamm und herzförmige, glänzend dunkelgrüne Blätter. Aus hängenden Büscheln kleiner weißer Blüten entwickeln sich die Pfefferkörner, die rot ausreifen. In der Sonne getrocknet, färben sie sich schwarz. Weißer Pfeffer wird aus reifen, getrockneten und von der Außenschale befreiten Früchten gewonnen. Schwarze Pfefferkörner enthalten mehr ätherisches Öl und schmecken schärfer. Der Pfefferstrauch braucht tiefgründigen, nährstoffreichen Boden, volle Sonne und hohe Luftfeuchtigkeit. Im Wintergarten blüht er nicht und muss regelmäßig mit Wasser eingesprüht werden.

Zu verwendende Pflanzenteile

Früchte (Pfefferkörner)

Wirkstoffe

Ätherisches Öl mit Sabinen, Pinen und anderen scharf-würzigen Aromastoffen; magenstärkende, verdauungsfördernde, kreislaufanregende, schmerzlindernde und antiseptische Wirkung.

Warnhinweise

keine

Kulinarische Verwendung

Beliebtes Gewürz für herzhafte Gerichte jeder Art.

Medizinische Verwendung

In der ayurvedischen Medizin dient ein Aufguss aus 6 grob zerstoßenen Pfefferkörnern, 1 TL Honig und 250 ml kochendem Wasser als verdauungsförderndes und leberstärkendes Mittel und als Stärkungsmittel bei grippalem Infekt. In Kombination mit Gewürzen wie Zimt und Gewürznelken wirkt der schwarze Pfeffer immunstärkend. In der aromatherapeutischen Massage wird das ätherische Öl bei Schmerzen, schlechter Durchblutung und Verdauungsstörungen eingesetzt.

Rosa damascena, R. centifolia und *R. gallica* Rose Rosaceae

Die Rosen sind einst aus ihrer Heimat China über Handelswege durch Indien und Persien bis in den Orient und nach Europa gelangt. Heute sind sie weltweit beliebt und werden in unzähligen Arten und Sorten gezüchtet. Die drei oben genannten Arten – mit deutschen Namen Damascena-Rose, Zentifolien (Hundertblättrige Rose) und Essigrose – sind die wichtigsten alten Rosen, die medizinisch und zur Parfümherstellung verwendet werden. Die besten Damascena-Rosen wachsen in Bulgarien und Marokko, Zentifolien in Frankreich und Nordafrika, Essigrosen in Frankreich. Sie duften intensiv und sind nicht so ebenmäßig geformt wie moderne Rosen.

Beschreibung und Kultivierung

Diese Rosen werden bis zu 2 m hoch, haben hängende Dornenzweige, fünf oder sieben in Gruppen angeordnete Fiederblätter und duftende, vielblättrige Blüten in verschiedenen Farbtönen: Die alten Damascena-Rosen blühen in sanftem Rosa, die Zentifolien in kräftigerem Rosa und die Essigrosen dunkelrosafarben bis rot. Sie brauchen einen geschützten Standort und zumindest einen Teil des Tages volle Sonne und haben einen hohen Nährstoffbedarf; regelmäßiges Düngen kann Schädlingsbefall vorbeugen. Kaufen Sie sie im Fachhandel, damit Sie die richtige Art bekommen.

Zu verwendende Pflanzenteile

Blütenblätter

Wirkstoffe

In den Blüten aller drei Arten ätherisches Öl mit verschiedenen Blütenaromastoffen (bis zu 300) sowie Gerbstoffe (Tannine), Glykoside und Pigmente; entzündungswidrig, adstringierend, leberstärkend und verdauungsanregend. Ätherische Öle und Blütenwasser werden durch Destillation und Solventextraktion gewonnen und sind teuer.

Warnhinweise

keine

Kulinarische Verwendung

Rosenwasser wird für Zuckerguss und in der arabischen Küche vielfältig verwendet; kandierte Blütenblätter dienen hierzulande als Kuchendeko.

Medizinische Verwendung

Rosenwasser kann gegen Durchfall und zur Verdauungsunterstützung nach Genuss fetter Speisen genommen und äußerlich bei entzündeter Haut, Ekzemen und Akne angewendet werden. Das ätherische Öl wird in der Parfümherstellung und zur aromatherapeutischen Massage bei Stress, Unruhe und emotionalen Traumata eingesetzt.

Rosmarinus officinalis Rosmarin Lamiaceae

Rosmarinus bedeutet „Meertau“: Das Kraut ist an den felsigen Küsten des südlichen Mittelmeers beheimatet. Als Symbol der Treue war es traditioneller Bestandteil von Brautkränzen und -sträußen. Im alten Griechenland war es der Jagdgöttin Artemis geweiht und wurde als Räucherwerk verbrannt. Im 16. Jahrhundert pflegte man Rosmarinzweige zu vergolden und mit Bändern zu umwinden, um sie bei Hochzeiten als Gastgeschenke oder zu Neujahr als Glücksbringer zu verteilen. Außerdem dienten sie zusammen mit Stechpalmen- und Eibenzweigen als duftende Weihnachtsdekoration.

Beschreibung und Kultivierung
Immergrüner, bis 2 m hoher Strauch mit verholzten Zweigen und nadelartigen, stark duftenden Blättern. Zu Frühjahrsbeginn trägt er blassblaue oder rosafarbene Blüten, eine wichtige Nahrungsquelle für Bienen. Er gedeiht auf durchlässigem Boden in voller Sonne und benötigt in kühlerem Klima Kälteschutz. Die Blätter sind ganzjährig frisch verwendbar; zum Trocknen erntet man sie im Juli und August. Vermehrung durch Stecklinge oder Absenker, Rückschnitt nach der Blüte.

Zu verwendende Pflanzenteile
Blätter

Wirkstoffe
In den Blättern: ätherisches Öl mit Pinen und anderen Aromastoffen, außerdem Gerbstoffe (Tannine), Saponine und organische Säuren; kreislaufanregende, verdauungsstärkende, krampflösende und schmerzstillende Wirkung.

Warnhinweise
In der Schwangerschaft und bei Epilepsie nicht anwenden; als Küchengewürz unbedenklich.

Kulinarische Verwendung
Zu Lamm, Schwein und anderen Fleischgerichten, in Essig, Marinaden und Dressings.

Medizinische Verwendung
Ein einfacher Aufguss der Blätter hilft bei Kopfschmerzen, Migräne und Erschöpfung sowie gegen Verdauungsbeschwerden und Blähungen. Kräuterölbalsam mit gleichen Anteilen von Myrte, Rosmarin und Lavendel ist ein gutes Einreibemittel bei Rheuma. Die Blätter oder das ätherische Öl (4 Tr.) sind ein belebender Zusatz für das morgendliche Bad. Das ätherische Öl wird in Muskel- und Sportsalben und zur aromatherapeutischen Massage bei Schmerzen und schlechter Durchblutung verwendet.

Rubus idaeus Himbeere Rosaceae

Die traditionelle chinesische Medizin verwendet die Beeren gegen Nierenleiden; den alten Griechen galten Beeren und Blätter als harnwegstärkend und schleimlösend. *Rubus* bedeutet „Dornenstrauch", *idaeus* verweist wohl auf den griechischen Berg Ida, wo wilde Himbeeren in Hülle und Fülle wucherten. Culpeper schrieb: „Der Strauch ist der Venus eigen ... die Frucht von angenehm wohltuendem Geruch und Geschmack, ist belebend, stärket den Magen und stillet das Erbrechen ..."

Beschreibung und Kultivierung

Laub abwerfender Strauch mit dornigen, zweijährigen Trieben von bis zu 1,4 m Höhe und wechselständigen, tief geäderten, gezähnten Blättern, die an der Oberseite grün und behaart, an der Unterseite weiß und flaumig sind. Im Mai oder Juni trägt er weiße Blüten, danach duftende, rote Sammelfrüchte. Er wächst wild in Waldgebieten und an Hängen; im Garten braucht er volle Sonne und durchlässigen, leicht sauren Boden. Wächst sehr schnell. Blätter am besten kurz vor Entfaltung der Blüten ernten und frisch oder getrocknet verwenden. Beeren reif ernten und frisch verzehren oder für den Winter einfrieren.

Zu verwendende Pflanzenteile

Blätter und Beeren

Wirkstoffe

In den Blättern: Gerbstoffe (Tannine), Pektin, Vitamin C, organische Säuren und Fragarin; uterusstärkende, milchfördernde, harntreibende, adstringierende und schleimlösende Wirkung. Früchte sind reich an Vitamin C und organischen Säuren.

Warnhinweise

Die Blätter im Frühstadium der Schwangerschaft nicht medizinisch verwenden, wohl aber im letzten Monat und während der Wehen.

Kulinarische Verwendung

Die Beeren in Desserts, Wein oder Essig.

Medizinische Verwendung

Ein einfacher Aufguss der Blätter wirkt bei Menstruationskrämpfen und Geburtsschmerzen. Er kann zur Vorbereitung auf die Geburt und zur Anregung des Milchflusses im letzten Schwangerschaftsmonat getrunken werden. Bei Kindern kann er Verdauungskrämpfe oder Durchfall lindern. Ein starker Aufguss dient als Mundspülung oder Gurgelmittel bei Halsschmerzen.

Rumex acetosa Sauerampfer Polygonaceae

Den in Europa heimischen Sauerampfer trifft man in freier Natur meist auf Weideland an, wo der Boden eisen- und stickstoffreich ist. Verschiedene Arten fanden schon seit dem 14. Jahrhundert in der Küche Verwendung. Außerdem war Sauerampfer den Seefahrern des Mittelalters bereits als Mittel gegen Skorbut (Vitamin-C-Mangelkrankheit) und wurde – fälschlicherweise – als fiebersenkend bekannt. Culpeper schrieb: „Sauerampfer ... kühlet allerlei Entzündung und Hitze des Bluts bei Pestilenzfiebern ... oder Ohnmachtsleiden ...“ und empfahl ihn als Breipackung für Pestgeschwüre. Er wurde auch als grünes Färbemittel verwendet und mit Essig und Zucker zu Brei zerstampft als „grüne Sauce“ zu kaltem Braten gereicht.

Beschreibung und Kultivierung

Winterharte, bis 1,2 m hohe Staude mit großen, grünen, länglichen, spitz zulaufenden Blättern und langen Ähren rötlich brauner Blüten im Hochsommer. Sie bevorzugt einen Standort mit fruchtbarem, feuchtem Boden in voller Sonne oder im Halbschatten und sät sich, wenn sie einmal angegangen ist, rasch selbst aus. Die jungen Blätter sind am besten, weil sie zarter sind.

Zu verwendende Pflanzenteile

frische Blätter

Wirkstoffe

In den Blättern: Gerbstoffe (Tannine), Vitamin C und Oxalsäure, die im Übermaß toxisch wirkt, weil sie die Kalziumresorption hemmt. Deshalb sollte man nur die jungen Blätter und auch die nur sparsam verwenden. Sauerampfer hat harntreibende und blutreinigende Wirkung.

Warnhinweise

In der Schwangerschaft und bei Anämie weder medizinisch noch kulinarisch verwenden. Wegen der Oxalsäure von Nierenkranken zu meiden.

Kulinarische Verwendung

Die jungen Blätter sparsam an gemischte Blattsalate oder Suppen geben.

Medizinische Verwendung

Ein einfacher Aufguss der jungen Blätter kann abgekühlt als Gurgelmittel bei Halsschmerzen oder als Tonikum bei Verdauungsbeschwerden getrunken werden. Als Breipackung ziehen die jungen Blätter schädliche Stoffe aus Furunkeln und infizierten Wunden.

Salvia officinalis Salbei Lamiaceae

Der Name Salbei leitet sich vom lateinischen *salvus* (gesund) ab. Ein altes Sprichwort besagt: „Um ewig zu leben, den Salbei sollst du essen im Mai.“ Früher nannte man ihn *Salvia salvatrix:* Salbei, den Retter. Gerard schrieb im 16. Jahrhundert über ihn: „Salbei ist sonderlich gut für Haupt und Hirn, er belebet die Sinne und das Gedächtnis, stärket die Sehnen, gibt jenen, so gelähmt sind, ihre Gesundheit wieder …“ In Italien sind frische Salbeiblätter auf Brot mit Butter ein traditionelles Stärkungsmittel.

Beschreibung und Kultivierung
Immergrüner, bis 60 cm hoher, stark duftender Strauch mit verholzenden Stängeln und samtigen, graugrünen, aromatischen Blättern. Im Frühsommer blauviolette Blütentrauben, die Bienen und Schmetterlinge anziehen. Er benötigt leichten, durchlässigen Boden in voller Sonne; nicht zu oft wässern. Die Blätter kann man ganzjährig pflücken; zum Trocknen erntet man sie im August. Vermehrung durch Stecklinge oder Absenker.

Zu verwendende Pflanzenteile
Blätter

Wirkstoffe
Ätherisches Öl mit Thujon und anderen Aromastoffen, außerdem Bitterstoffe, östrogene Verbindungen, Phenolsäuren, Harz und Gerbstoffe (Tannine); antiseptische, antimykotische, krampflösende, harntreibende und den Östrogenhaushalt regulierende Wirkung.

Warnhinweise
Aufgrund des Thujongehalts dürfen die Blätter in der Schwangerschaft nicht medizinisch verwendet werden; als Küchengewürz unbedenklich. Hoher Konsum kann den Magen belasten.

Kulinarische Verwendung
Sparsam zu Schwein, Lamm und anderen Fleischsorten mit intensivem Geschmack, zu Käsegerichten, mit Apfelkompott.

Medizinische Verwendung
Ein einfacher Aufguss der Blätter hilft bei Erkältung, Husten, Atemwegsinfekten und Grippe. Er hemmt übermäßige Schweißbildung und ist somit – in Verbindung mit seiner östrogenen Wirkung – ein gutes Mittel bei Wechseljahrsbeschwerden. Ein starker Aufguss dient als Gurgelmittel bei Halsschmerzen und antiseptische Mundspülung bei Aphthen und entzündetem Zahnfleisch.

Salvia sclarea Muskatellersalbei Lamiaceae

Der alte französische Name für dieses Kraut lautete *toute bonne* („alles gut"). Heimisch war es ursprünglich in Südeuropa, vor allem in Frankreich und Italien. Im 16. Jahrhundert gelangte es nach England, wo man es als Alternative zu Hopfen verwendete, um daraus ein stark berauschendes und äußerst aromatisches Bier zu brauen. Außerdem kombinierte man es mit Holunderblüten, um Wein ein Muskatelleraroma zu verleihen.

Beschreibung und Kultivierung

Eine auffallende, bis 1,2 m hohe Pflanze mit sehr großen, behaarten Blättern, die im Spätsommer hohe Ähren bläulicher, rosafarben überlaufener Blüten trägt. Die ganze Pflanze verströmt einen charakteristischen Duft. Sie bevorzugt feuchten, fruchtbaren Boden in voller Sonne und kann im Frühjahr aus Samen gezogen werden. Im zweiten Jahr stirbt sie ab, produziert aber vorher reichlich Samen zur erneuten Aussaat. Die Blätter kann man die ganze Saison über verwenden; die Blütentriebe werden im Frühsommer, die Samen im Spätsommer geerntet.

Zu verwendende Pflanzenteile

Blätter (Aufguss), Blütentriebe (ätherisches Öl)

Wirkstoffe

Gerbstoffe (Tannine), Bitterstoffe und ätherisches Öl. Wirkt wärmend, krampflösend, stärkend und den Hormonhaushalt regulierend.

Warnhinweise

In der Schwangerschaft nicht zu empfehlen.

Kulinarische Verwendung

Blätter, Blüten und ätherisches Öl dienen zur Aromatisierung von Likören und Wermut; früher verzehrte man die in Teig ausgebackenen Blätter als Gemüsebeilage.

Medizinische Verwendung

Ein starker Aufguss der jungen Blätter ist ein gutes Reinigungsmittel für Schnitt-, Schürf- und andere Wunden. Eine Breipackung aus den Blättern hilft Infektionen aus Schnittwunden oder Furunkeln zu ziehen. 1/2 TL Samen in 200 ml heißem Wasser einige Minuten eingeweicht ergibt einen Schleim, der sich abgeseiht ausgezeichnet zur Waschung gereizter Augen eignet. In der Aromatherapie Massage bei Störungen des Hormonhaushalts, depressiver Verstimmung und Erschöpfung.

Sambucus nigra Schwarzer Holunder Caprifoliaceae

Schon die Römer nannten diesen Strauch oder Baum *sambucus*. Überlieferungen zufolge bestand das Kreuz Christi aus Holunderholz, und in Nordeuropa hält sich noch heute ein Aberglaube, der es verbietet, Holunderzweige oder -holz zu schneiden, ohne zuerst die Erlaubnis Göttin Hulda (oder Holda oder Holla) zu erbitten, deren Geist in dem Strauch wohnt. Daher auch der Name „Hollerbusch".

Beschreibung und Kultivierung

Der Holunderstrauch wird bis zu 10 m hoch, hat mattgrüne Blätter und trägt im Frühsommer flache Trugdolden cremeweißer Blüten, später kleine dunkle Beeren. Er wächst auch heute noch wild in Wäldern und am Wegrand. Es gibt verschiedene Ziersorten, doch medizinisch wirksam ist nur die Wildform. Benötigt feuchten, durchlässigen Boden und Sonne oder Halbschatten.

Zu verwendende Pflanzenteile

Blüten und Beeren

Wirkstoffe

Die Blüten enthalten Glykoside, Schleimstoffe, Gerbstoffe (Tannine) und organische Säuren; beruhigende und schweißtreibende Wirkung. Die Beeren enthalten Pigmente und sehr viel Vitamin C.

Warnhinweise

Die Holunderblätter sind giftig und dürfen nicht verwendet werden. Holunderbeeren nicht roh verzehren, sondern zu Sirup oder Wein verarbeiten.

Kulinarische Verwendung

Frische Holunderblüten in Teig ausgebacken sind eine Leckerei. Stachelbeerkompott oder anderen säuerlichen Früchten verleihen sie eine delikate Geschmacksnote. Außerdem kann man aus ihnen Sirup, Tee oder aromatisierten Essig zubereiten.

Medizinische Verwendung

Ein Aufguss aus gleichen Teilen Holunderblüten, Schafgarbe und Pfefferminzblättern ist ausgezeichnet als Tee bei Erkältung, Husten, Schnupfen, Grippe und Nebenhöhlenentzündungen. Aus den Beeren kann man einen Sirup kochen, der bei Halsschmerzen wohltuend wirkt und das Immunsystem stärkt (s. Seite 152–153). Ein einfacher Aufguss aus Holunderblüten dient abgekühlt als wohltuendes Gesichtswasser, das auch in Gesichtscremes oder -masken gerührt werden kann.

Satureja hortensis Sommerbohnenkraut Lamiaceae

Der Name *satureja* findet sich erstmals bei Plinius dem Älteren im 1. Jahrhundert n. Chr. und verweist vielleicht auf den Satyr, eine mythische Gestalt, die halb Mann, halb Bock war: Das Kraut galt jedenfalls als Aphrodisiakum. Der römische Dichter Vergil pries seinen Duft und riet, es in der Nähe von Bienenstöcken anzupflanzen. Es hat ein pfefferiges Aroma und wurde von den Römern als scharf-pikante Würze verwendet. Auch Culpeper schätzte das Kraut und empfahl für den Winter die getrockneten Blätter in Sirup, „um zähen Schleim aus der Brust auszutreiben."

Beschreibung und Kultivierung
Strauchige Einjährige mit aufrechten, holzigen, bis zu 40 cm hohen Stängeln und kleinen, lanzettförmigen, dunkelgrünen Blättern; im Sommer trägt sie winzige weiße Blüten. Braucht durchlässigen Boden in voller Sonne; kann auch im Topf gezogen werden. Im Gemüsegarten soll es Thripse von den Bohnen fern halten. Samen im späten Frühjahr direkt im Garten aussäen; die Blätter im August ernten, wenn ihr Aroma am intensivsten ist.

Zu verwendende Pflanzenteile
Blätter, junge Stängel

Wirkstoffe
In den Blättern und jungen Stängeln ätherisches Öl mit Carvacrol und Cymen sowie Harze, Phenolverbindungen, Gerbstoffe (Tannine) und Schleimstoffe; krampflösend, entblähend, adstringierend, magenstärkend und schleimlösend.

Warnhinweise
In der Schwangerschaft nicht medizinisch verwenden; die sparsame Verwendung als Küchengewürz ist jedoch unbedenklich.

Kulinarische Verwendung
Wie der Name schon sagt, ist dies das klassische Bohnengewürz: Es verfeinert deren Geschmack und beugt Blähungen vor. Außerdem würzt man mit ihm Füllungen, Mehrkornbrot, vegetarische Pasten, Eierspeisen, Huhn- und Fleischgerichte.

Medizinische Verwendung
Ein einfacher Aufguss hilft bei Verdauungsbeschwerden und Blähungen, regt den Appetit an und lindert Durchfall. Man sagt dem Kraut sogar nach, dass es Darmparasiten abtötet. Der Sirup aus den getrockneten Blättern ist ein gutes Mittel bei Husten und Verschleimung. Die frischen Blätter versprechen sofortige Linderung, wenn man Wespen- und Bienenstiche damit einreibt.

Symphytum officinale Beinwell Boraginaceae

Der botanische Name besteht aus der griechischen Vorsilbe *sym* (zusammen) und dem Wort *phyto* (Pflanze) und verweist auf die altbekannte haut- und knochenheilende Wirkung des Krauts. Der Kräuterkundler Gerard schrieb: „Eine Salbe, aus dem frischen Kraut bereitet, ist heilsam allem, was gestoßen oder gebrochen ist." Culpeper fügte später hinzu: „Die Wurzel, in Wasser oder Wein gesotten, und die Abkochung getrunken, hilft gegen alle inwendigen Schäden, Versehrungen, Wunden und macht den Schleim leicht auszuspucken."

Beschreibung und Kultivierung

Starkwüchsige, bis zu 1,2 m hohe und ca. 1 m breite Staude. Die Blätter sind groß, fleischig und behaart; im Frühsommer erscheinen kleine violette oder rosafarbene Blüten. Benötigt feuchten Boden und etwas Schatten. Man vermehrt sie am besten durch Wurzelteilung im Frühjahr. Sie eignet sich ausgezeichnet als Gartendünger und Komposstarter (s. Seite 52–53). Zur medizinischen Verwendung sind die jungen Blätter am besten geeignet; die Tinktur wird aus den Wurzeln bereitet.

Zu verwendende Pflanzenteile

Blätter und Wurzeln

Wirkstoffe

Alkaloide, reichlich Schleimstoffe, Gerbstoffe (Tannine), Allantoin, Stärke und ätherisches Öl mit entzündungshemmender, wundheilender, antiseptischer und narbenglättender Wirkung.

Warnhinweise

Die innerliche Anwendung von Beinwell ist nicht zur Selbstmedikation zu empfehlen, da einige der enthaltenen Alkaloide die Leber schädigen können.

Kulinarische Verwendung

keine

Medizinische Verwendung

Mit Beinwellblättern zubereitete Salben sind ausgezeichnet zur Behandlung von Blutergüssen, Wunden, Schnitten, Narben, Krampfadern und Muskelschmerzen und zur Unterstützung der Genesung nach Knochenbrüchen. Eine Breipackung aus Beinwellblättern hilft bei Furunkeln, Abszessen und großflächiger Akne, indem sie Entzündungen lindert und die Infektion herauszieht. Der Allantoingehalt unterstützt die Wundheilung und Hautneubildung. Hinweis: Im Handel findet man oft die englische Bezeichnung Comfrey.

Tanacetum parthenium Mutterkraut Asteraceae

In der Volksmedizin wurde dieses Kraut außer zur Behandlung von Frauenleiden insbesondere zur Fiebersenkung eingesetzt. Es stammt aus Südosteuropa und Kleinasien, von wo es sich in viele andere Weltgegenden verbreitet hat. Im 17. Jahrhundert schrieb der englische Kräuterarzt Culpeper: „Es ist sehr wirksam für alle Schmerzen des Hauptes ... Venus hat dies Kraut gesandt, ihren Schwestern Beistand zu leisten, zur allgemeinen Stärkung des Leibes ... es dient vor allem für Krankheiten der Mutter ..."

Beschreibung und Kultivierung
Winterharte, buschige Staude von bis zu 1 m Höhe mit geteilten, flaumigen, dunkelgrünen, aromatischen Blättern und Blütenköpfchen aus weißen Zungenblüten um eine gelbe Mitte. Es gibt verschiedene Ziersorten, die jedoch medizinisch bedeutungslos sind. Mutterkraut gedeiht auf jedem Boden und verträgt sogar längere Trockenperioden. Vermehrung durch Aussaat im Frühjahr oder durch Stecklinge von voll entwickelten Pflanzen. Blätter und Blüten frisch verwenden oder im Sommer ernten, sorgfältig trocknen und lagern.

Zu verwendende Pflanzenteile
Blütentriebe

Wirkstoffe
Ätherisches Öl mit starkem Kampferaroma, Bitterstoffe, Gerbstoffe (Tannine), Schleimstoffe und Sesquiterpene mit möglicherweise schmerzlindernder Wirkung.

Warnhinweise
Übermäßiger Konsum kann Entzündungen im Mundraum hervorrufen.

Kulinarische Verwendung
keine

Medizinische Verwendung
Mutterkraut ist erwiesenermaßen wirksam gegen Kopfschmerzen und Migräne, lindert Arthritisschmerzen und wirkt schlaffördernd. Man kann es in Form von Fertigkapseln oder als Fertigtinktur verwenden. Die traditionelle Anwendungsweise besteht darin, 4–5 Tage lang einmal täglich 3 frische Blätter auf Brot mit Butter zu verzehren.
30 Tr. Mutterkrauttinktur in 125 ml Wasser wirken schützend gegen und heilend nach Insektenbissen und -stichen. Ein einfacher Aufguss der frischen Blütentriebe ist hilfreich bei PMS, Stimmungsschwankungen und unregelmäßigem Zyklus.

Taraxacum officinale Löwenzahn Asteraceae

Der Name *taraxacum* scheint von den griechischen Wörtern *taraxos* (Störung) und *akos* (Gegenmittel) abgeleitet zu sein. Die Pflanze wurde schon seit der griechischen Antike als blutreinigendes und harntreibendes Mittel eingesetzt. In Großbritannien wurde im 19. Jahrhundert aus Löwenzahnblättern eine Art Bier als ländliches Stärkungsmittel gebraut. Aus den Blüten machte man Löwenzahnwein.

Beschreibung und Kultivierung
Es ist selten nötig, Löwenzahn gezielt anzupflanzen, er ist in fast jedem Garten allgegenwärtig. Er wächst aus einer kräftigen Pfahlwurzel, die eine Rosette gezähnter Blätter und einen einzigen Blütenstängel hervorbringt. Aus den leuchtend gelben Blütenköpfchen entwickeln sich später die als „Pusteblume" bekannten, flaumigen Fruchtstände. Der medizinische Wert des Löwenzahns ist heute leider weitgehend in Vergessenheit geraten.

Zu verwendende Pflanzenteile
Blätter und Wurzeln

Wirkstoffe
Blätter und Wurzeln enthalten Bitterstoffe, Sterole, Gerbstoffe (Tannine), Glykoside, Harz, ätherisches Öl, Vitamin A und C; verdauungsanregende, magenstärkende, stark harntreibende und leberstärkende Wirkung.

Warnhinweise
Wegen seiner stark harntreibenden Wirkung für Nierenkranke nicht zu empfehlen.

Kulinarische Verwendung
Junge Löwenzahnblätter sind köstlich an Salaten, denen sie eine scharfe Würznote verleihen, so z. B. in Kombination mit Kopfsalat, frisch gehackter Schalotte und Schnittlauch. Getrocknet, geröstet und gemahlen dienen die Löwenzahnwurzeln als koffeinfreier Kaffee-Ersatz.

Medizinische Verwendung
Medizinisch wird die Löwenzahnwurzel meist als Bittertonikum bei Verdauungsbeschwerden eingesetzt. Eine Abkochung der Wurzeln wirkt appetitanregend und unterstützt die Verdauung fetter Speisen. Die Wurzeln enthalten auch Inulin, das die Bauchspeicheldrüse bei der Regulierung des Blutzuckerspiegels unterstützt (aber in keiner Beziehung zum ähnlich benannten Insulin steht).

Thymus vulgaris Thymian Lamiaceae

Den Griechen diente der Thymian als Räucherwerk zur Reinigung ihrer Tempel und Häuser. Der Name kommt wohl vom griechischen *thymos*, das „Rauch", aber auch „Mut" bedeutete: Sein herzhaftes Aroma galt als stimmungshebend. Römische Quellen priesen ihn als Räuchermittel und Antiseptikum; mit den Römern gelangte er wohl auch nach Norden und bis nach Großbritannien, wo er schon im 16. Jahrhundert sehr beliebt war. Gerard vermerkte, er „hilft gegen die Bisse aller giftigen Tiere, als Trunk genommen oder äußerlich aufgelegt".

Beschreibung und Kultivierung
Bis zu 50 cm hoher, ausdauernder Halbstrauch mit verholzten Stängeln, der eine dichte Matte aus winzigen, dunkelgrünen, duftenden Blättchen bildet und im Sommer rosaviolette Blüten trägt. Thymian wirkt sehr anziehend auf nützliche Insekten. Es gibt viele Sorten. Er benötigt durchlässigen, am besten sandigen Boden und einen warmen, sehr sonnigen Standort. Vermehrung durch Stecklinge im Sommer oder Absenker im Frühling. Die Blätter können den größten Teil des Jahres über gepflückt werden; im Sommer zum Trocknen ernten.

Zu verwendende Pflanzenteile
Blätter

Wirkstoffe
In den Blütentrieben und Blättern: ätherisches Öl mit hohem Gehalt an Thymol und anderen scharfwürzigen Aromastoffen, außerdem Bitterstoffe, Gerbstoffe (Tannine), Flavonoide und Saponine; antiseptisch, schleimlösend, uterusstimulierend, antimikrobiell und wundheilend.

Warnhinweise
In der Schwangerschaft nicht medizinisch verwenden; nur sparsam als Küchengewürz.

Kulinarische Verwendung
Zu Fleisch und Fisch, Aufläufen, Eintöpfen und Wurzelgemüse, für Kräuteressig und -öl.

Medizinische Verwendung
Ein einfacher Aufguss der Blätter ist mit 1 TL Honig ein ausgezeichnetes Mittel bei Halsschmerzen, Husten, Atembeschwerden und Heiserkeit. Aus Thymian kann man auch einen Sirup bereiten, der im Winter als Antiseptikum dienen kann. Ätherisches Thymianöl wird in Fertigsalben, Einreibemitteln und Medikamenten gegen Atemwegs- und Muskelbeschwerden verarbeitet.

Trifolium pratense Rotklee Fabaceae

Die in Europa auch als Wiesenklee bekannte heimische Pflanze wächst wild auf Weiden, Wiesen und an Hängen und wird seit prähistorischer Zeit als Viehfutter angebaut. Der Name *trifolium* bezieht sich auf die dreizähligen Blätter. Der deutsche Name „Klee“ bezieht sich vermutlich auf den klebrigen Saft der Pflanze und geht auf den gleichen Ursprung zurück wie das Wort „Kleister“. Der Rotklee ist äußerst attraktiv für Bienen, Schmetterlinge und Hummeln; der Honig aus Rotkleeblüten ist besonders delikat. Der in Europa lange zur Wundheilung verwendete Rotklee wird heute auch in Nordamerika und Australien kommerziell angebaut.

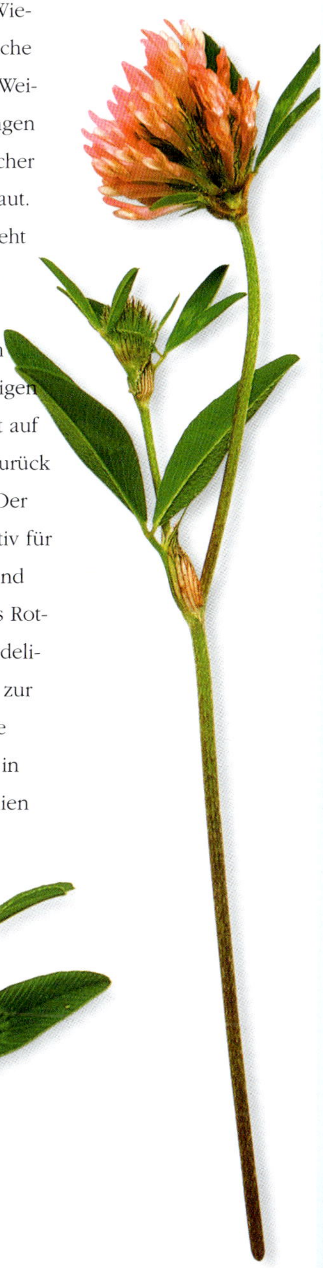

Beschreibung und Kultivierung
Kurzlebige Staude von bis zu 60 cm Höhe, die aufrecht oder niederliegend wachsen kann. Die weichen, grünen Blätter sind in der Regel dreizählig, die kugeligen Blütenköpfchen rosarot. Der Rotklee braucht feuchten, durchlässigen Boden und volle Sonne und lässt sich leicht aus Samen ziehen. Die Blüten werden von Mai bis September geerntet, wenn sie gerade voll aufgeblüht sind.

Zu verwendende Pflanzenteile
Blüten

Wirkstoffe
In den Blüten: Gerbstoffe (Tannine), Glykoside, organische Säuren, Pigmente, Flavonoide und Kumarine; adstringierende, schleimlösende, wundheilende und krampflösende Wirkung.

Warnhinweise
keine

Kulinarische Verwendung
Die frischen, jungen Triebe kann man an Salate und Suppen geben oder wie Spinat kochen.

Medizinische Verwendung
Ein einfacher Aufguss der Blüten ist ein wohlschmeckendes Mittel bei Bronchitis, Heiserkeit, Atemwegsinfekten und Verdauungsbeschwerden. Kindern mit Keuchhusten verabreicht man den Rotklee am besten als Sirup. Er kann zur Reinigung und Desinfektion von Schnitt- und anderen Wunden dienen und wirkt lindernd bei Ekzemen oder Schuppenflechte. Kombiniert mit Ringelblume lässt sich aus Rotklee eine hautheilende Salbe zubereiten. Kompressen oder Breipackungen aus den Blüten beschleunigen die Heilung bei Verbrennungen, Sonnenbrand oder wunder Haut. Regelmäßig als Fertigpräparat eingenommen, kann Rotklee bei PMS-Symptomen wie Akne und der Regulierung des Hormonhaushalts helfen.

Trigonella foenum-graecum Bockshornklee (Fenugrec) Fabaceae

Foenum graecum bedeutet „griechisches Heu", was darauf verweist, dass man das Kraut den Pferden unters Heu zu mischen pflegte. *Trigonella* bezieht sich auf die dreizählige Anordnung der Blätter, ähnlich wie bei Klee. Bockshornkleesamen werden in Europa und Asien schon seit der Antike in Medizin und Küche eingesetzt. In China und Indien dienen sie dazu, den Körper zu entschlacken und die Haut von Unreinheiten zu befreien.

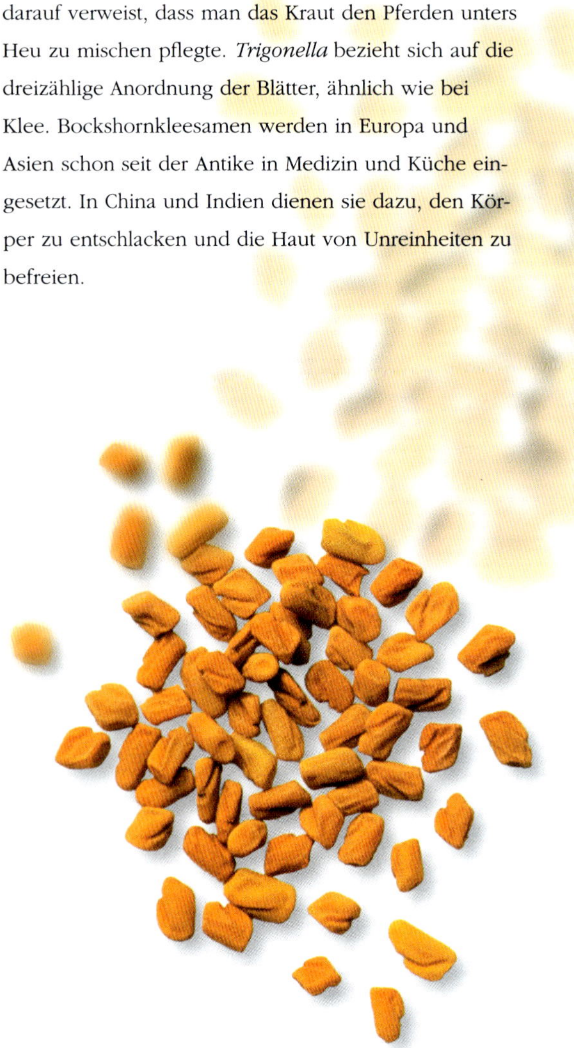

Beschreibung und Kultivierung

Winterhartes, einjähriges Kraut von bis zu 60 cm Höhe mit einem aufrechten, sich verzweigenden Stängel und dreizählig gelappten Blättern. Im Sommer blassgelbe Blüten, gefolgt von gebogenen Kapseln, welche die aromatischen Samen enthalten. Die Blätter kann man frisch verwenden. Bockshornklee lässt sich aus Samen ziehen; er braucht durchlässigen, nährstoffreichen Boden in voller Sonne.

Zu verwendende Pflanzenteile

Blätter und Samen

Wirkstoffe

Bockshornkleesamen enthalten Alkaloide, Steroidsaponine, die ausgleichend auf den Hormonhaushalt wirken, sowie Flavonoide, Schleimstoffe und Vitamin A, B und C.

Warnhinweise

Bockshornkleeblätter und -samen in der Schwangerschaft nicht medizinisch anwenden; die Verwendung als Küchengewürz ist unbedenklich.

Kulinarische Verwendung

Die frischen Blätter werden gekocht als Gemüse verzehrt; die getrockneten, gemahlenen Samen sind Bestandteil von indischen Currymischungen und Gewürzmischungen der nordafrikanischen, ägyptischen und orientalischen Küche. Aus den Samen kann man Sprossen für Salate ziehen.

Medizinische Verwendung

Der schleimhaltige Aufguss der Samen wirkt lindernd bei Entzündungen des Verdauungstrakts, fiebersenkend und entschlackend. Außerdem steht das Kraut in dem Ruf, als Aufguss eingenommen, den Hormonhaushalt ausbalancieren und den Milchfluss fördern zu können. Äußerlich angewendet wirkt es lindernd bei entzündeter Haut, Akne und Furunkeln.

Tropaeolum majus Kapuzinerkresse Tropaeolaceae

Die mit der Echten Brunnenkresse *(Nasturtium officinale)* eng verwandte Kapuzinerkresse stammt aus Südamerika und wurde schon im 16. Jahrhundert von Peru nach Spanien eingeführt. In Europa wurde sie rasch zur beliebten Zierpflanze; ab dem 17. Jahrhundert schätzte man sie auch als Salatzutat. Die in Essig eingelegten Samen oder Blütenknospen wurden ähnlich wie Kapern als Gewürz verwendet.

Beschreibung und Kultivierung
Die Pflanze wächst strauchig, kriechend oder kletternd und kann dann bis zu 3 m hoch werden. Sie hat rundliche Blätter mit strahlenförmigen Adern und leuchtend orangefarbene oder gelbe Blüten, gefolgt von runden Samen. Sie gedeiht auf fast jedem Boden in Sonne oder Halbschatten, muss aber regelmäßig gegossen werden. Es gibt viele Ziersorten. Samen für medizinische Zwecke sollte man im Kräuterfachhandel besorgen.

Zu verwendende Pflanzenteile
Blätter, Blüten und Samen (alle frisch verwendet)

Wirkstoffe
In den Samen: senfähnliches ätherisches Öl, Fettöl und Proteine mit stark antibakterieller und antimikrobieller Wirkung. Die Blätter sind reich an Vitamin C, Eisen und ätherischem Öl, das ihnen einen pfeffrigen Geschmack verleiht.

Warnhinweise
Medizinische Verwendung in der Schwangerschaft nur unter ärztlicher Aufsicht.

Kulinarische Verwendung
Die frischen grünen Samen und die Blütenknospen kann man, in Essig eingelegt, wie Kapern verwenden; die Blätter geben grünen Salaten eine scharfe Gewürznote; die Blüten sind essbar.

Medizinische Verwendung
Ein einfacher Aufguss aus frischen, grünen, zerstoßenen Samen ist ein wirksames Antiseptikum bei Halsschmerzen, Nebenhöhlenentzündungen, Bronchitis sowie Blasen- und Prostataentzündung. In Frankreich nutzt man die Blätter als Badezusatz zur Zyklusregulierung. Der abgekühlte Aufguss dient bei fettiger oder Problemhaut als hautberuhigende Waschung. Tinkturen aus Blättern und Samen der Kapuzinerkresse sollen gegen Kahlheit helfen.

Urtica dioica Brennnessel Urticaceae

Brennnesseln gelten gemeinhin als lästiges Unkraut, sind aber von unschätzbarem medizinischem und gärtnerischem Wert. Als die römischen Soldaten nach Großbritannien kamen, pflanzten sie dort Brennnesseln, um ihre Haut damit abreiben und so der feuchten Kälte besser trotzen zu können. Der Name „Nessel" ist dem Wort „nähen" verwandt, was damit zusammenhängt, dass die langen Fasern der Brennnesselstängel einst zum Nähen und Weben verwendet wurden.

Beschreibung und Kultivierung
Die Pflanze breitet sich mit langen, kriechenden Wurzeln als Unkraut aus. Sie bevorzugt feuchten, stickstoffreichen Boden in Sonne und Schatten. Ihre Stängel werden bis zu 1,5 m hoch. Die mattgrünen, gezähnten Blätter sind mit stechenden Haaren bedeckt; im Spätsommer trägt die Pflanze kleine, gelbliche Blüten. Zu medizinischen und kulinarischen Zwecken verwendet man die jungen Frühjahrstriebe. Brennnesseln können, angesetzt und leicht vergoren, auch als Stickstoffdünger oder, in Kombination mit Beinwellblättern, als flüssiger Kompoststarter dienen (s. Seite 52–53). Homöopathische Urtica-Mittel werden aus der Kleinen Brennnessel *(Urtica urens)* zubereitet.

Zu verwendende Pflanzenteile
junge Blätter

Wirkstoffe
Ameisensäure, Gerbstoffe (Tannine), Histamine, Chlorophyll, Mineralstoffe (Eisen, Kalium, Mangan und Schwefel) sowie Vitamin A und C; adstringierend, stärkend, antirheumatisch und blutreinigend.

Warnhinweis
Brennnessel-„Verbrennungen" mit frischen Salbei-, Rosmarin- oder Pfefferminzblättern einreiben. In freier Natur Ampferblätter verwenden.

Kulinarische Verwendung
Früher aß man die gekochten jungen Blätter und Stängel als Gemüse oder Brennnesselsuppe.

Medizinische Verwendung
Ein einfacher Aufguss der frischen Blätter hilft bei Rheuma und Arthritis. Gekochte Brennnesseln sind ausgezeichnete Eisenlieferanten. Der Aufguss kann bei zu starker oder unregelmäßiger Menstruationsblutung in der Pubertät oder in den Wechseljahren regulierend wirken. Ein starker Aufguss hilft als Spülung gegen Schuppen.

Valeriana officinalis Baldrian Valerianaceae

Bei den alten Griechen hieß dieses Kraut *phu* (in Anspielung auf seinen starken Geruch). Schon im Mittelalter wurde es als „Allheilkraut" und wegen seiner Wirkung auf das Nervensystem hoch geschätzt. Der Name *valeriana* ist vielleicht vom lateinischen *valere* (= gesund sein) abgeleitet. Culpeper schrieb im 17. Jahrhundert über den Baldrian: „Er ist eine treffliche Arznei, den Stuhlgang zu befördern, wenn andere Mittel versagen. Er ist hülflich für Kopfschmerzen, Zittern, Zuckungen, hysterische Leiden und die Schwermut."

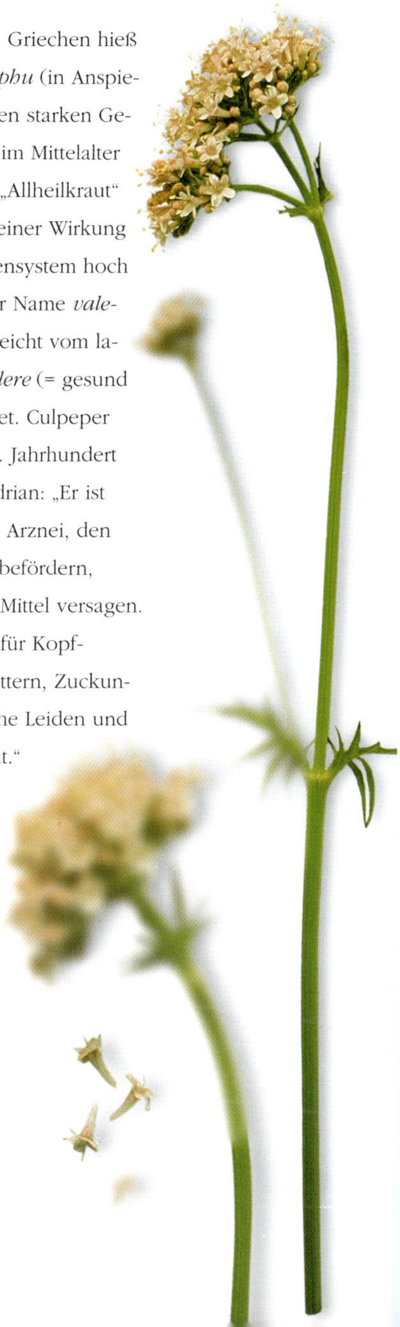

Beschreibung und Kultivierung

Winterharte, bis zu 1,5 m hohe Staude mit einem weitläufigen Wurzelsystem und kantigen, aufrechten, gefurchten Stängeln. Die gegenständigen Blätter bestehen aus 7–13 Fiedern; die winzigen Blüten sind weiß bis rosafarben und stehen in dichten Blütenständen. Baldrian wächst wild auf feuchten Wiesen, an Gräben und Bächen; im Garten braucht er feuchten, fruchtbaren Boden und Sonne. Im Frühjahr aussäen oder im Herbst durch Wurzelteilung vermehren. Einmal angewurzelt ist, breitet er sich aggressiv aus.

Zu verwendende Pflanzenteile

Zweijährige Wurzeln, getrocknet.

Wirkstoffe

Ätherisches Öl mit intensiv riechendem Valeranon und anderen Aromastoffen, außerdem Valepotriate (beruhigende Inhaltsstoffe), Alkaloide, Bitter- und Gerbstoffe (Tannine); stark beruhigend, krampflösend und schlaffördernd.

Warnhinweise

Nicht gleichzeitig mit pharmazeutischen Beruhigungsmitteln anwenden; Dauergebrauch kann Kopfschmerzen verursachen.

Kulinarische Verwendung

keine

Medizinische Verwendung

Fertigkapseln oder -tinkturen bei Schlafstörungen, leichten Depressionen und nervösen Spannungszuständen; außerdem wurden in Untersuchungen günstige Wirkungen auf das Herz und zur Blutdrucksenkung festgestellt. Baldrian hilft auch bei stressbedingten Darmproblemen, wie z. B. Reizdarmsyndrom. Bei chronischen oder lang andauernden Beschwerden sollte man sich in Anwendung und Dosierung von einem qualifizierten Therapeuten beraten lassen.

Vitex agnus castus Mönchspfeffer (Keusch-Lamm) Verbenaceae

Der lateinische Name der Pflanze, *agnus* (Lamm) und *castus* (keusch), verweist auf ihre den Sexualtrieb dämpfende Wirkung (Anaphrodisiakum). Im alten Griechenland bedeckten die Athenerinnen ihre Betten bei Riten zu Ehren der Göttin Ceres mit den Blättern dieses Baumes. Im Mittelalter tranken die Mönche Wein mit gemahlenen Mönchspfefferbeeren, um ihre sexuellen Triebe zu zügeln; die Novizen italienischer Klöster mussten beim Eintritt ins Klosterleben über die Blätter der Pflanze gehen. Seit dem Mittelalter wurde die Pflanze zur Behandlung von Frauenleiden wie Zyklusstörungen oder zu geringem Milchfluss eingesetzt.

Beschreibung und Kultivierung

Duftender, Laub abwerfender Strauch oder kleiner Baum von 1–6 m Höhe. Heimisch ist er in Südeuropa, Westasien und Nordamerika. Aus den graugrünen Jungtrieben entwickeln sich gezähnte, lanzettförmige Blätter mit dunkelgrüner Ober- und grauer Unterseite. Auf Büschel bläulich rosafarbener, duftender Blüten folgen kleine, purpurne, aromatische Beeren. Die Pflanze bevorzugt trockenen Boden und einen sonnigen Standort und gedeiht auch in Küstenlagen gut.

Zu verwendende Pflanzenteile

Beeren

Wirkstoffe

ätherisches Öl, Flavonoide, Bitterstoffe

Warnhinweise

Mönchspfeffer nicht in der Schwangerschaft, bei Durchführung einer Hormonersatztherapie und bei Einnahme der Antibabypille verwenden.

Kulinarische Verwendung

keine

Medizinische Verwendung

Neuere Untersuchungen haben ergeben, dass Mönchspfefferbeeren bei Frauen den Progesteronspiegel steigern, daher sind sie wirksam bei PMS-Symptomen (prämenstruelles Syndrom) wie Reizbarkeit, Stimmungsschwankungen, schmerzenden Brüsten, Heißhunger auf Süßes und nervöser Unruhe. Sie können möglicherweise auch bei Unfruchtbarkeit helfen und sind in der Menopause nützlich. Die Wirkung setzt nur langsam ein: Das Mittel muss mindestens 25 Tage lang durchgehend eingenommen werden, bevor eine Wirkung spürbar wird; kann dann bis zu 6 Monate angewendet werden. Es wird in Form der fertig erhältlichen Tinktur verwendet (15 Tr. auf 200 ml Wasser einmal täglich, vor dem Frühstück).

Zingiber officinale Ingwer Zingiberaceae

Der Ingwer dient in China und Indien seit Jahrtausenden als Mittel gegen Durchfall, Malaria, Erkältungen und Magenprobleme sowie auch als Aphrodisiakum und als unentbehrliches Küchengewürz. In Europa wurde er seit dem 10. Jahrhundert n. Chr. in Medizinbüchern erwähnt und war ab dem Mittelalter auch als Gewürz für süße und pikante Speisen beliebt. Im 16. Jahrhundert brachten die Spanier ihn in den Malaiischen Archipel und nach Amerika, wo er bis heute kultiviert wird.

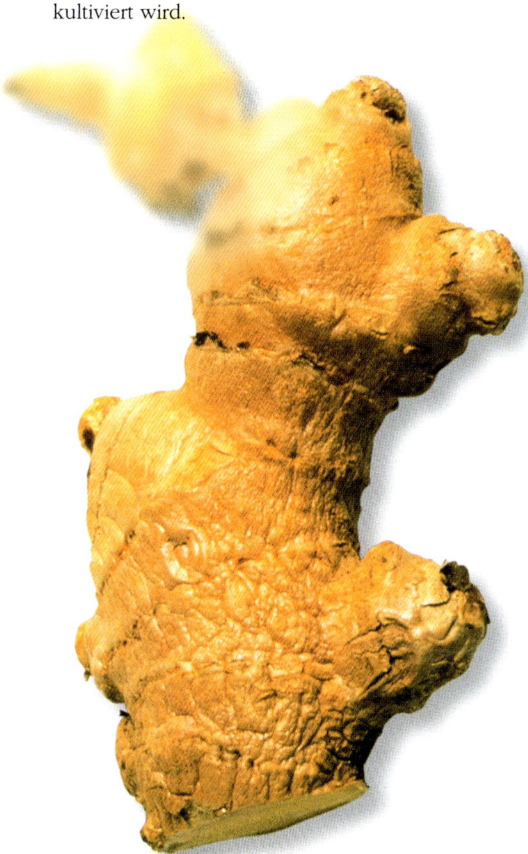

Beschreibung und Kultivierung
Ausdauernde Pflanze mit fleischiger Wurzel (Rhizom), schlanken, lanzettförmigen Blättern an bis zu 1,2 m hohen Stängeln und stark duftenden, zapfenähnlichen Blütenähren. Sie benötigt fruchtbaren, feuchten, sehr nährstoffreichen Boden und tropisches Feuchtklima. Bei Kultivierung im Gewächshaus muss die Pflanze regelmäßig mit der Sprühflasche eingenebelt werden.

Zu verwendende Pflanzenteile
die frische oder getrocknete Wurzel

Wirkstoffe
Ätherisches Öl mit krampflösender Wirkung sowie Harz, Fette, Stärke, Vitamin A und B, Mineralstoffe und Aminosäuren mit wärmender, verdauungs- und kreislaufanregender Wirkung.

Warnhinweise
keine

Kulinarische Verwendung
Gemahlener Ingwer ist Bestandteil von Currymischungen und dient als süßes Gewürz für Lebkuchen und anderes Gebäck. Die frische Wurzel verleiht asiatischen Gerichten eine scharfe Würznote. Kandierter Ingwer wird mit und ohne Schokoladenüberzug als Süßigkeit verzehrt.

Medizinische Verwendung
In der chinesischen Medizin wird die frische Wurzel bei Erkältungen, Grippe und Atemwegsinfekten eingesetzt: Dreimal täglich einen einfachen Aufguss mit 1 TL Honig und einer Zitronenspalte trinken. Eine Tasse Ingweraufguss täglich kann gegen morgendliche Übelkeit in der Schwangerschaft helfen. Ingwertabletten oder -tinktur lindern Übelkeit, Verdauungsbeschwerden und Reisekrankheit. Das ätherische Öl dient zur aromatherapeutischen Massage bei Muskel- und Verdauungsbeschwerden sowie schlechter Durchblutung.

Glossar

ABKOCHUNG – Lösung, die durch Abkochen von Wurzeln oder zähem Pflanzenmaterial in Wasser zubereitet wird; siehe auch Aufguss.

ABORTIVUM – Mittel, das eine Fehlgeburt auslösen kann.

ADSTRINGIEREND – Gewebe zusammenziehend und blutstillend

AKUT – plötzlich auftretend, schnell und heftig verlaufend

ALKALOID – pflanzlicher Inhaltsstoff mit starker medizinischer Wirkung

ANALGETISCH – schmerzstillend

ANÄMIE – sog. Blutarmut: Verminderung der roten Blutkörperchen, oft durch Eisenmangel ausgelöst.

ANAPHRODISIAKUM – Mittel, das den Sexualtrieb dämpft.

ANTIBIOTISCH – Mikroorganismen abtötend

ANTIRHEUMATISCH – rheumatische Beschwerden lindernd

ANTISEPTISCH – bakterielle Mikroorganismen abtötend

ANTISPASMODIKUM – Mittel, das Krämpfe der nicht dem Willen unterworfenen Muskulatur (z.B. Darmmuskeln) lindert.

APHRODISIAKUM – Mittel, das den Sexualtrieb steigert.

AROMASTOFF – wohlriechender Inhaltsstoff eines ätherischen Öls

AROMATISCH – angenehm duftend

ÄTHERISCHES ÖL – konzentrierte, intensiv duftende, flüchtige Essenz einer einzelnen Pflanze

AUFGUSS – Lösung, die durch Übergießen von Pflanzenmaterial mit kochendem Wasser hergestellt wird; gemeinhin Tee genannt.

AUSLÄUFER – kriechendes Wurzelsystem

BALSAM – Mittel, das durch Einweichen von Pflanzenmaterial in Öl bereitet wird.

BITTERSTOFF – meist antibakteriell wirkende, bitter schmeckende Substanz

CHRONISCH – sich langsam entwickelnd, langsam verlaufend

DEMULZENS – linderndes Mittel, das die Schleimhäute schützt.

DIAPHORETIKA – schweißtreibende Mittel

DOLDE – schirmförmiger Blütenstand mit Blütenstielen gleicher Länge, die von einem Punkt ausgehen.

DREIZÄHLIG – Blätter, die sich aus drei Einzelblättchen zusammensetzen (z.B. beim Klee).

EINGEFÜHRT – von Menschen in eine bestimmte Region gebrachte Pflanzenart

EINJÄHRIG – Pflanzen mit einjährigem Lebenszyklus, die jedes Jahr neu ausgesät werden müssen.

ENTBLÄHEND – Mittel, die im Verdauungstrakt gebildetes Gas auflösen.

FETTÖL – ein natürliches Pflanzenöl, wie z.B. das Nachtkerzenöl

FLAVONOIDE – eine Gruppe organischer Pigmente in Pflanzen

GEFIEDERT/FIEDERTEILIG – aus vielen Einzelblättchen beiderseits einer Mittelachse zusammengesetzte Blätter

GERBSTOFFE – eine Gruppe von Pflanzeninhaltsstoffen mit adstringierender und antibakterieller Wirkung

GLYKOSIDE – zuckerhaltige Substanz

HARNTREIBEND – die Wasserausscheidung über Nieren und Blase fördernd

HEIMISCH – Pflanze, die in einer Region von jeher wild vorkommt.

HYBRIDE – durch Kreuzung zweier verschiedener Arten entstandene

Pflanze (durch ein × im botanischen Namen gekennzeichnet)

IMMERGRÜN – Baum oder Strauch, der sein Laub im Herbst nicht abwirft, sondern ganzjährig grün bleibt.

KARMINATIV – lindernd bei Blähungen

KOMPRESSE – feuchtes Tuch o.Ä., das auf Körperstellen aufgelegt wird, z.B. um eine Blutung zu stillen oder eine Entzündung zu lindern.

LAKTOGEN – den Milchfluss anregend

LAUB ABWERFEND – Baum oder Strauch, der seine Blätter jedes Jahr im Herbst verliert und im Frühjahr neue bildet.

NADEL – sehr schmales Blatt, z.B. bei Nadelbäumen wie der Kiefer

NARKOTIKA – Betäubungsmittel, die meist auch schmerzlindernde Wirkung haben.

ÖDEM – Wasseransammlung im Körpergewebe

PACKUNG – feuchtes Tuch, ggf. mit Kräuterbreifüllung, das direkt auf den Körper aufgelegt wird, z.B. um Entzündungen zu lindern.

PFAHLWURZEL – dicke, senkrecht im Boden steckende Hauptwurzel (z.B. bei Löwenzahn und Karotte)

RHIZOM – fleischiger Wurzelstock (z.B. beim Ingwer)

RINDE – äußere Hülle verholzter Stängel oder Stämme

RUBEFACIENZIEN – hautrötende Mittel

SALBEN – halbfeste Arzneimittel auf Öl- und Fettbasis, die z.B. heilend bei Hautschäden wirken.

SAPONINE – Pflanzeninhaltsstoffe, die in Wasser aufschäumen.

SCHLEIMLÖSEND – Mittel, das Schleim in den Atemwegen verflüssigt, sodass er sich besser abhusten lässt.

SCHLEIMSTOFFE – Pflanzenstoffe, die in Wasser zu gelartiger Konsistenz aufquellen. Sie können reizlindernd und abführend wirken.

SEDATIVA – Beruhigungsmittel, die entspannend und u.U. auch einschläfernd wirken.

STAUDE – Pflanze, deren Lebenszyklus sich über mehr als zwei Jahre erstreckt und die jedes Jahr blüht; viele Stauden sterben zum Winter bis auf die Wurzel ab und treiben im Frühjahr neu aus (z.B. Zitronenmelisse).

STIMULANZIEN – anregende Mittel

TANNINE – Gerbstoffe

TINKTUR – unter Verwendung von Alkohol hergestellter, flüssiger Auszug aus Pflanzenstoffen

TONIKUM – Mittel, das stärkend auf den Körper wirkt.

WIRKSTOFF – medizinisch wirksamer Inhaltsstoff

ZUSAMMENGESETZT – bei Blättern: aus mehreren Fiederblättchen bestehend; bei Blütenständen: aus mehreren kleineren Blütenständen bestehend

ZWEIJÄHRIG – Pflanze, deren Lebenszyklus zwei Jahre umfasst: Im ersten Jahr wächst sie heran, im zweiten blüht sie oder trägt Früchte.

ZWIEBEL – unterirdisches Speicherorgan einer Pflanze mit fleischigen Blättern und einem kurzen Stängelansatz, der den Trieb des kommenden Jahres umschließt.

Bezugsquellen und nützliche Hinweise

Versender von Kräutersamen und -jungpflanzen:

Bakker Holland (Pflanzen, Düngemittel, Gelkristalle)
22922 Ahrensburg
www.bakker-holland.de

BEPA Direkt (Sämereien, Kräuter)
Landauer Straße 9
34454 Bad Arolsen
www.saat-shop.de

Berghof-Kräuter GmbH
(Sämereien, Kräuter)
Berghof 1
91560 Heilsbronn
www.berghof-kraeuter.de

Blumensamen-Shop.de
(Sämereien, Kräuter)
Markstraße 151
26382 Wilhelmshaven
www.blumensamen-shop.de

Der Gartenfuchsschwanz
(Sämereien, Kräuter)
Syker Straße 40
27211 Bassum
www.foxversand.de

Der Samenladen (Sämereien, Kräuter)
Am Blumenberg 11
63820 Elsfeld
www.samenladen.de

Ferme de Sainte Marthe c/o Ulla Grall
(Sämereien, Kräuter, alte, z.T. bunte Gemüsesorten)
Bäreneck 4
55288 Armsheim

Gartenbau Dieter Stegmaier
(auch div. Kräuter)
Unteres Dorf 7
73457 Esingen
www.pelargonien-stegmaier.de

Gärtner Pötschke
(Sämereien, Pflanzen, Zubehör)
41561 Kaarst
www.gaertner-poetschke.de

Gute Alte Zeit Die Kräutergärtnerei
(Kräuter aus biologischem Anbau)
Gartenstraße 7
15806 Zossen
www.gutealtezeit.de

Keimzeit Saatgut-Fachversand
(Sämereien, Kräuter)
Alter Berner Weg 24
22393 Hamburg
www.keimzeit-saatgut.de

Kiepenkerl Bruno Nebelung (Sämereien)
Postfach 12 63
48348 Everswinkel
www.kiepenkerl.de

NaturaGart (Sämereien, Pflanzen)
Riesenbecker Straße 63
49479 Ibbenbüren-Dörenthe
www.naturagart.de

Revierberatungsstelle Wolmersdorf
(Sämereien, Wildkräuter)
Kirchsteigweg 11
25704 Wolmersdorf
info@wildacker.de

Rühlemann's
(Pflanzen, Samen, Kräuter)
Auf dem Berg 2
27367 Horstedt
www.ruehlemanns.de

Samen Schröder (Sämereien, Kräuter)
Alt Vorst 16A
41564 Kaarst
www.samen-schroeder.de

Thompson & Morgan
(Riesiges Saatgut-Angebot: Gemüse + Blumen, auch viele ausgefallene Sorten. Versendet problemlos nach Deutschland, dt. website)
Poplar Lane
Ipswich, Suffolk IP8 3BU
www.thompson-morgan.com

Zaubergarten der Düfte
(Jungpflanzen: Kräuter, Duft- und Aromapflanzen, Seminare)
Mühlstraße 3
99734 Nordhausen-Salza

Andere informative Internetseiten:

www.gesundbrunnen-net.de
www.aloevera-heinke.de
www.aloe-inspirations.de

In das Thema ätherische Öle führt das Buch „Himmlische Düfte" von Susanne Fischer-Rizzi hervorragend ein.

Ätherische Öle kauft man am besten im Bioladen, im Reformhaus oder in der Apotheke. Auch die spinnrad-Kette ist in vielen Städten mit einer Filiale vertreten. Wenn Sie genau wissen, was Sie brauchen, ist auch der Versandhandel eine brauchbare Quelle.

Lassen Sie sich hinsichtlich der Qualität beraten, denn es gibt große Unterschiede. Wenn die Öle Heilzwecken dienen sollen, ist nur die beste Qualität zu empfehlen. Es gibt viele Öle aus kontrolliert biologischem Anbau, etwa von Primavera.

Wenn in Warenhäusern oder auf Märkten Öle angeboten werden, achten Sie darauf, dass es sich nicht um sythetische Öle mit naturidentischem Aroma handelt, denn diese haben selbstverständlich keinerlei therapeutische Wirkung.

Register – Pflanzen und Krankheiten

Einträge im Verzeichnis (ab Seite 178) sind **hervorgehoben.**

Register

Krankheiten/thematisch

Bildnachweise

Der Verlag dankt Corbis für die Abdruckerlaubnis der Abbildungen auf folgenden Seiten: 2, 4, 12, 14, 21, 23, 32, 33, 37, 41, 45, 46, 47, 49, 53, 64, 120, 155, 207, 214.